中等职业教育国家级示范学校创建特色教材
2014年职业教育国家级教学成果奖候选项目教材

汽车机械基础

主　编　陈　钢
副主编　文　闻　郑丹凤

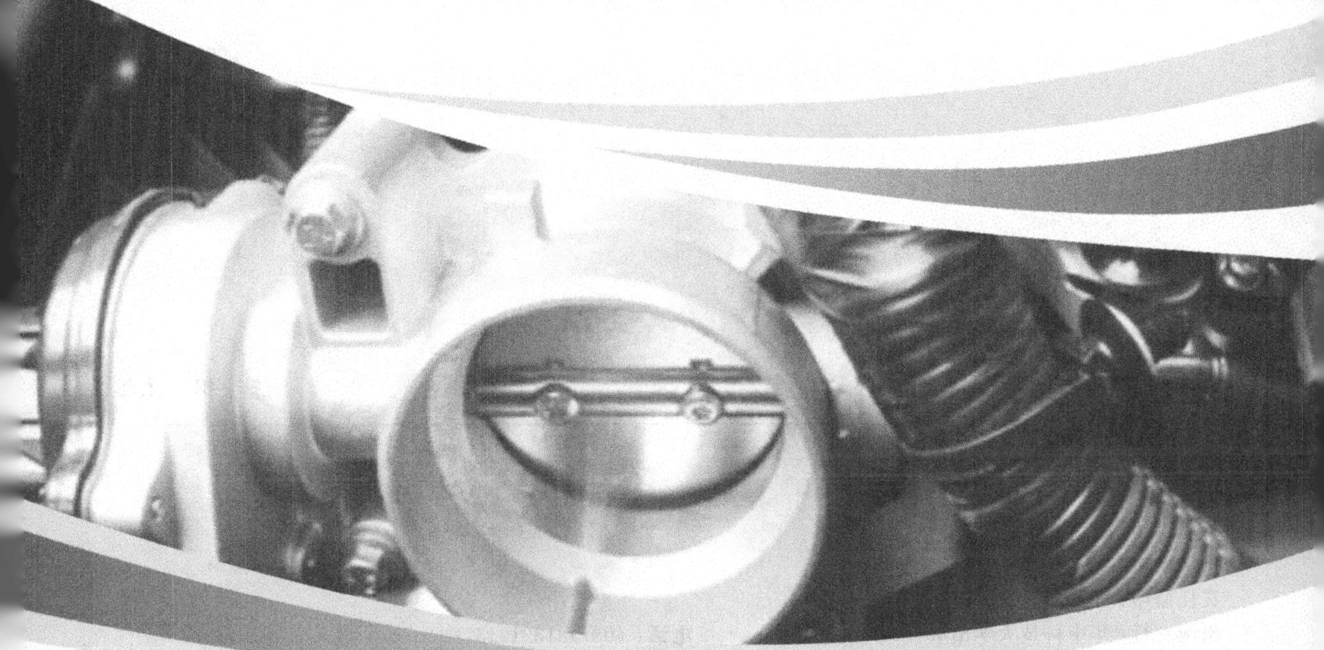

http://www.hustp.com
中国·武汉

图书在版编目(CIP)数据

汽车机械基础/陈钢主编. —武汉：华中科技大学出版社，2014.7(2021.9重印)
中等职业教育国家级示范学校特色教材
ISBN 978-7-5680-0254-7

Ⅰ.①汽… Ⅱ.①陈… Ⅲ.①汽车-机械学-中等专业学校-教材 Ⅳ.①U463

中国版本图书馆 CIP 数据核字(2014)第 155106 号

汽车机械基础 陈 钢 主编

策划编辑：王红梅
责任编辑：余 涛
封面设计：三 禾
责任校对：马燕红
责任监印：周治超
出版发行：华中科技大学出版社(中国•武汉)   电话：(027)81321913
　　　　　武汉市东湖新技术开发区华工科技园   邮编：430223
录　　排：武汉楚海文化传播有限公司
印　　刷：武汉邮科印务有限公司
开　　本：787mm×1092mm　1/16
印　　张：11.75
字　　数：296 千字
版　　次：2021 年 9 月第 1 版第 6 次印刷
定　　价：29.80 元

本书若有印装质量问题，请向出版社营销中心调换
全国免费服务热线：400-6679-118　　竭诚为您服务
版权所有　侵权必究

序

  2010年,教育部、人力资源和社会保障部、财政部三部委印发《关于实施国家中等职业教育改革发展示范学校建设计划的意见》(教职成〔2010〕9号),决定从2010年到2013年组织实施国家中等职业教育改革发展示范学校建设计划,形成1000所发挥引领、骨干、辐射作用的示范性中职学校,带动中等职业学校加快发展、提高质量、办出特色。

  武汉市第一轻工业学校经国家三部委遴选,成为国家中等职业教育改革发展示范建设学校,并于2012年6月正式启动建设工作。学校围绕改革办学模式、改革培养模式、改革教学模式、创新教育内容、加强教师队伍建设、完善内部管理、改革评价模式等七大任务,扎实开展职业教育理论研究,大胆探索实践,取得了一系列建设成果。

  武汉市第一轻工业学校汽车运用与维修专业有幸成为国家中等职业教育改革发展示范重点建设专业,通过与汽车行业企业进行多层次合作,构建、创新并实施了"校企合作、工学结合、双证融通"的人才培养模式;构建了基于工作过程的课程体系;探索基于准企业化管理环境下,以完成工作任务为目标,以企业管理与工作要求为考核标准,以"任务决策P→任务实施D→任务检查C→任务评估A"为主要流程的"PDCA"实践教学模式改革。学校在"校企合作、工学结合、双证融通"的人才培养模式和"PDCA"实践教学模式改革实践基础上,组织职教名师、骨干教师及长期工作在行业企业一线具有丰富经验的专家,共同编写了汽车运用与维修专业一套12本教材,比较全面地反映出汽车运用与维修专业多年来的建设成效。本套教材的开发,因其工学结合特色鲜明,被湖北省教育厅推荐为 2014 年职业教育国家级教学成果奖候选项目教材。

真诚希望这套教材能为其他中职学校提供参考和借鉴。

2014 年 5 月

前 言

《汽车机械基础》是"武汉市第一轻工业学校国家级示范校建设"项目成果教材,本着"以能力为本位,以就业为导向,坚持四个对接"的课程改革思路,按照项目教学方式编排课程体系。《汽车机械基础》是汽车运用与维修专业机械维修专门化方向课程教材,主要内容包括汽车常用材料、汽车机械构件、液压传动、汽车拆装常用工量具等四个项目。

每个项目都是由"项目情景"引入,而后由若干个工作任务组成,每个工作任务都有"任务描述""任务目标""任务分析""任务实施""任务评价""相关知识"和"任务拓展";每个项目完成之后还设计了"项目小结"和"综合测试"。

工作任务的设计以现代汽车企业的典型工作任务为载体,兼顾汽车技术的先进性、通用性。

"任务实施"部分配有详细的操作步骤,一目了然,力求符合中职学生的能力水平、认知特点和教学需要。

《汽车机械基础》可作为中等职业学校汽车运用与维修专业教材,也可作为汽车运用与维修人员的阅读教材。

编　者
2014 年 9 月

目录

项目一　汽车常用材料 …………………………………………………………………（1）

　　任务一　轿车发动机活塞连杆组的装配 ……………………………………………（3）

　　任务二　轿车保险杠的修理 …………………………………………………………（24）

项目二　汽车机械构件 …………………………………………………………………（37）

　　任务一　电动刮水器的拆装 …………………………………………………………（39）

　　任务二　发电机皮带轮的拆装 ………………………………………………………（79）

项目三　液压传动 ………………………………………………………………………（115）

　　任务一　液压千斤顶的应用 …………………………………………………………（117）

　　任务二　液压制动系统的拆装 ………………………………………………………（134）

项目四　汽车拆装常用工量具 …………………………………………………………（149）

　　任务　顶置凸轮式配气机构气门传动组的拆卸 ……………………………………（151）

附录　汽车常见故障的解决办法 ………………………………………………………（174）

参考文献 …………………………………………………………………………………（179）

项目一

汽车常用材料

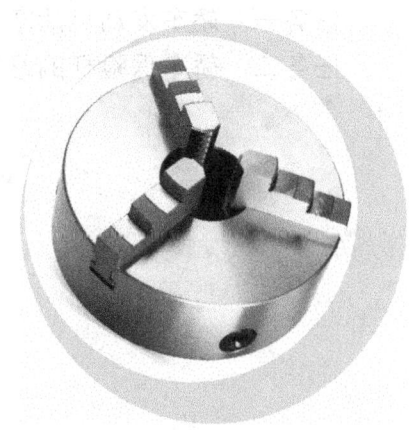

 **项目情景**

小周家从4S店买了一辆天籁2.0XE时尚版轿车(见图1-0),他问爸爸这车由哪几个部分组成?用什么材料做成的?他爸爸都耐心地一一作答。

汽车材料主要包括金属材料和非金属材料等。汽车上每个零部件的生产制造都涉及材料问题。据统计,汽车上的零部件采用4千余种不同的材料加工制造而成。从汽车的设计、选材、加工制造,到汽车的使用、维修和养护无一不涉及材料。现代汽车要满足安全、舒适、自重轻、污染排放低、能耗小、价格低等要求,材料是首要考虑方面。

本项目通过对汽车上一些典型零部件的比较和认识,进一步了解和熟悉常用车型零件适用材料的分类、性能特点等有关基础知识。

图1-0 天籁2.0XE时尚版轿车

 **工作任务**

任务一 轿车发动机活塞连杆组的装配
任务二 轿车保险杠的修理

任务一

轿车发动机活塞连杆组的装配

 **任务描述**

活塞连杆组是发动机曲柄连杆机构（见图1-1）的组成部分，其工作不正常或出现故障，会对发动机造成很大影响。

图1-1　发动机曲柄连杆零件

 **任务目标**

(1)了解活塞连杆组的组成部分。
(2)了解活塞连杆组的工作过程。
(3)了解汽车常用有色金属的性能及应用。
(4)熟悉生产现场的6S管理。

 **任务分析**

拆装时注意观察活塞连杆组的组成；观察各零件之间的连接关系；观察活塞销如何与活塞、连杆小头相连接；通过拆装，了解活塞连杆组零件的材料、成分，学会正确选用零件的材料。

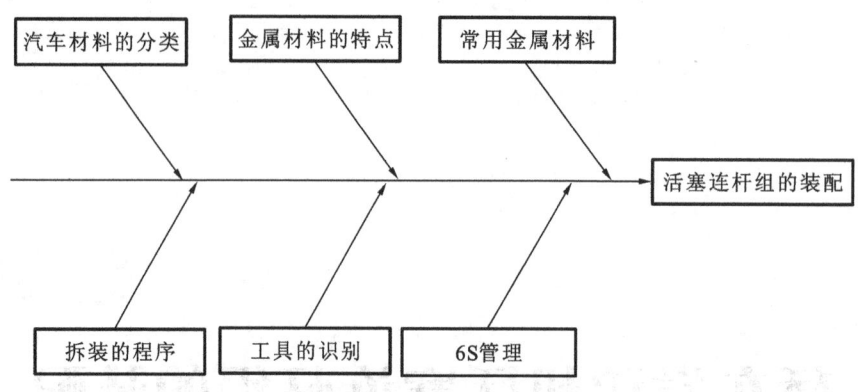

 任务实施

实施一　　任务准备

卡簧钳、活塞环拆装钳、套筒组合扳手、扭力扳手、活塞销冲、手锤、活塞加热设备、活塞连杆组零件。

实施二　　任务实施

(1)学生分组,每小组5~8人。
(2)小组进行任务分析。
(3)用扭力扳手松开连杆螺栓或螺母,取下连杆盖和连杆轴承。
(4)用活塞环拆装钳依次将气环、油环拆下,如图1-2所示。
(5)用卡簧钳将活塞销卡簧取出。
(6)用温差拆装法将活塞销冲出,如图1-3所示。
(7)在压力机上用专用工具将连杆衬套压出,如图1-4所示。活塞连杆组分解结束。

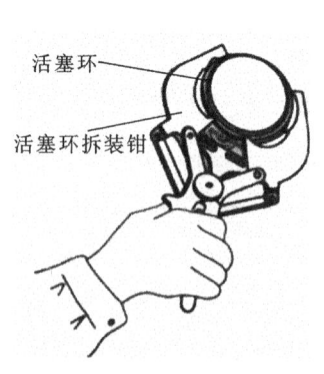

图1-2　拆卸气环、油环

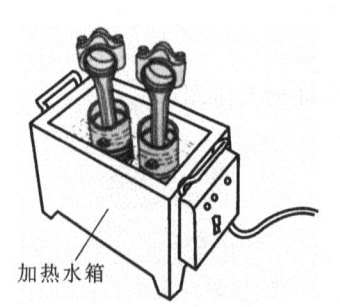

图1-3　加热活塞连杆组件

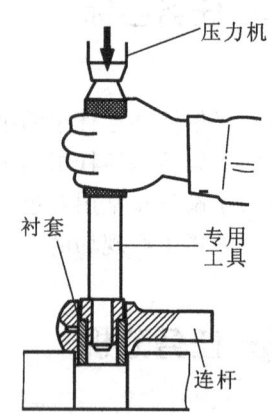

图1-4　压出连杆衬套

特别提示

(1)装配活塞和连杆时,应使活塞的装配标记(顶部的箭头或缺口)和连杆的装配标记(圆形凸点)位于同侧,如图1-5所示。

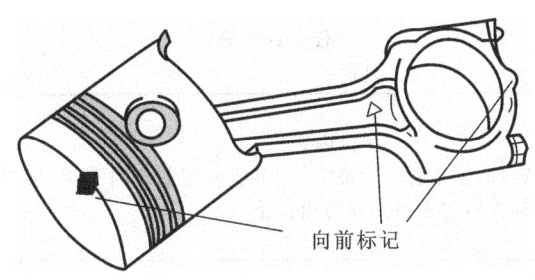

图1-5 装配标记

(2)安装活塞环时,各道环的顺序和朝向不要搞错,并且要保持正确的开口位置。

实施三 任务检测

(1)简述金属材料的定义。
(2)简述汽车材料的分类。
(3)图1-6所示的是哪些常用材料?图1-7所示的是哪些常用材料?

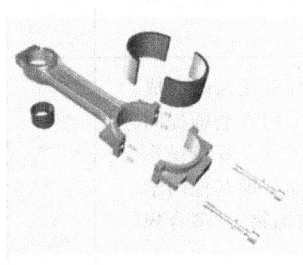

图1-6

图1-7

(4)指出活塞连杆组各零件的名称。

活塞连杆组一般由活塞、活塞环、活塞销、卡簧、连杆、连杆衬套、连杆轴承、连杆螺栓等组成,如图1-8所示。

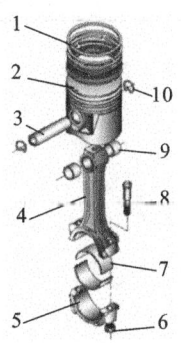

图1-8 活塞连杆组成

 ## 任务评价

任务评价表

班级：　　　　　　　组别：　　　　　　　姓名：

项　目	评价内容 （请在对应条目的○内打"√"或"×"，不能确定的条目不填，可以在小组评价时让本组同学讨论并写出结论）	评价等级（学生自评）		
		A 全部为√	B 有一至三个×	C 有多于三个×
关键能力自评	○按时到场　　　　　　　学习期间不使用手机、不玩游戏○ ○工装齐备　　　　　　　未经老师批准不中途离场○ ○书、本、笔齐全　　　　　　　无违规操作○ ○不追逐打闹　　　　　　　无早退○ ○接受任务分配　　　　　　先擦净手再填写工作页○ ○不干扰他人工作			
	○工作服保持干净　　　　　　无安全事故发生○ ○私人物品妥善保管　　　　使用后保持工具整齐干净○ ○工作地面无脏污　　　　能及时纠正他人危险作业○ ○工作台始终整洁　　　废弃物主动放入相应回收箱○ ○无浪费现象　　　　　未损坏工具、量具及设备○ ○参与了实际操作			
	○课前有主动预习　　　　本小组工作任务能按时完成○ ○与本组同学关系融洽　　　　主动回答老师提问○ ○积极参与小组讨论　　　　　能独立规范操作○ ○接受组长任务分配　　　　能主动帮助其他同学○ ○能独立查阅资料　　　　不戴饰物，发型合规○ ○工装穿戴符合要求			
专业能力自评	○能按时完成工作任务　　　　能独立完成工作页○ ○工量具选用准确　　　　　没有失手坠落物品○ ○无不规范操作　　　　　指出过他人的不规范操作○ ○完成学习任务不超时　　　暂时无任务时不无所事事○ ○学习资料携带齐备　　　　工作质量合格无返工○			
小组评语及建议	他（她）做到了： 他（她）的不足： 给他（她）的建议：	组长签名： 　　年　月　日		
教师评价及建议		评价等级： 教师签名： 　　年　月　日		

知识一　汽车常用金属材料

汽车材料分为金属材料和非金属材料。一辆汽车约有 3 万多个零件,其中 86% 左右的零件用金属材料制成。金属材料之所以在汽车上得到广泛应用,是因为它具有许多优良的性能。系统地了解金属材料的性能特征,就为正确使用金属材料、发挥材料的性能奠定了基础。

汽车是用不同材料制成的各种零部件组装而成的。这些零部件在使用过程中不可避免地要承受各种外力的作用,这就要求这些材料具有抵抗外力作用而不被破坏的能力,即要具有良好的力学性能。

材料的力学性能是指材料在外力作用下所表现出来的特性。力学性能包括强度、塑性、硬度、冲击韧度及疲劳强度等。

1.强度

强度是指金属材料在载荷作用下抵抗变形和破坏的能力。根据载荷的作用方式,强度可以分为抗拉强度、抗压强度、抗弯强度、抗剪强度、抗扭强度等。

强度指标主要有屈服点 σ_s(MPa)和抗拉强度 σ_b(MPa),屈服点及抗拉强度越大,材料的强度就越好。强度指标一般可以通过金属拉伸试验来测定。把标准试样装夹在试验机上,然后对试样缓慢施加拉力,使之不断变形直到拉断为止。在此过程中,试验机能自动绘制出载荷 F 和试样变形量 ΔL 的关系曲线。此曲线称为拉伸曲线。

由图 1-9、图 1-10 可以看出,低碳钢做拉伸试验时会产生弹性变形及塑性变形,表现出四个阶段:弹性变形阶段(Oe 段)、屈服阶段(es 段)、强化阶段(sb 段)、缩颈阶段(bk 段),直至工件断裂。弹性变形是指随载荷的存在而产生、随载荷的去除而消失的变形。不能随载荷的去除而消失的变形称为塑性变形。

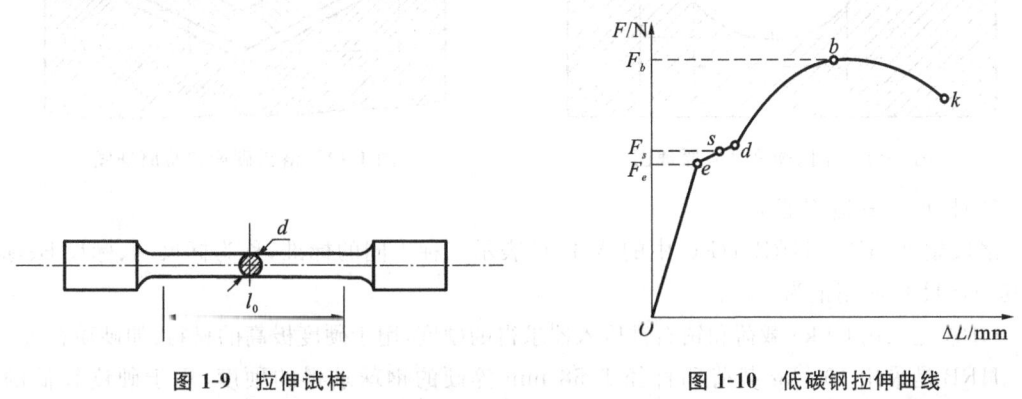

图 1-9　拉伸试样　　　　　　图 1-10　低碳钢拉伸曲线

抗拉强度表示材料抵抗均匀塑性变形的最大能力,它是设计机械零件和选材的主要依据。

2. 塑性

金属材料在载荷的作用下,产生塑性变形而不断裂的能力称为塑性。常用塑性指标有断后伸长率 δ 和断面收缩率 ψ。

3. 硬度

硬度是指材料表面抵抗局部塑性变形、压痕或划痕的能力。根据测定硬度方法不同,可用布氏硬度(HB)或洛氏硬度(HR)来表示材料的硬度。

1) 布氏硬度

布氏硬度试验原理如图 1-11 所示,采用直径为 D 的淬火钢球或硬质合金球,在规定载荷的作用下,压入被测金属表面,保持一定时间后卸除载荷,压痕单位表面积上所承受的平均压力即为布氏硬度值,压头为淬火钢球时用 HBS 表示,压头为硬质合金球时用 HBW 表示。

布氏硬度能准确反映出金属材料的平均性能,但操作时间长,压痕测量较费时,主要用于测定灰铸铁、有色金属、各种软钢等硬度不是很高的材料。但由于试验时压痕大,故不宜测量成品件及较薄工件。

2) 洛氏硬度

(1) 测试原理。

洛氏硬度试验原理如图 1-12 所示,采用金刚石圆锥体或淬火钢球压头,压入金属表面,经规定保持时间后卸除主试验力,以测量的压痕深度来计算洛氏硬度值。洛氏硬度试验操作简单、迅速、测量硬度范围大,压痕小,无损于工件表面,可以直接测量成品及薄件。

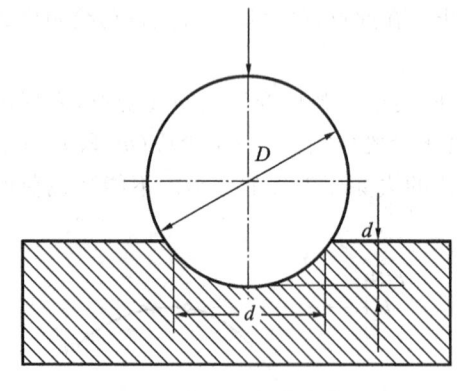

图 1-11 布氏硬度试验原理图

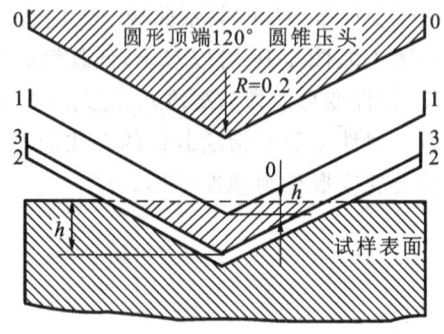

图 1-12 洛氏硬度实验原理图

(2) 标尺及其适用范围。

洛氏硬度 HRA、HRB、HRC 中的 A、B、C 表示三种不同的标准,称为标尺 A、标尺 B、标尺 C,其中标尺 C 应用最为广泛。

HRA 是采用 60 kg 载荷和钻石锥压入器求得的硬度,用于硬度极高的材料,如硬质合金。

HRB 是采用 100 kg 载荷和直径 1.58 mm 淬硬的钢球求得的硬度,用于硬度较低的材料,如退火钢、铸铁等。

HRC 是采用 150 kg 载荷和钻石锥压入器求得的硬度,用于硬度很高的材料,如淬火钢等。

4.冲击韧度

以上讨论的是在静载荷作用下的力学性能指标,对于承受冲击载荷的材料,如汽车发动机的活塞,不仅要求具有高的强度和一定的塑性,还必须具备足够的冲击韧度。金属材料抵抗冲击载荷作用而不被破坏的能力称为冲击韧度(a_{Ku}),a_{Ku}越大,材料的韧性越好,在受到冲击时越不易断裂。

5.疲劳强度

汽车的许多零件,如各种轴、齿轮、弹簧、连杆等,要受到大小和方向呈周期性变化的载荷作用。这种交变载荷虽然小于材料的强度极限,甚至小于其弹性极限,但经多次循环后,在没有明显的外观变形时也会发生断裂,这种破坏称为疲劳破坏或疲劳断裂。这种破坏都是突然发生的,具有很大的危险性。

疲劳强度是表示材料以周期性交变载荷作用而不致引起断裂的最大应力,其大小与应力变化的次数有关。对于黑色金属,规定循环次数为10^7次,对于有色金属规定循环次数为10^8次。

知识二　金属结构与钢的热处理

不同的金属具有不同的力学性能,即使是同一种金属,在经过不同的热处理后其性能也会有很大差别。金属的这些差异,从本质上来说,是由其内部结构所决定的。因此,掌握金属的内部结构及热处理方法对其性能的影响,对选用和加工金属材料具有非常重要的意义。

1.金属的晶体结构

1)晶体结构的基本概念

在物质内部,凡原子呈无序堆积状况的,称为非晶体,如普通玻璃、松香、树脂等。相反,凡原子呈有序、有规则排列的物质称为晶体。汽车上使用的金属材料的结构都是晶体结构。

晶体内部原子是按一定规律排列的,为了形象地表示晶体中原子的排列规律,可以将原子简化成一个点,用假想的线将这些点连接起来,构成有明显规律性的空间格架。这种表示原子在晶体中排列规律的空间格架称为晶格。而能够反映晶格特征的最小几何单元称为晶胞。

2)金属晶格的类型

金属的晶格类型有很多,但绝大多数金属(占85%)的晶格属于表1-1所示的三种晶格。

表 1-1 晶格示意图及典型金属

种类	体心立方晶格	面心立方晶格	密排六方晶格
晶格特点	晶胞是一个立方体,原子位于立方体的八个顶角和立方体的中心	晶胞是一个立方体,原子位于立方体的八个顶角和立方体六个面的中心	晶胞是一个正六棱柱体,原子排列在柱体的每个顶角和上、下底面的中心,另外三个原子排列在柱体内
图示			
典型金属	α-Fe,Cr,Mo,W,V,Nb,β-Ti	γ-Fe,Ni,Cu,Al,Au,Ag 等	Mg,Zn,Cd,Be 等

2.铁碳合金相图

碳钢和铸铁是现代汽车工业生产中使用最广泛的金属材料,它是主要由铁和碳两种元素组成的合金,一般又称为铁碳合金。

1)合金结构的基本概念

合金是指由两种或两种以上的金属或金属与非金属,经过熔炼、烧结或其他方法组合而成并具有金属特性的物质。通常把组成合金的最简单、最基本而且能独立存在的物质称为组元,简称元。根据组元数目的多少,合金可以分为二元合金、三元合金和多元合金等三类。如普通黄铜就是由铜和锌组成的二元合金。

根据合金中各组元之间的结合方式,合金可以分为固溶体、金属化合物和混合物等三类。

2)纯铁的同素异晶转变

金属在固态下,随温度的改变由一种晶格转变为另一种晶格的现象,称为同素异晶转变。由于纯铁具有同素异晶转变的特性,因此生产中能通过不同的热处理方法来改变钢的组织和性能。

纯铁的同素异晶转变可概括如下:

$$\delta\text{-Fe} \xleftrightarrow{1394℃} \gamma\text{-Fe} \xleftrightarrow{912℃} \alpha\text{-Fe}$$

(体心立方晶格)　(面心立方晶格)　(体心立方晶格)

3)铁碳合金的分类

根据铁碳合金的含碳量及室温组织不同,铁碳合金相图的所有合金可分成三大类:工业纯铁、钢和白口铸铁。

工业纯铁是碳的质量分数 w_C 小于 0.0218% 的铁碳合金。

钢是碳的质量分数在 0.0218%～2.11% 之间的铁碳合金,可细分为亚共析钢(碳的质量分数为0.0218%～0.77%)、共析钢(碳的质量分数为 0.77%)、过共析钢(碳的质量分数为 0.77%～2.11%)。

白口铸铁是碳的质量分数在 2.11%～6.69% 的铁碳合金,可细分为亚共晶白口铁(碳的质量分数为 2.11%～4.3%)、共晶白口铁(碳的质量分数为 4.3%)、过共晶白口铁(碳的质量分数为 4.3%～6.69%)。

4)含碳量对铁碳合金性能的影响

图 1-13 所示的是含碳量对钢力学性能的影响,含碳量越高,钢的强度和硬度越高,而塑性和韧度越低。这是由于含碳量越高,钢中的硬脆相 Fe_3C 越多的缘故,但当含碳量超过 0.9% 时,二次渗碳体呈明显网状,使钢的强度有所降低。

为了保证汽车使用的钢具有足够的强度,并具有一定的塑性和韧度,钢中的含碳量一般不超过 1.4%。

3.钢的热处理

钢的热处理是通过加热、保温和冷却工序改变钢的内部组织结构,从而获得预期性能的工艺。在汽车等制造业中,80% 的零件、工模具及轴承都必须进行热处理。

热处理工艺主要有退火、正火、淬火、回火及表面热处理等。

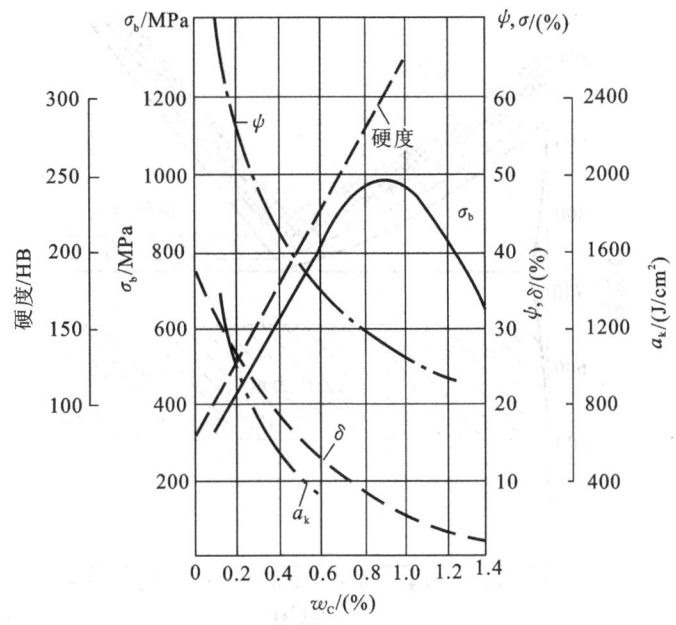

图 1-13 含碳量对钢力学性能的影响

1) 钢的退火

将钢加热到适当温度,保持一定时间,然后缓慢冷却的热处理工艺称为退火。退火的目的是降低硬度,提高塑性,改善切削加工性能,消除钢的内应力,细化晶粒,均匀组织,为以后的热处理做好准备。

常用的退火方法有完全退火、球化退火和去应力退火等几种。

(1) 完全退火。

这是将钢加热到 Ac_3 以上 30~50 ℃,保温一段时间,然后随炉冷却到 500 ℃ 以下出炉空冷的退火方法,主要用于亚共析钢铸锻件的热处理。

(2) 球化退火。

这是将钢加热到 Ac_1 以上 20~30 ℃,保温足够时间,随炉缓冷或用等温冷却方式冷却,将渗碳体球化的退火方式法,主要用于共析钢和过共析钢的热处理。

(3) 去应力退火。

这是将钢加热到 500~600 ℃,保温后随炉缓冷至 200~300 ℃ 出炉空冷的退火方法,主要用于消除铸件、焊件及切削加工件的应力。

2) 钢的正火

正火是将钢加热到 Ac_3 或 Ac_{cm} 以上保温,再在空气中冷却的热处理工艺。碳钢的各种退火和正火加热温度范围如图 1-14 所示。

正火和退火的明显区别是正火冷却速度较快,所以生产周期比退火的短,又由于正火后材料强度、硬度、塑性和韧度比退火的高,所以大多数低碳钢不做退火处理,而采用正火处理,对于力学性能要求不高的中碳钢零件常采用正火作为最终热处理。高碳钢经正火处理后可以消除网状渗碳体,为球化退火做好准备。

3) 钢的淬火

淬火是将钢加热到临界温度 Ac_3 或 Ac_1 (过共析钢) 以上,保温一段时间,使之全部或部分奥氏体化,然后以大于临界冷却速度快冷到 MS 以下(或 MS 附近)进行马氏体(或贝氏体)转

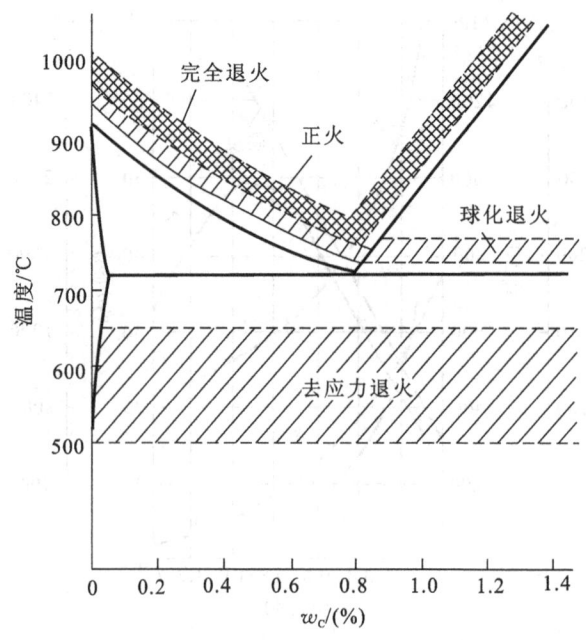

图 1-14 碳钢的各种退火和正火加热温度范围

变的热处理工艺。

淬火的目的是提高钢的强度和硬度,它是强化钢材的最重要的热处理方法。淬火与回火相配合,可以赋予工件不同的性能。例如,高碳钢淬火后低温回火可以得到高硬度、高耐磨性;中碳钢结构钢淬火后高温回火可以得到强度、塑性、韧度良好配合的综合力学性能。但要注意,对于低碳钢,由于淬火后强度、硬度提高不大,进行一般的淬火没有意义。

常用的淬火方法有单液淬火、双液淬火、分级淬火、等温淬火等。

4) 钢的回火

回火一般是紧接淬火以后的热处理工艺。回火是淬火后再将工件加热到 Ac_1 温度以下某一温度,保温后再冷却到室温的一种热处理工艺。

回火的目的如下。

(1) 淬火后回火的目的在于降低或消除内应力,以防止工件开裂和变形。

(2) 减少或消除残余奥氏体,以稳定工件尺寸。

(3) 调整工件的内部组织和性能,以满足工件的使用要求。

回火的种类及应用如下。

(1) 低温回火。回火温度是 150~250 ℃。低温回火的目的是保持较高的硬度和耐磨性,降低内应力,减小脆性,主要适用于如刃具、量具模具和轴承等要求高硬度、高耐磨性的工具和零件的热处理。

(2) 中温回火。回火温度是 350~500 ℃。中温回火的目的是要获得较高的弹性和屈服强度,同时又有一定的韧度,主要用于弹簧、发条、热锻模等零件的热处理。

(3) 高温回火。回火温度是 500~650 ℃。高温回火的目的是要获得强度、塑性、韧性都较好的综合力学性能。生产中把淬火及高温回火的复合热处理工艺称为"调质",调质处理广泛地应用于受力构件,如螺栓、连杆、齿轮、曲轴等的热处理。

5) 钢的表面热处理

在机械设备中,许多零件(如齿轮、活塞销、曲轴等)是在冲击载荷及表面摩擦条件下工作的。这类零件必须具有高硬度和耐磨性,而心部要有足够的塑性和韧度,为满足这类零件的工作要求,就要进行表面热处理。

常用的热处理方法有表面淬火和化学热处理两种。

知识三 汽车用钢及铸铁

工业上常把金属材料分为黑色金属材料(铁基材料)和有色金属材料(非铁基材料),黑色金属材料是指钢和铸铁,有色金属材料是指钢铁以外的金属及其合金。汽车行业中应用最广泛的是黑色金属材料,即钢和铸铁。

1. 碳素钢

碳素钢简称碳钢,是碳的质量分数大于 0.0218% 小于 2.11%,且不含有特意加入合金元素的铁碳合金,在现代工业生产所使用的钢铁材料中占据十分重要的地位。由于碳钢具有冶炼、加工容易,价格低廉,工艺性能良好,力学性能能够满足工农业生产的使用要求,是工农业生产中用量最大的金属材料。在汽车工业中,钢铁材料的用量占汽车用材总量的 70% 左右。图 1-15 所示的是碳素钢做成的汽车零件。

图 1-15　碳素钢做成的汽车零件

1) 杂质元素对碳钢性能的影响

(1) 硅的影响。

硅溶入铁素体中起固溶强化作用,可提高热轧钢材的强度、硬度和弹性极限,但会降低塑性、韧度。

(2) 锰的影响。

锰大部分能溶于铁素体中,形成置换固溶体并使铁素体强化;锰还能增加珠光体的相对量,细化珠光体,从而提高钢的强度。此外,锰与硫化合成为 MnS,可消除硫的有害作用。

(3) 硫的影响。

总体上硫是钢中有害的杂质元素,在炼钢时应尽量去除掉,其质量分数一般应控制在 0.05% 以内。

(4) 磷的影响。

磷在钢中易产生偏析,形成 Fe_3P,使钢的强度、硬度提高,但却使钢的塑性、韧度显著下降,脆性增大。因此,磷在钢中也是有害杂质元素,故磷的含量也要严格控制,一般规定其质量分数不大于 0.05%。

2) 碳素钢的分类

(1) 按钢中碳的含量分类。

低碳钢:碳的质量分数小于 0.25%。

中碳钢:碳的质量分数为 0.25%~0.60%。

高碳钢:碳的质量分数大于0.6%。

(2)按钢的冶炼质量分类。

根据钢中所含有害杂质硫和磷的多少,可分为以下几类。

普通碳素钢:$w_S \leqslant 0.050\%$,$w_P \leqslant 0.045\%$。

优质碳素钢:w_S、$w_P \leqslant 0.035\%$。

高级优质碳素钢:w_S、$w_P \leqslant 0.030\%$。

特级优质碳素钢:$w_S < 0.025\%$,$w_P < 0.020\%$。

(3)按钢的用途分类。

碳素结构钢:主要用于制造各种机械零件和工程构件,其碳的质量分数一般小于0.70%。

碳素工具钢:主要用于制造各种刀具、模具和量具,其碳的质量分数一般大于0.70%。

(4)按冶炼时的脱氧程度分类。

沸腾钢:脱氧不完全的钢。

镇静钢:脱氧比较完全的钢。

半镇静钢:介于沸腾钢与镇静钢之间。

3)碳钢的编号及用途

(1)普通碳素结构钢。

牌号:Q(屈服强度中屈的声母)、屈服强度、质量等级、脱氧方法四个部分按顺序组成(GB/T 700—2006)。例如,Q235-A·F表示屈服强度为235 MPa的A级沸腾钢。

典型牌号有Q195、Q215、Q235、Q255、Q275等。

用途:仅保证力学性能,主要应用在型材、薄板、焊管、桥梁结构、标准件、连杆、简单的齿轮或轴,不热处理直接使用。

(2)优质碳素结构钢。

牌号:2位数字,表示平均含碳的质量的万分数。

如45,表示平均碳的质量分数为0.45%的优质碳素结构钢(见图1-16)。

图1-16 优质碳素结构钢——钢轨

典型牌号有10、45、60、16Mn、70Mn、08F等。

用途:一般08~25低碳钢用于制作冲压件,30~55中碳钢用于制作齿轮、轴等机械零件,55~65用于制作弹簧。一般经热处理提高力学性能。

(3)碳素工具钢。

牌号:T+数字(平均含碳的质量的千分数)。

如T12A,表示平均碳的质量分数为1.2%的高级优质碳素工具钢。

典型牌号有 T8、T8Mn、T10、T13、T8A、T12A 等。

用途：含碳量稍低的 T7、T8 用于制作冲头、锤子、手锯等；含碳量较高的 T9～T11 用于制作车刀、钻头、冲模等；含碳量高的 T12、T13 用于制作量块、塞规、刮刀等。

(4) 铸造碳钢。

牌号：ZG＋数字-数字。

第一组数字：屈服强度；第二组数字：抗拉强度值。

典型牌号有 ZG200-400、ZG270-500、ZG340-640 等。

用途：用于制造受力不大、韧度较高、可焊接的机座、壳体；强度较高、有一定塑性、可焊接的轧钢机机架、连杆、曲轴；高强度、高耐磨性、能切削加工的齿轮、棘轮等。图 1-17 所示的是铸造碳钢产品。

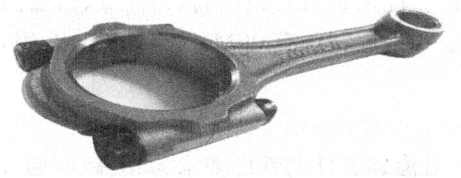 

图 1-17 铸造碳钢产品

2. 合金钢

碳素钢的冶炼、加工简单，价格便宜，但是碳素钢淬透性差，缺乏良好的综合性能，无法满足一些重要零件的要求。此外，碳素钢缺乏一些特殊的性能，如耐热性、耐蚀性等。因此，现代工业中，人们在机械制造中还广泛地使用合金钢。

所谓合金钢就是在碳钢的基础上，为了改善钢的性能，在冶炼时有目的地加入一种或数种合金元素而制成的钢。

1) 合金钢的分类及编号方法

(1) 合金钢的分类。

按合金元素分类，合金钢可分为以下几种。

①低合金钢：合金元素总质量分数小于 5%。

②中合金钢：合金元素总质量分数为 5%～10%。

③高合金钢：合金元素总质量分数大于 10%。

按合金钢的应用分类，合金钢可分为以下几种。

①合金结构钢：主要用于制造各种机械零件和工程构件。

②合金工具钢：主要用于制造各种刀具、模具和量具。

③特殊性能钢：具有某种特殊的物理、化学性能的钢，如不锈钢、耐热钢等。

(2) 合金钢的牌号。

根据《钢铁产品牌号表示方法》(GB/T 221—2008)规定，我国合金钢的牌号采用"数字＋合金元素符号＋数字"的方法来表示。

①结构钢以平均含碳质量的万分数为单位的数字(2 位数)开头，元素符号及后面的数字表示加入的元素符号及其质量分数，当合金元素质量分数小于 1.5 时不标，平均质量分数为 1.5%～2.5%，2.5%～3.5%，…时，则相应地标以 2,3,…。如 55Si2Mn，表示平均碳质量分

数为 0.55%,主要合金元素 Si 平均质量分数为 2%,元素 Mn 质量分数小于 1.5%。

②合金工具钢和特殊性能钢以平均含碳质量的千分数为单位的数字(1 位数)来表示碳质量分数,合金元素标注与合金结构钢相同,如 9SiCr。工具钢的平均含碳质量分数超过 1% 时,碳质量分数不标出,如 Cr12MoV。

③滚动轴承钢前面标 G,如 GCr15,这里应注意牌号中的铬元素后面的数字是表示质量的千分数,其他元素仍按质量分数表示。如 GCr15SiMn,表示含铬的质量分数为 1.5%,硅、锰的质量分数均小于 1.5% 的滚动轴承钢。

2) 合金结构钢

(1) 低合金结构钢。

这类钢是在普通碳素结构钢基础上加入少量合金元素 Mn、V、Ti、Nb、Cu、P 发展起来的,所以称为低合金结构钢或低合金高强度钢。此类钢具有强度高、塑性好、韧度高、焊接性能好,冷、热压力加工性能好,有一定的耐蚀性能。常用钢种有 09MnNb、16MnNb 等,广泛用于建造桥梁、制造车辆和船舶等。

(2) 合金渗碳钢。

用于制造渗碳零件的钢称为渗碳钢。对渗碳零件的性能要求为"表硬内韧",因此渗碳钢的碳的质量分数一般都很低(0.15%~0.25%),属于低碳钢。同时在钢中加入一定数量的合金元素,如 Cr、Ni、Mn、Mo、W、Ti、B 等,以保证钢的力学性能和工艺性能。渗碳钢的主要热处理工序一般是在渗碳之后再进行淬火和低温回火。常用的钢种有 20Cr、20CrMnTi。20CrMnTi 是应用最广泛的合金渗碳钢,用于制造汽车的变速齿轮、轴、活塞销、万向节十字轴(见图 1-18)等零件。

(3) 合金调质钢。

调质钢一般指经过调质处理后使用的碳素结构钢和合金结构钢。调质钢零件的性能要求为"具有良好的综合力学性能"。因此,调质钢的碳的质量分数一般为 0.25%~0.50%,属于中碳钢。碳量过低,同时为了提高钢的淬透性和保证强度、韧度,通常可加入 Cr、Ni、Si、Mn、B 及少量的 Mo、V、Al 等合金元素。调质钢的热处理通常为淬火后高温回火。常用钢种有 40Cr、30CrMnSi、40CrNiMo 等,其中 40Cr 适用于中等截面的结构件,如汽车连杆螺栓、后桥半轴等。

(4) 合金弹簧钢。

弹簧钢是用来制造弹簧等弹性元件的钢。根据其使用条件,要求其具有较高的弹性极限和屈强比、较高的疲劳强度、一定的塑性和韧度。因此,碳素弹簧钢的碳的质量分数为 0.60%~0.90%,合金弹簧钢的碳的质量分数为 0.40%~0.70%。合金弹簧钢的主加合金元素是 Si(<3%)、Mn(<1.3%)、Cr(约 1%)。根据弹簧钢的加工成形状态不同,弹簧分为热成形弹簧和冷成形弹簧。常用钢种有 65Mn、55Si2Mn、60Si2Mn、60Si2CrV,用于制造各种螺旋弹簧、钢板弹簧和气门弹簧(见图 1-19)等。此类钢的热处理一般为淬火加中温回火。

图 1-18 万向节十字轴

图 1-19 气门弹簧

(5) 滚动轴承钢。

用于制作滚动轴承的内外套圈及滚动体的钢,称为滚动轴承钢,对滚动轴承钢的性能要求为:高的弹性极限和接触疲劳强度,高而均匀的硬度和耐磨性,足够的韧度和淬透性,同时具有一定的抗蚀能力。此外,对钢的纯度(非金属夹杂物等)、组织均匀化、碳化物分布状况以及脱碳程度等都有严格的要求。滚动轴承钢的热处理工艺主要为球化退火、淬火和低温回火。常用钢种有 GCr15、GCr15SiMn,可用来制造各种工具(如丝锥、板牙、铰刀等)和耐磨零件(如一些量具、柴油机上喷油泵柱塞(见图 1-20)、喷油嘴的针阀等)。目前,应用最广泛的是高碳铬钢,其中 GCr15 和 GCr15SiMn 应用最多。

(6) 易切钢。

在钢中附加一种或几种元素,使它成为容易被切削加工的钢,这类钢称为易切钢。目前常用的附加元素有硫、铅、钙、磷等。这类钢主要用于采用高效专用自动机床加工的零件,如汽车中大量应用的螺栓、螺母、轴销等标准件,也可用于制造汽车的轴、齿轮、曲轴等。

3) 合金工具钢

合金工具钢是在碳素工具钢的基础上加入少量的合金元素(Si、Mn、Cr、W、V 等)制成的,用来制造尺寸大、精度高、形状复杂的模具、量具以及切削速度较高的刀具。

合金工具钢按用途可分为刃具钢、合金模具钢和合金量具钢等三类。

刃具钢主要指制造车刀、铣刀、钻头等切削刀具的钢,主要有低合金刃具钢和高速钢。

(1) 低合金刃具钢。

在碳素钢的基础上加入少量合金元素(其质量分数一般为 3%~5%)形成的一类钢,称为低合金刃具钢。低合金刃具钢的碳的质量分数为 0.9%~1.5%,常用的合金元素有 Si、Cr、Mn、W、V,低合金刃具钢的最终热处理为淬火及低温回火。常用的低合金刃具钢有 9SiCr、CrWMn 等,主要用于制造低速或手动工具或刃具等,如丝锥、板牙、钻头、铰刀、刮刀等,也常用做冷冲模,如图 1-21 所示。

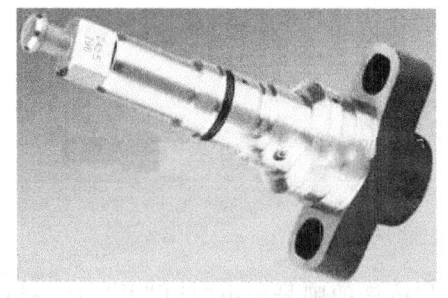

图 1-20 喷油泵柱塞

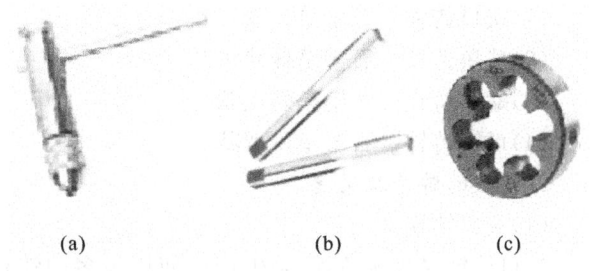

图 1-21 刃具钢

(a) 铰刀;(b) 丝锥;(c) 板牙

(2) 高速钢。

高速钢是一种适于制造高速切削刀具的高碳高合金工具钢,当切削温度高于 600 ℃时,硬度无明显下降,仍然能保持良好的切削性能,因此又称为"锋钢"。高速钢的碳的质量分数为 0.7%~1.65%,钢中含 W、Mo、Cr、V 等合金元素,其总的质量分数超过 10%。高速钢的热处理为退火,淬火后在 550~570 ℃回火(一般两次或三次)。常用的高速钢有 W18Cr4V 等。

4) 特殊性能钢

特殊性能钢是指具有特殊物理和化学性能的钢。常用特殊性能钢包括不锈钢、耐热钢、耐磨钢和低温用钢等。

(1)不锈钢。

在腐蚀介质中具有高的抗腐蚀性能的钢称为"不锈钢"。不锈钢应具有抵抗空气、水、酸、碱、盐类溶液或其他介质等腐蚀作用的能力。常用的不锈钢有 1Cr17、1Cr13、1Cr18Ni9 等。

(2)耐热钢。

耐热性是高温抗氧化性和高温强度的一个综合概念。因此,耐热钢包括抗氧化钢和热强钢。

(3)耐磨钢。

耐磨钢是指在强烈摩擦或撞击时具有很高强度的抗磨损能力的钢。目前工业生产中最常用的耐磨钢是高锰钢。高锰钢的主要成分是 C(质量分数为 1.0%～1.3%)和 Mn(质量分数为 11%～14%)。高锰钢广泛用于制造既耐磨又耐冲击的一些零件,如挖掘机的铲斗、坦克的履带板。

(4)低温用钢。

低温用钢是指用于工作温度低于 0 ℃(也有认为－40℃)的零件的钢,广泛用于钢铁冶金、化工、冷冻设备、液体燃料的制备与储运装置、海洋工程等。

3.铸铁

铸铁是碳的质量分数大于 2.1%的铁碳合金,与钢相比,不仅含 C 和 Si 较多,而且含杂质元素 S、P 也较多,其抗拉强度低、塑性差、韧度低,但抗震耐磨性能好、切削加工性好、缺口敏感性低。

1)铸铁的分类

按照石墨化程度,铸铁可分为以下几种。

(1)灰口铸铁　断口呈灰色。

(2)白口铸铁　断口呈白亮色。

(3)麻口铸铁　断口呈黑白相间的麻点。

按照石墨结晶形态,铸铁可分为以下几种。

(1)灰口铸铁　石墨呈片状。

(2)球墨铸铁　石墨呈球状。

(3)蠕墨铸铁　石墨呈蠕虫状。

(4)可锻铸铁　石墨呈团絮状。

2)铸铁的牌号及用途

(1)灰口铸铁。

灰口铸铁又称灰铸铁,是生产中使用最多的铸铁。灰铸铁的牌号是由"HT"及后面一组数字组成的,数字表示最小抗拉强度(GB/T 9439—2010),如 HT200、HT350 等。

HT200 适用于承受大载荷的重要零件,如汽车的气缸体、气缸盖、刹车轮等。HT300、HT350 适用于制造承受高载荷、要求耐磨和高气密性的重要零件,如大型发动机的气缸体(见图1-22)、气缸盖(见图 1-23)、气缸套、泵体、阀体等。

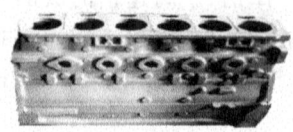

图 1-22　柴油发动机气缸体

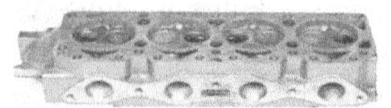

图 1-23　汽油发动机气缸盖

(2)球墨铸铁。

由于球墨铸铁具有良好的力学性能和工艺性能,并能进行热处理,使其力学性能在较大范围内变化,因此可以代替碳素钢、合金铸钢和可锻铸铁,制造受力复杂及性能要求较高的零件。球墨铸铁的牌号是由"QT"及后面两组数字组成的,两组数字分别代表最低抗拉强度及最低伸长率(GB/T 1348—2009),如 QT400-18。

QT400-18适用于做汽车、拖拉机的牵引框、轮毂、离合器及减速器的壳体;QT700-2适用于做汽油机和柴油机的曲轴(见图1-24)、连杆、凸轮轴等零件。

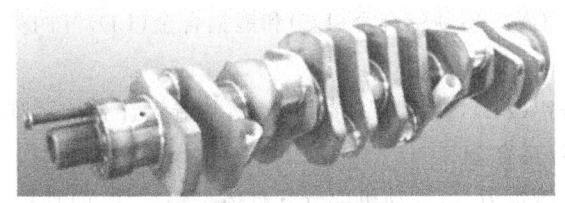

图 1-24　柴油机曲轴

(3)蠕墨铸铁。

蠕墨铸铁是近代发展起来的一种新型结构材料,其性能介于优质灰铸铁和球墨铸铁之间,其牌号是由"RuT"及后面一组数字组成的,数字表示最低抗拉强度(JB/T 4403—1999),如RuT260、RuT420等。

蠕墨铸铁主要应用于承受循环载荷、要求组织致密、强度要求较高、形状复杂的零件,如汽车/拖拉机底盘零件、气缸套、活塞环、刹车毂等。

(4)可锻铸铁。

可锻铸铁的牌号由 KTH(黑心)/KTZ(珠光体)/KTB(白心)+最低抗拉强度-最低伸长率(GB/T 9440—2010)组成,如 KTH300-06、KTH370-12、KTZ450-06、KTZ700-02 等。

可锻铸铁质量稳定、低温韧度高,常用来制造形状复杂、承受冲击载荷的薄件、中小型零件,如中低压阀门、汽车/拖拉机差速器壳、凸轮轴、扳手等。

(5)特殊性能铸铁。

特殊性能铸铁主要有耐热铸铁、耐磨铸铁、耐蚀铸铁等。汽车发动机排气门座可采用耐热铸铁制造;气缸套筒、排气门座圈、活塞环等常使用耐磨铸铁制造。

知识四　有色金属及其合金

有色金属材料与钢铁材料相比,价格高,产量低,但由于其具有许多优良的特性,容易满足汽车上某些零件的特殊要求,成为不可缺少的汽车用材料。

1.铝及铝合金

1)纯铝

纯铝是银白色金属,熔点为 660 ℃,密度小(2.72 g/cm^3),仅为铁的1/3;导电、导热性较高,抗大气腐蚀性好,但不耐酸、碱和盐;塑性好,可加工成各种型材;无铁磁性,即磁化率极低。纯铝主要用来替代贵金属制电线,配制各种铝合金,以及用于要求质轻、导热或耐大气腐蚀但抗拉强度要求不高的场合。

2)铝合金

在纯铝中加入适量的硅、铜、镁、锌、锰等合金元素即可制成铝合金。铝合金保持了纯铝的基本物化性能,如相对密度小、导电、导热、耐蚀性好等,且强度有了大幅度上升。

铝合金按其成分和生产工艺特点,可分为变形铝合金和铸造铝合金等两大类。

(1)变形铝合金。

变形铝合金的性能特点是塑性好,可进行冷热状态下的压力加工,按性能和用途分为防锈铝合金(LF)、硬铝合金(LY)、超硬铝合金(LC)和锻铝合金(LD)等四类。

(2)铸造铝合金。

铸造铝合金简称铸铝(ZL),在汽车上应用较多,制造铝合金的系列有铝硅系合金、铝铜系合金、铝镁系合金和铝锌系合金等。

汽车上的铝合金以铸铝为主,发动机部分气缸体是铝铸件,曲轴箱、气缸盖、活塞、过滤器、发动机、离合器、变速器等都含有铝铸件,车轮毂也有用铝合金铸造的。

2.铜及铜合金

1)纯铜

纯铜呈紫红色,故又称为紫铜。纯铜导电性、导热性优良,耐蚀性和塑性很好,但强度低。纯铜主要应用于制造电线、电缆等导电材料,汽车制造业主要使用铜合金。

2)铜合金

铜合金按化学成分,主要分为白铜(铜镍合金)、黄铜(铜锌合金)、青铜(铜锡合金)等,应用最广的为黄铜和青铜。

(1)黄铜。

黄铜为铜锌合金,按化学成分可分为普通黄铜和特殊黄铜等两类;按生产方法可分为压力加工黄铜和铸造黄铜等两类。

①普通黄铜是由铜和锌组成的合金。工业黄铜牌号用"H+数字"表示,H 表示黄铜,数字表示铜的质量分数。如 H68,表示铜的质量分数为 68%、锌的质量分数为 32%的黄铜。铸造黄铜则在代号前加"Z"字。如 ZCuZn38 表示锌的质量分数为 38%,余量为铜的铸造黄铜。

②特殊黄铜是在普通黄铜中加入除锌外的其他合金元素所组成的多元合金。常加入的元素有铅、锡、铝等,相应地可称为铅黄铜、锡黄铜、铝黄铜。加合金元素的目的主要是为了提高抗拉强度和耐蚀性,改善工艺性能。牌号用"H+主加元素符号(除锌外)+铜含量+主加元素含量+其他元素含量"表示。如 HPb59-1,表示铜的质量分数为 59%、铅的质量分数为 1%的铅黄铜。

黄铜在轿车上用做转向节衬套、钢板弹簧衬套、轴套等耐磨件,也可用做散热器冷凝器、冷却管,还可用做装饰件、供水排水管等。

(2)青铜。

除了黄铜和白铜(铜和镍的合金)外,所有的铜基合金都称为青铜。青铜可分为锡青铜和特殊青铜(即无锡青铜)等两类。根据加工工艺和用途,青铜可分为加工青铜和铸造青铜等两类。

其牌号用"Q+主加元素符号及含量+其他元素含量"表示。如 QSn4-3,表示锡的质量分数为 4%、锌的质量分数为 3%,其余为铜的锡青铜。铸造用青铜则在牌号前加"ZCu",后接主加入合金元素及其含量,如 ZCuSn10Sb1、ZCuPb30。

锡青铜可用于水箱盖出水阀弹簧等弹性件,也可用于发动机摇臂衬套、连杆衬套等耐磨件。无锡青铜各有特点,应用也不同,如硅青铜可做弹簧,铝青铜可做轴套、齿轮、蜗轮,铅青铜可做轴承、曲轴止推垫圈。

3.轴承合金

轴承是机器上的重要零件,目前机器中使用的轴承有滚动轴承和滑动轴承等两类。在滑动轴承中,用于制造轴瓦和内衬的合金材料称为轴承合金。

1)轴承合金性能的要求

(1)足够的强度和硬度,以承受轴颈较大的单位压力。

(2)足够的塑性、韧度和疲劳强度,以承受轴颈的周期性载荷,并抵抗冲击和振动。

(3)良好的磨合能力,使其与轴能较快地紧密配合。

(4)高的耐磨性,与轴的摩擦因数小,并能保留润滑油,减轻磨损。

(5)良好的耐蚀性、导热性,较小的膨胀系数,防止摩擦升温而发生咬合。

2)锡基和铅基轴承合金

这两类轴承合金广泛应用于汽车,通称为巴氏合金,均系低熔点合金,牌号用"ZCh+基体元素符号+主加元素符号+主加元素百分含量+辅加元素百分含量"表示。其中,"Z""Ch"为"铸""承"两个汉语拼音字首。

(1)锡基轴承合金。

特点:这种合金具有良好的减摩性、导热性、耐蚀性和较高韧度,膨胀系数小。

缺点:抗拉强度及疲劳强度较低,工作温度不高于 150 ℃,且锡稀缺,价格高。

适用:制造重要的轴承和轴瓦,如发动机、压缩机等高速轴承。

(2)铅基轴承合金。

铅基轴承合金又称铅基巴氏合金,是一种以铅和锑为基的轴承合金。室温下,其组织为软基体 α 固溶体(锑溶入铅中的固深体)上分布着硬质点 β 相(铅溶入锑中的固溶体)。为了提高强度、硬度和耐磨性,通常加入 6%~16% 的锡,为了防止比重偏析,常加入 1%~2% 的铜。此外,加入少量砷和镉可以细化组织,提高合金在高温下的硬度。与锡基轴承合金相比,其强度、硬度、耐磨性、冲击韧性均较低,通常制成双层或三层金属结构,用作低速、低负荷或静载下工作的轴承。常用牌号有 ZChPbSb16-16-2、ZChPbSb15-5-3 和 ZChPbSb15-10 等。铅基轴承合金采用熔融法制备。

铅基轴承合金是铅锑锡铜合金,它的硬度适中,磨合性好,摩擦因数稍人,而切性很低。因此,它适用于浇注受震较小、载荷较轻或速度较慢的轴瓦,主要用于电缆、蓄电池等。

3)铜基轴承合金(铅青铜)

常用牌号为 ZQPb30 的铅青铜,铅的质量分数为 27%~33%,余量为含铜量,属于硬基体软质点组织。

优点：与巴氏合金相比，其承载能力大，抗拉强度高，具有良好的耐磨性；能在较高的温度（300 ℃）下工作；价格低。

缺点：加入铅后其抗拉强度下降，铜和铅密度相差大，易偏析，抗蚀能力下降。

应用：用于制造高温高压下工作的轴承，如航空发动机的轴承等。

4）铝基轴承合金

这是新型减摩材料，具有密度小、导热性好、疲劳及抗拉强度高、耐蚀性好、原料丰富、价低等优点，但膨胀系数大，运转易咬合，主要用于制造高温高载荷下工作的轴承。

 **任务拓展**

碳素结构钢的牌号与应用

种类	牌号	性能与用途	应用	图例	备注
普通碳素结构钢	Q195、Q215	强度要求不高的零件，如铆钉、垫圈、开口销、油底壳	铆钉开口销		
	Q235	强度要求一般的零件，如螺钉、螺母、螺栓、心轴、拉杆	螺栓、螺母		
	Q255、Q275	强度要求较高的零件，如转轴、摇杆、齿轮	齿轮		
优质碳素结构钢	08	强度低，塑性好，具有良好的冲压、拉伸及焊接性能	油底壳		有害杂质元素磷、硫较少，制造比较重要的零件，制成后一般要经过热处理，改善和提高其力学性能
	10		油箱		
	15、20	具有良好的冷冲压性能和焊接性能	轮胎螺栓、螺母		
	45	调质处理后，可获得良好的综合力学性能，常用来制造齿轮、飞轮齿圈	凸轮轴		
	30～55		曲轴		
	60～70	经淬火、中温淬火后，可制造各种弹性元件	弹簧		
	20Mn	平均碳的质量分数为0.20%，锰的质量分数为0.7%～1%			含锰量较高，需标注Mn

铜及铜合金分类性能表

名称	分类	成分	性能	标注	标注实例	应用举例
黄铜	普通黄铜	铜和锌组成的铜合金	良好的力学性能，抗蚀性好，成本低，强度较低	"H"加铜的百分含量表示	H70：表示铜的质量分数为70%，其余为锌的普通黄铜	汽车上的散热器分水管、汽油过滤器滤芯、化油器零件、管接头、垫圈、螺钉
黄铜	特殊黄铜	普通黄铜中加入锡、硅、锰、铅和铝等合金元素，分别称为锡黄铜、硅黄铜、锰黄铜等	提高了普通黄铜的性能，特别提高了强度，不同元素有不同的优良性能	"H+元素符号+若干组数字"，第一组数字表示铜的百分含量，第二组数字表示主加元素的百分含量，数字间用短线分开	HPb59-1：表示铜的质量分数为59%、铅的质量分数为1%的铅黄铜	汽车上用做耐磨损的零件，如万向节衬套、钢板弹簧衬套、离合器与制动蹄支轴衬套等
青铜	普通青铜	锡为主加元素的铜合金	良好的强度、硬度、耐腐蚀性和铸造性	"Q"和几组数字，第一组数字为主加元素百分含量，后几组数字为其他添加元素百分含量	QSn4-4-2.5：表示锡的质量分数为4%、锌的质量分数为4%、铅的质量分数为2.5%的锡青铜	用于铸造形状复杂、壁厚较大的零件，常用做轴承材料
青铜	特殊青铜	不含锡，以添加铝、镍、锰、硅、铍、铅元素为主	强度高、良好的耐磨性和耐腐蚀性，铸造性能不及普通青铜		Qbe2 表示含铍量约2%的无锡青铜	用于制造高强度耐磨零件，如轴承、齿轮、衬套
白铜		以镍为主加元素，但镍的质量分数低于50%的铜镍合金	表面很光亮，不易锈蚀			用于制造精密仪器、仪表中耐蚀零件及电阻器、热电偶

任务二 轿车保险杠的修理

 **任务描述**

轿车发生碰擦事故,保险杠受到轻度损伤,可以直接进行修复。保险杠是汽车上必不可少的外装件之一,其损坏后不仅影响美观,同时会降低安全系数。

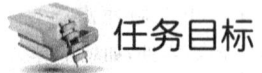 **任务目标**

(1)能够掌握汽车常用非金属材料的知识及其特点。
(2)能了解汽车中常用的非金属材料的性能,并能正确应用这些材料。
(3)掌握车用非金属材料及粘接剂等的应用。
(4)能够了解非金属材料的发展前景。

 **任务分析**

修理轿车保险杠时,要观察保险杠的外部结构及材料成分,掌握保险杠的修复工艺,了解粘接剂的使用性能及应用。通过对保险杠的修理,了解车用非金属材料的使用方法及汽车用零部件对非金属材料的要求。非金属在汽车中有着广泛的应用,它是汽车中无法分割的一部分。因此,学习非金属材料的相关知识对汽车专业的学生来说,就显得尤为重要。

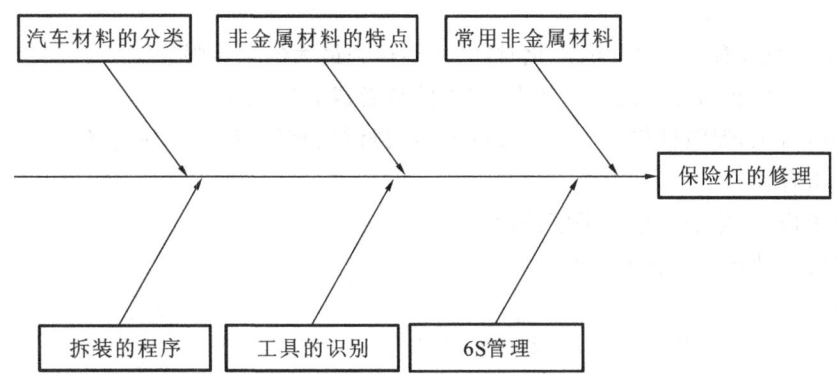

任务实施

实施一　任务准备

卡簧钳、活塞环拆装钳、套筒组合扳手、扭力扳手、活塞销冲、手锤。

实施二　任务实施

(1)学生分组，每小组 5~8 人。
(2)小组进行任务分析。
(3)用专用工具从汽车固定支架上拆卸保险杠总成，放置在修理工作平台上，如图 1-25 所示。
(4)分解保险杠总成，将塑料保险杠从支承架上拆下，查看保险杠背面压制的 ISO 代号，以此确定保险杠所用的材料，如图 1-26 所示。

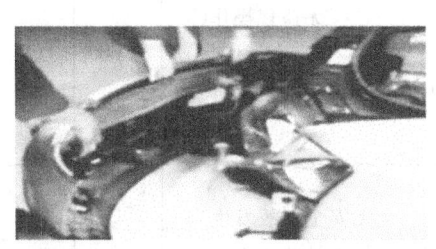
图 1-25　拆卸保险杠

图 1-26　保险杠背面压制的 ISO 代号

(5)确定保险杠所用材料后，确定保险杠修复方法，选择相应的清洁剂、催化剂、粘接剂。
(6)用清水和塑料清洁剂清洗待修复部位，对结合表面进行除蜡、除油处理。
(7)用塑料加热枪将保险杠需修部位加热到 20 ℃ 左右，并将催化剂喷到裂纹一侧，然后在该侧涂抹粘接剂。
(8)将划痕或裂纹两侧按原来位置对齐并迅速压紧，约压紧 1 min 后即可获得良好的粘接效果。

(9)粘接部位应有3～12 h的固化时间,才能达到最大的粘接强度。

(10)将保险杠装回保险杠支承架上,将保险杠总成装回汽车上。

(11)小组讨论,保险杠修理中用了哪些非金属材料、有何特点、如何选择。

(12)小组合作。

(13)角色扮演,分小组进行讲解演示。

(14)完成老师布置的相关作业。

特点提示

对保险杠的涂装修复工作,不在本任务内进行。

实施三　任务检测

(1)简述非金属材料的定义。

(2)简述汽车材料的分类。

任务评价

任务评价表

班级:　　　　　　　　组别:　　　　　　　　姓名:

项目	评价内容 (请在对应条目的○内打"√"或"×",不能确定的条目不填,可以在小组评价时让本组同学讨论并写出结论)	评价等级(学生自评)		
		A 全部为√	B 有一至三个×	C 有多于三个×
关键能力自评	○按时到场　　　　　　　学习期间不使用手机、不玩游戏○ ○工装齐备　　　　　　　未经老师批准不中途离场○ ○书、本、笔齐全　　　　　无违规操作○ ○不追逐打闹　　　　　　无早退○ ○接受任务分配　　　　　先擦净手再填写工作页○ ○不干扰他人工作			
	○工作服保持干净 ○私人物品妥善保管　　　无安全事故发生○ ○工作地面无脏污　　　　使用后保持工具整齐干净○ ○工作台始终整洁　　　　能及时纠正他人危险作业○ ○无浪费现象　　　　　　废弃物主动放入相应回收箱○ ○参与了实际操作　　　　未损坏工具、量具及设备○			

续表

项　目	评价内容 (请在对应条目的○内打"√"或"×",不能确定的条目不填,可以在小组评价时让本组同学讨论并写出结论)	评价等级(学生自评)		
		A 全部为√	B 有一至三个×	C 有多于三个×
关键能力自评	○课前有主动预习　　　　　本小组工作任务能按时完成○ ○与本组同学关系融洽　　　主动回答老师提问○ ○积极参与小组讨论　　　　能独立规范操作○ ○接受组长任务分配　　　　能主动帮助其他同学○ ○能独立查阅资料　　　　　不戴饰物,发型合规○ ○工装穿戴符合要求			
专业能力自评	○能按时完成工作任务　　　能独立完成工作页○ ○工量具选用准确　　　　　没有失手坠落物品○ ○无不规范操作　　　　　　指出过他人的不规范操作○ ○完成学习任务不超时　　　暂时无任务时不无所事事○ ○学习资料携带齐备　　　　工作质量合格无返工○			
小组评语及建议	他(她)做到了: 他(她)的不足: 给他(她)的建议:	组长签名: 年　月　　日		
教师评价及建议		评价等级: 教师签名: 年　月　　日		

相关知识

知识一　汽车常用非金属材料

非金属材料一般包括高分子材料、陶瓷材料、复合材料等三类,非金属材料具有金属材料所不能及的某些性能,如绝缘性、耐高温、抗腐蚀、质轻等,在汽车工业中越来越得到广泛的应用。

1. 高分子材料

高分子材料是以高分子化合物为主要组成部分的材料,也称为聚合物或高聚物。高分子化合物主要含 C、H、O、N 等元素,所以密度小(0.9~2 g/cm³)。

高分子材料分为天然和人工合成等两大类,天然高分子材料有羊毛、蚕丝、淀粉等,工程上应用的高分子材料主要是人工合成的,人工合成的高分子化合物按工艺性质可分为塑料、橡胶、胶黏剂和纤维素。

2. 常用的高分子材料

1) 塑料

塑料是一种以有机合成树脂为主要组成的高分子材料,它通常可在加热、加压条件下被注塑或固化成形,故称为塑料。汽车用工程塑料,主要用于制造某些机器零件或构件,具有强度、韧度和耐磨性较好,价廉、耐腐蚀、降噪声、美观、质轻等特点。

(1) 塑料的组成。

①合成树脂。

树脂是决定塑料性能和使用范围的主要组成物,在塑料中,起粘接其他组分的作用。塑料中的合成树脂质量分数一般为 30%~100%。因此,大多数塑料都是以树脂名称来命名的,例如,聚氯乙烯塑料的树脂就是聚氯乙烯。

②添加剂。

根据塑料的使用要求,在塑料中掺入一些添加剂,以改善塑料的性能,常用的添加剂有填充剂、增塑剂、稳定剂、着色剂及其他。

(2) 塑料在汽车上的应用。

汽车用塑料按照用途,可分为内饰件用塑料、工程塑料和外装件用塑料等三类。

①汽车内饰用塑料。

内饰用塑料主要有聚氨酯(PU)、聚氯乙烯(PVC)、聚丙烯(PP)和 ABS 等。它们用于制作座垫、仪表板、扶手、头枕、门内衬板、顶棚衬里、地毯、控制箱、转向盘等内饰塑料制品(见图1-27)。

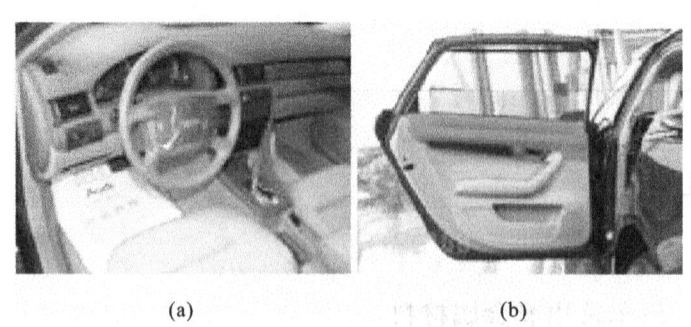

图 1-27 塑料在汽车内饰上的应用
(a) 仪表台;(b) 门内饰

②汽车用工程塑料。

汽车上常用的工程塑料有聚丙烯(PP)、聚乙烯(PE)、聚苯烯、ABS、聚酰胺、聚甲醛、聚碳酸酯、酚醛树脂等。

③汽车外装件用塑料。

汽车的外装件及结构件包括传动轴、车架、发动机罩等，要求具备高强度，因而多采用纤维增强塑料制造。图1-28所示的是车用保险杠。

图1-28 车用保险杠

2）橡胶

（1）橡胶的组成。

橡胶是以生胶为原料，加入适量的配合剂，经硫化工艺处理后得到的一种材料。生胶是指未经硫化的天然或合成橡胶。

橡胶最显著的特点是，具有高的弹性和回弹性。同时，橡胶还有一定的强度，优异的抗疲劳性，以及良好的耐磨、绝缘、隔声、防水、缓冲、吸震等性能。

橡胶的组成：生胶、增塑剂、硫化剂、硫化促进剂、防老剂、填充剂（填料）等。

（2）常用的橡胶。

①天然橡胶。

聚异戊二烯混合体，来源于橡胶树的胶乳。

优点：耐磨性、耐蚀性、耐低温性、介电性好，易于加工成形。

缺点：耐油、耐溶剂性差，抗臭氧老化性差。

应用：用于制造轮胎、胶鞋、胶管等，如图1-29所示。

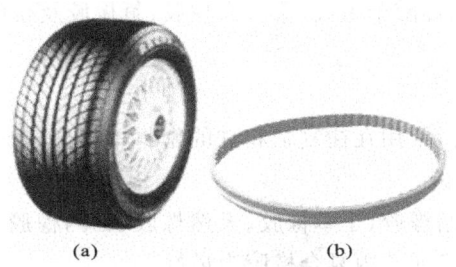

图1-29 橡胶在汽车上的应用
(a)轮胎；(b)正时齿形带

②合成橡胶。

合成橡胶，是产量最大、应用最广的通用橡胶。

a. 丁苯橡胶

丁苯橡胶是丁二烯和苯乙烯的共聚物。

优点：耐磨性、耐热性、耐油性、抗老化性都比较好，特别是耐磨性超过天然橡胶，价格低廉。

缺点：强度低、成形性不佳。

应用:用于制造轮胎、胶板、胶布等通用制品。

b.氯丁橡胶。

氯丁橡胶,俗称"万能橡胶",是氯丁二烯聚合物。

优点:力学性能与天然橡胶的相似,耐磨、耐热、耐油、抗老化等。

缺点:耐寒性差、密度大、成本高。

应用:用于制造三角皮带、运输带、腐蚀介质输送管、胶黏剂等。

3)车用橡胶举例

汽车橡胶制品主要分布在汽车车身、传动、转向、悬挂、制动和电器仪表等系统内。

(1)汽车轮胎。

汽车轮胎是汽车上橡胶用量最大的橡胶零件。制造轮胎的主要材料有生胶、骨架材料以及炭黑等。

轮胎的外胎普遍使用天然橡胶、丁苯橡胶、顺丁橡胶等。内胎一般用气密性好的材料来制造,如丁基橡胶。

(2)密封制品。

汽车上使用的橡胶密封制品主要包括油封件、密封条、密封圈、皮碗、防尘罩、衬垫等。

①密封条。

密封条在汽车上的用量很大,每辆汽车要用十几种密封条,其数量达20多件,重量达10 kg以上,如车门缓冲密封条、车顶密封条、行李舱密封条、门窗玻璃密封条、门框密封条、发动机盖密封条等。此外汽车上还使用许多密封垫片,如各种车灯密封垫片、扬声器密封垫片、管接头密封垫片等。

密封条采用的胶种有CR、EFDM和NR等,我国目前普遍使用的是三元乙丙复合橡胶密封条。

②油封。

油封和O形密封圈是汽车上使用品种和数量最多的密封件,是汽车上最重要的密封件。

丁腈橡胶、硅橡胶、聚丙烯酸酯橡胶、聚氨酯橡胶、氟橡胶及聚四氟乙烯树脂是制造油封普遍使用的材料。

③皮碗。

皮碗也是一种密封元件,常用在往复轴和缸的密封中。皮碗的形状有V形、U形和Y形等,近年来普遍采用Y形皮碗。

例如,制动皮碗采用丁腈橡胶、丁苯橡胶、天然橡胶、乙丙橡胶等材料制造,对蓖麻油和合成酯类制动液都适用,尤以三元乙丙复合橡胶为最好。

④防尘套。

防尘套有直筒形和变截面波纹形等几种。

制造防尘套的橡胶材料有天然橡胶、丁腈橡胶和氯丁橡胶、三元乙丙复合橡胶等。

(3)胶管。

每辆汽车中所用的胶管有几十种,用量达到20 kg以上。所用橡胶材料有天然橡胶、丁腈橡胶、三元乙丙复合橡胶、氯丁橡胶、丙烯酸酯橡胶等。

耐油软管主要有汽油软管、柴油软管、机油软管等;水箱连接软管的主要材料是三元乙丙复合橡胶;刹车橡胶软管内层为丁腈橡胶制造,外层用氯丁橡胶或三元乙丙复合橡胶制造;空调管内胶层一般采用 PA,外胶层采用 ⅡR。

(4)胶带。

车用胶带主要是 V 带。通常 V 带有三种,即包布 V 带、切割 V 带和多楔 V 带,其中切割 V 带使用最多。

车用胶带的常用胶种有 NBR 和 CR 等。

(5)减震块。

减震块主要用在汽车发动机、底盘等部件上,用来防止和降低汽车行驶中的震动和噪声。减震块按其材料的组合形式,可分为纯橡胶制品、塑料-橡胶复合制品及金属-橡胶复合制品等。

制造减震块的材料有天然橡胶、氯丁橡胶、聚氨酯橡胶、丁腈橡胶等。

知识二 陶瓷材料

1.陶瓷材料概述

陶瓷在传统上是指陶器和瓷器,也包括玻璃、水泥、石灰、石膏和搪瓷等。这些材料都是用天然硅酸盐矿物作为原料生产的,所以陶瓷材料也称为硅酸盐材料。

陶瓷材料具有熔点高(一般在 2000 ℃以上)、硬度高(维氏硬度在 9.0HV 左右)、化学稳定性好、绝缘性好、耐高温、耐腐蚀等特点。工业上的陶瓷主要用于制作耐高温、耐磨元件,以及绝缘材料、高硬度耐磨材料及各种功能材料,如图 1-30 所示。

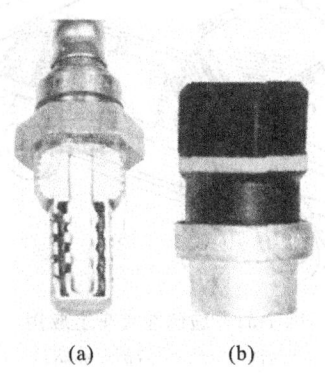

(a)　　　　(b)

图 1-30　车用传感器

(a)氧传感器;(b)水温传感器

2.常用陶瓷材料

1)普通陶瓷

普通陶瓷是以黏土为原料,经配制烧结而成的。这种陶瓷具有良好的耐蚀性、电绝缘性、成形性,成本低廉,但强度低、易软化,主要用于制造耐腐蚀的容器和管道、电绝缘件等。

2)氧化铝陶瓷

氧化铝陶瓷是以 Al_2O_3(质量分数占 45%以上)为主要成分的特种陶瓷,有刚玉、刚玉/莫来石、莫来石三种。其优点是强度高(普通陶瓷的 3~7 倍)、硬度高(90HRC)、耐磨性很好、电绝缘性好、可在高温下长期工作等。缺点是脆性大、抗热震性差。氧化铝陶瓷主要用来制造内燃机火花塞、金属拉丝模、切削冷硬铸铁和淬火钢的刀具、熔化金属的坩埚、导弹整流罩等。

3）氮化硅陶瓷

氮化硅陶瓷是以 Si_3N_4 为主要成分的特种陶瓷，有反应烧结和热压烧结等两种。其优点是化学稳定性好、耐腐蚀、硬度高、摩擦因数小，且有自润滑作用、热膨胀系数低、抗热震性能好、绝缘性能好。缺点是，其应用受氮化层深度的限制。氮化硅陶瓷用来制造石化用密封环、高温轴承、电硅泵管道/阀门（反应烧结），或简单的耐磨、耐高温刀具（热压烧结）等。

4）玻璃

玻璃是一种非晶态固体，它是以石英砂、纯碱、长石、石灰石等为主要原料，并加入金属氧化物等辅料，在高温窑中煅烧至熔融后，经成形、冷却所获得的非金属材料。由于形成玻璃的金属氧化物不同，玻璃可分为石英玻璃、硅酸盐玻璃、硼酸盐玻璃、磷酸盐玻璃等。

(1) 车用玻璃的性能、种类及主要用途。

汽车玻璃的性能特点：抗拉强度低、抗压强度高、硬度较高、韧度低、耐热性差；有良好的化学稳定性、耐腐蚀性、绝缘性和良好的光学性能。

汽车玻璃的使用要求：必须具有很高的透明性、耐候性、强度及安全性。

汽车玻璃的种类：根据玻璃在汽车上的安装位置，汽车玻璃分为风窗玻璃、后窗玻璃、前角窗玻璃、前门窗玻璃、后门窗玻璃、后角窗玻璃和后侧窗玻璃等，如图 1-31 所示。

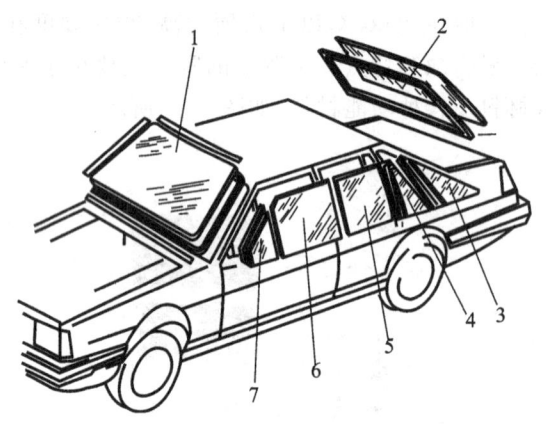

图 1-31　玻璃在汽车上应用

1—风窗玻璃；2—后窗玻璃；3—后侧窗玻璃；4—后角窗玻璃；
5—后门窗玻璃；6—前门窗玻璃；7—前角窗玻璃

玻璃根据用途，可分为钢化玻璃、夹层玻璃、防爆玻璃、中空玻璃、防水玻璃和特种挡风玻璃等。

① 钢化玻璃。

钢化玻璃在受到冲击破碎后，碎片小而无棱角，不会对人体造成伤害。但这种玻璃在破碎前会产生很多裂纹，玻璃会变得模糊不清，使驾驶员不能继续驾驶，易造成事故。

钢化玻璃仅作为汽车后窗玻璃和侧窗玻璃，如图 1-32 所示。

局部钢化玻璃是采用分区域控制钢化程度，具有与钢化玻璃相似性能的安全玻璃。一旦破碎后，它使玻璃的视区（司机的前方或玻璃的中部区域）成为较大的玻璃碎片，周边部分为较小的碎片，在视区内仍能保证一定的能见度，避免因钢化碎片过小影响观察，发生二次事故。

局部钢化玻璃主要用于车辆作前挡风玻璃，如图 1-33 所示。

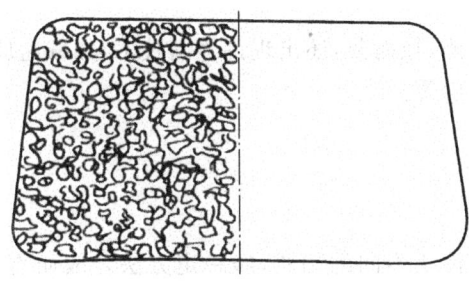 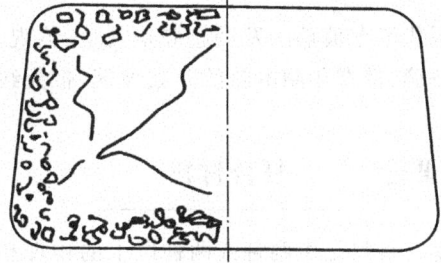

图1-32 钢化玻璃　　　　　　图1-33 局部钢化玻璃

②夹层玻璃。

夹层玻璃又称安全玻璃。夹层玻璃在受到破坏时,会产生辐射状或同心圆形的裂纹,碎片不易脱落,且不影响透明度。夹层玻璃常用于汽车的前窗玻璃,如图1-34所示。

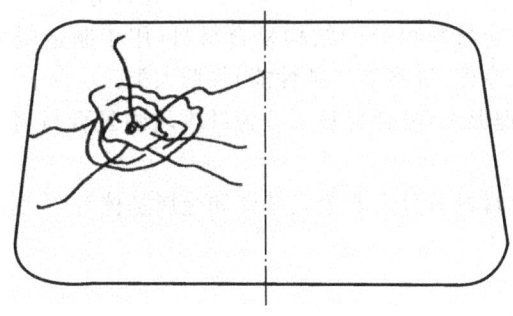

图1-34 夹层玻璃

③防爆玻璃。

防爆玻璃具有较大的抗冲击强度,以及透光性好、耐寒、耐热等特点,当遇到爆炸或弹击时,子弹不易穿透玻璃,玻璃碎片不会脱落伤人。

防爆玻璃主要用于重要人物及各国首脑所乘用的防弹车上。

④中空玻璃。

中空玻璃具有隔音、隔热、保温、不结霜、不产生凝结水以及吸收紫外线的作用。

中空玻璃在高档客车的侧窗上有着十分广泛的应用。

⑤防水玻璃。

防水玻璃表面上涂覆了一层化学耐久性优异的含氟薄膜。落在玻璃上的水滴会在风压的作用下迅速滚落,不会影响驾驶员的视线。

防水玻璃可以制成防雾玻璃,用在寒冷地区的车辆上。

⑥特种挡风玻璃。

近年来,许多高档轿车采用热反射膜玻璃作为挡风玻璃,这种玻璃表面涂有金属氧化物层,可以防止车内的热量向车外传递,保持车内的温度。

(2)车用玻璃产品的鉴别。

汽车玻璃上一般都有一些标志,有的只有一个,有的则有好几个,不同的标志代表不同的含义,看懂这些标志便能鉴别玻璃的质量。

一般标志有:①国家安全认证标志;②国外认证标志;③汽车生产厂标志;④玻璃生产企业

标志。

现代汽车玻璃的发展趋势是安全、美观、多功能、轻而薄,还出现许多新技术,如减速玻璃、吸热玻璃、带有印制电路的防霜玻璃、带天线的玻璃等。

知识三　复合材料

复合材料是由两种或两种以上的物理和化学性质不同的物质,经一定方法合成而得到的一种新的多相固体材料。它不仅具有各组成材料的优点,还具有比单一材料更优良的综合性能。

1. 复合材料的分类

复合材料的分类至今尚不统一,目前主要采用以下几种分类方法。

(1)按材料的用途,复合材料可分为结构复合材料(用于制造受力构件)和功能复合材料(具有如导电、导磁、阻尼、摩擦、屏蔽等特殊性能)等两大类。

(2)按增强材料的物理形态,复合材料可分为纤维增强复合材料、粒子增强复合材料和层叠复合材料等三类。

(3)按基体类型,复合材料可分为非金属基体和金属基体等两大类。

2. 复合材料的性能

(1)比强度和比模量高。

(2)抗疲劳性能好。

(3)减震性能好。

(4)高温性能好。

(5)工作安全性好。

(6)成形工艺简便灵活及可设计性强。

3. 常用复合材料

1)纤维增强塑料(FRP)

纤维增强塑料是汽车轻量化的重要材料,主要由三部分组成:纤维、树脂和填充料。纤维增强塑料基体是塑料,承受载荷的主要是增强相纤维,而增强相纤维处于基体之中,彼此隔离,其表面受到基体的保护而不易受到损伤;基体能阻止裂纹的扩展,并对纤维起到粘接的作用。复合材料的强度得到很大的提高,比较典型的 FRP 有玻璃纤维增强塑料和碳纤维增强塑料。

2)金属基复合材料(MMC)

增强金属基复合材料是由低强度、高韧度的基体和高强度、高弹性模量的纤维组成的。金属基复合材料的基体大多采用铝铜合金、镁合金和镍合金,增强材料一般为高强度和弹性模量、高抗磨性与高化学稳定性的碳化硅、硼、氧化铝和碳纤维等。

3)纤维增强陶瓷(FRC)

纤维增强陶瓷利用增强纤维可以提高断裂强度和断裂韧度。目前 FRC 有碳纤维系、陶瓷纤维系和晶须纤维系等,国外在汽车发动机上已有许多零件采用纤维增强陶瓷材料制造。

 **任务拓展**

一辆桑塔纳 2000 在行驶途中突然熄火,经检查发现燃油进油管严重漏油,抢修的唯一办法是更换输油管,而附近的汽车配件商店没有标准的桑塔纳 2000 发动机输油管,可供使用的油管就只有图 1-35 所示的几种类型,请问驾驶员如何选择?

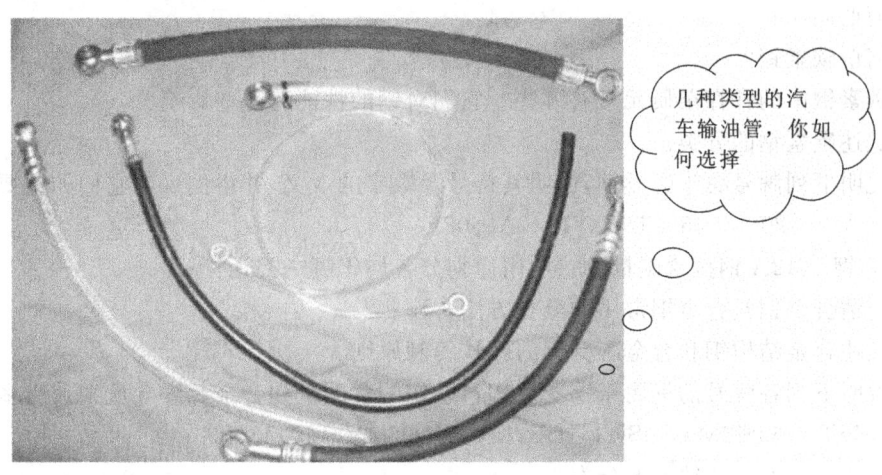

图 1-35 油管

 **项目小结**

该项目主要讲述汽车中常用的金属材料和非金属材料及其性能和指标,同学们学习了本项目的知识后能够对汽车有个感性和理性的认识,能够识别汽车所用的各种材料。同时,也能够选用合适的汽车材料。

 **综合测试**

1. 材料的力学性能有哪些?
2. 什么是强度,其衡量指标是什么?
3. 什么是塑性,其衡量指标是什么?
4. 常用的布氏硬度的表示方法有哪些?
5. 洛氏硬度的三种标尺如何表示?
6. 何谓冲击韧度?
7. 什么是金属的疲劳破坏?
8. 何谓合金、元? 试举例说明。

9. 什么是同素异构转变？试述纯铁的同素异构转变。
10. 何谓铁素体、奥氏体、渗碳体及珠光体？它们的表示符号是什么？性能特点是什么？
11. 试述铁碳合金的分类。
12. 随着含碳量的增加，钢的组织和性能有什么变化？
13. 热处理工艺由哪三个阶段组成？
14. 名词解释：热处理、退火、正火、淬火、回火、表面淬火、化学热处理。
15. 回火的目的是什么？常用的回火方法有哪几种？
16. 何谓调质？
17. 何谓碳素钢？
18. 碳素钢中的常存杂质元素有哪些？它们对钢的性能有哪些影响？
19. 试述碳素钢的分类。
20. 说明下列牌号属于哪类钢，说明其符号及数字的含义，并举例说明它们的主要用途。
Q235-A   20   45   T8   T12   A   08F
21. 45钢、T12A钢按含碳量、质量、用途划分各属于哪一类钢？
22. 何谓合金钢？合金钢常用的分类方法有哪些？
23. 试述合金结构钢和合金工具钢的牌号编制原则。
24. 说明下列各牌号的钢属于哪一类钢？它们的含碳量和合金元素含量大致为多少？
20CrMnTi   60Si2Mn   9SiCr   GCr15   W18Cr4V   1Cr18Ni9
25. 何谓铸铁？试述铸铁的分类。
26. 试述灰铸铁、可锻铸铁、球墨铸铁的牌号表示方法及其主要用途。
27. 铝合金是如何分类的？
28. 何谓黄铜？何谓青铜？
29. 轴承合金应满足哪些要求？常用的轴承合金有哪些？
30. 何谓高分子材料？高分子材料一般包括哪些材料？
31. 塑料由哪几部分组成？
32. 橡胶由哪几部分组成？
33. 常用的橡胶有哪些？其特点及用途是什么？
34. 陶瓷材料具有哪些特性？
35. 常用的陶瓷材料有哪些？
36. 汽车玻璃有哪几种？对汽车玻璃有哪些要求？
37. 何谓复合材料？复合材料是如何分类的？
38. 复合材料的性能怎样？
39. 常用复合材料有哪些？

项目二

汽车机械构件

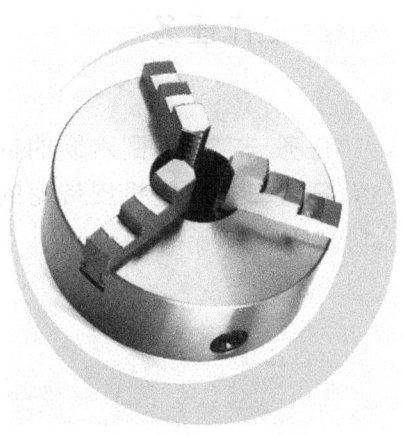

项目情景

汽车就是一台由多种机构组成的能做有效机械功和进行能量转换的机器。任何机器都是人为实物的组合体,组成机器的各部分(实物)之间具有确定的相对运动,并能做有效的机械功和进行能量转换。

在本项目中,我们结合一些汽车上常用机构来认识机器、机构、构件、零件、运动副、平面连杆机构等一些基本机械的概念,以及组成汽车的许多机构的工作原理和拆装步骤。

这些知识是我们了解汽车结构(见图2-0)的基础,为后面学习汽车发动机、汽车检测与维修打下基础。

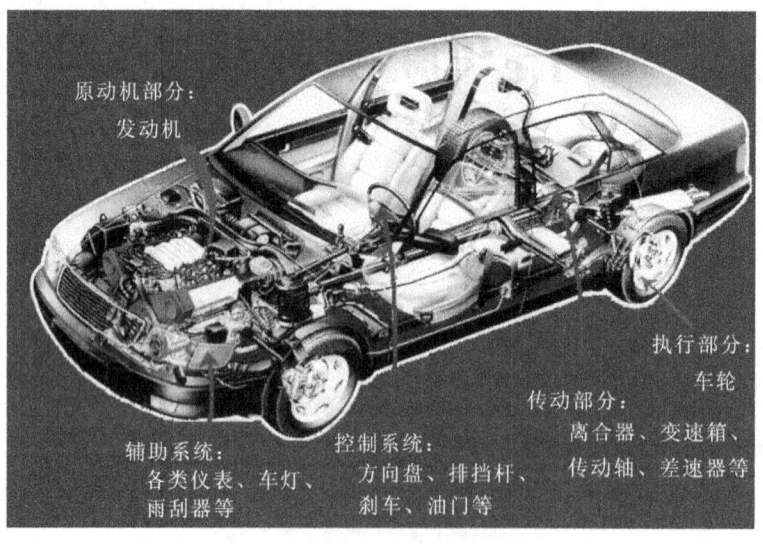

图 2-0 汽车结构图

工作任务

任务一　电动刮水器的拆装
任务二　发电机皮带轮的拆装

任务二 电动刮水器的拆装

任务描述

汽车是由许多相对独立的机构所组成的,其中刮水器就是汽车上必不可少的一个相对独立的辅助机构(装置),刮水器一旦出现不正常工作或卡死等故障,就会影响行车安全。

任务目标

(1)掌握机器、零件、机构的定义,机器的组成,运动副的定义及其分类。
(2)理解并掌握带传动的类型、特点与应用。
(3)理解并掌握链传动的类型、特点与应用。
(4)了解曲柄摇杆机构的相关知识。

任务分析

机械传动是学生第一次开始学习汽车机械基础时要涉及的相关知识,同时,它又是学习后面课程的基础。合理的学习方案是学习的关键。学习时,学生要观察电动刮水器总成的基本组成;观察电动刮水器各构件之间的相互装配关系;观察电动刮水器工作过程演示,了解转矩传递方式;通过电动刮水器进一步了解"铰链四杆机构"和"运动副"的种类和特点。

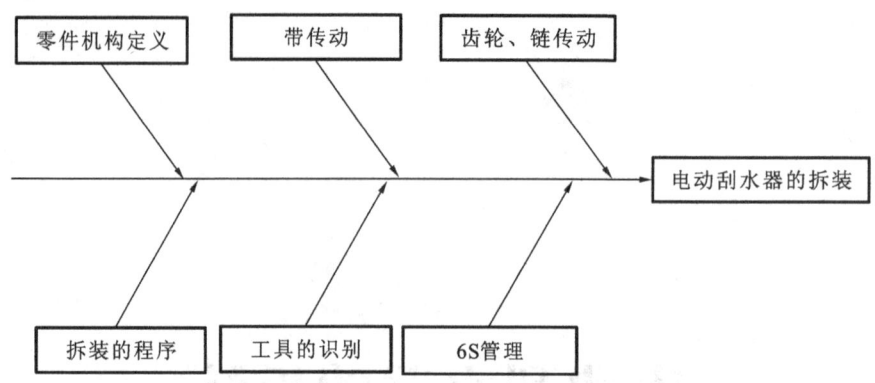

任务实施

实施一 任务准备

实习用汽车、平起子、十字起子、T型扳手、套筒组合扳手、二用扳手

实施二 任务实施

（1）学生分组，每小组 5~8 人。
（2）小组进行任务分析。
（3）取下刮水器刮臂固定螺母罩盖，如图 2-1 所示。
（4）用 T 型扳手或套筒扳手拧松刮臂固定螺母，如图 2-2 所示。

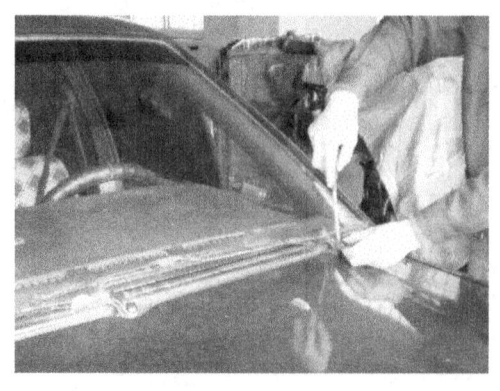
图 2-1 拆卸刮水器刮臂固定螺母罩盖

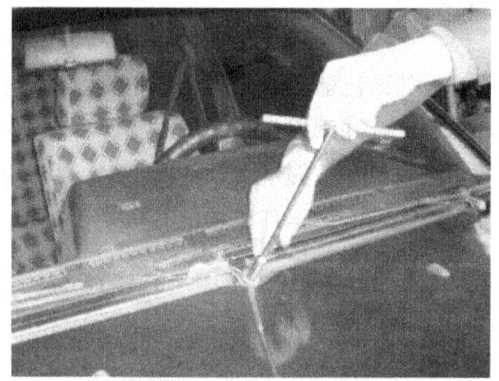
图 2-2 用 T 型扳手或套筒扳手拧松刮臂固定螺母

（5）用二爪拉马拉下刮臂及刮水片组件，如图 2-3 所示。
（6）打开发动机机舱盖，用支撑杆将发动机机舱盖支撑住，如图 2-4 所示，取下电动刮水器总成上的塑料防水挡板。

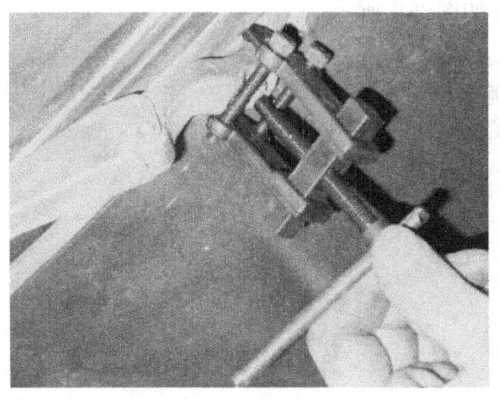

图 2-3 取下刮臂及刮水片组件

图 2-4 打开发动机机舱盖

(7) 拔下电动刮水器电动机的接线插件,如图 2-5 所示。

(8) 拧松电动刮水器总成固定螺栓,如图 2-6 所示。

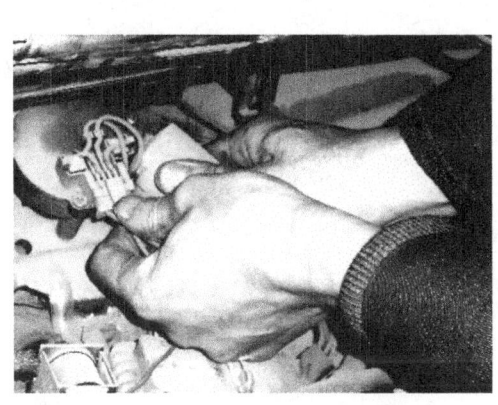

图 2-5 拔下电动刮水器电动机接线插件

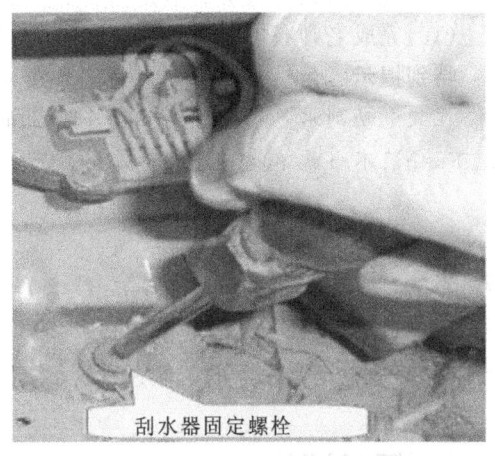

图 2-6 拧松电动刮水器总成固定螺栓

(9) 拆卸电动刮水器底板下面的电动机与拉杆的连接螺母,取下连接拉杆,如图 2-7 所示。

(10) 拆卸摇臂轴固定螺母,如图 2-8 所示。

图 2-7 拆卸电动机与拉杆连接螺母

图 2-8 拧松摇臂轴固定螺母

(11)从发动机机舱内取下电动刮水器总成件,如图 2-9 所示。

图 2-9　取下电动刮水器总成件

(12)按拆卸相反的顺序装复好电动刮水器总成。
(13)拆装完毕,清洁、归还工具和实习器材。
(14)分小组进行讲解演示。
(15)完成老师布置的相关作业。

特别提示

在装电动刮水器总成时要注意车身上的摇臂轴橡胶防护垫二层垫分别垫在车身铁皮的上、下,安装不当就不能起到防护作用。

实施三　任务检测

(1)简述电动刮水器总成的组成。
(2)简述电动刮水器的工作过程。

任务评价

任务评价表

班级:　　　　　　　　　组别:　　　　　　　　　姓名:

项　目	评价内容 (请在对应条目的○内打"√"或"×",不能确定的条目不填,可以在小组评价时让本组同学讨论并写出结论)	评价等级(学生自评)		
		A 全部为√	B 有一至三个×	C 有多于三个×
关键能力 自评	○按时到场　　　　　　学习期间不使用手机、不玩游戏○ ○工装齐备　　　　　　未经老师批准不中途离场○ ○书、本、笔齐全　　　　无违规操作○ ○不追逐打闹　　　　　无早退○ ○接受任务分配　　　　先擦净手再填写工作页○ ○不干扰他人工作			

续表

项 目	评价内容 （请在对应条目的○内打"√"或"×"，不能确定的条目不填，可以在小组评价时让本组同学讨论并写出结论）	评价等级（学生自评）		
		A 全部为√	B 有一至三个×	C 有多于三个×
关键能力自评	○工作服保持干净　　　　　无安全事故发生○ ○私人物品妥善保管　　　使用后保持工具整齐干净○ ○工作地面无脏污　　　　能及时纠正他人危险作业○ ○工作台始终整洁　　　废弃物主动放入相应回收箱○ ○无浪费现象　　　　　未损坏工具、量具及设备○ ○参与了实际操作			
	○课前有主动预习　　　　本小组工作任务能按时完成○ ○与本组同学关系融洽　　　　主动回答老师提问○ ○积极参与小组讨论　　　　　　能独立规范操作○ ○接受组长任务分配　　　　　能主动帮助其他同学○ ○能独立查阅资料　　　　　　不戴饰物，发型合规○ ○工装穿戴符合要求			
专业能力自评	○能按时完成工作任务　　　　　能独立完成工作页○ ○工量具选用准确　　　　　　　没有失手坠落物品○ ○无不规范操作　　　　　　指出过他人的不规范操作○ ○完成学习任务不超时　　　暂时无任务时不无所事事○ ○学习资料携带齐备　　　　　　工作质量合格无返工○			
小组评语及建议	他（她）做到了： 他（她）的不足： 给他（她）的建议：	组长签名： 　年　月　日		
教师评价及建议		评价等级： 教师签名： 　年　月　日		

相关知识

知识一　　机械基础概述

1. 机器

机器是执行机械运动的装置，它用来变换或传递能量、物料与信息。我们常见的汽车、内燃机、电动机、机床、自行车、机器人等都是机器。图2-10所示的是单缸四冲程内燃机，它主要由气缸体、活塞、连杆、曲轴等构件组合而成。工作时，可燃气体燃烧产生的作用力推动活塞直线运动，活塞又通过连杆使曲轴转动，从而将可燃气体燃烧产生的热能转变成曲轴转动的机械能。再如汽车，其发动机输出的动力经传动系统到达驱动车轮，驱动车轮做功。

从机器的组成、运动确定性及功能转换关系来分析，机器具有以下三个共同特征。

（1）它们都是由若干个运动单元组成的。如图 2-10 所示的内燃机，是由气缸体、活塞、连杆、曲轴等组成的。

（2）各运动单元之间具有确定的相对运动，如图 2-10 所示的活塞相对于气缸的往复运动。

（3）能代替或减轻人类的劳动，以做出有用的机械功（如汽车、机床）或实现能量的转换（如内燃机、电动机）。

根据上述分析，我们可以认为：机器是由若干个运动单元组合而成的，各运动单元之间具有确定的相对运动，而且可以代替或减轻人类的劳动，以做出有用的机械功或实现能量的转换。

2.构件和零件

构件也就是相互之间能做相对运动的物体，是形成机器中运动部分的最基本单元，是机器的运动单元。如图 2-10 所示的气缸体 8、活塞 1、连杆 2、曲轴 3 等就是构件。按运动状况，构件可分为固定构件和运动构件等两类。固定构件亦称机架，一般用于支承运动构件，如内燃机的气缸体、各种机床的床身等；运动构件是相对于固定构件运动的构件，如内燃机中的活塞、凸轮、齿轮等。运动构件又分为主动件（或原动件）和从动件等两类。

零件是组成构件的相互之间没有相对运动的物体。如图 2-10 所示的连接活塞 1 和连杆 2 之间的活塞销。零件是组成机器的不可再拆卸的最基本单元，是机器的制造单元。按使用中是否具有通用性，零件可分为通用零件和专用零件等两大类。通用零件是指各种机器中普遍使用的零件，如螺钉、键、齿轮和轴；专用零件是指用于某种特定机器上的零件，如内燃机的活塞和曲轴、蒸汽轮机的叶片、起重机的吊钩等。

为了装配方便，有时将一组组协同工作的零件分别装配或制造成一个个相对独立的组合体，然后再装配到机器中。这种组合体常称为部件或组件，如滚动轴承、车床的尾座、汽车的各个总成等。

构件可能是一个零件，也可能是若干个零件的刚性组合体。构件与零件的区别在于：构件是最基本的运动单元，零件是最基本的制造单元。

3. 机构

机构具有机器的前两个特征，而没有最后一个特征。通常把具有确定相对运动构件的组合称为机构。

机器与机构的区别在于：机器的主要功用是做机械功或转换能量；而机构的主要功用是传递运动或改变运动的形式。如图 2-10 所示的内燃机中，活塞、连杆、曲轴和气缸体组成一个曲柄滑块机构，可将活塞的往复移动转变为曲轴的连续转动。而整个内燃机则是机器，因为它能够把燃烧的化学能转换为机械能。

由上述可知，机器一般是由机构组成的，机构由构件组成，构件又由零件组成，一般常以机械这个词作为机构和机器的通称。

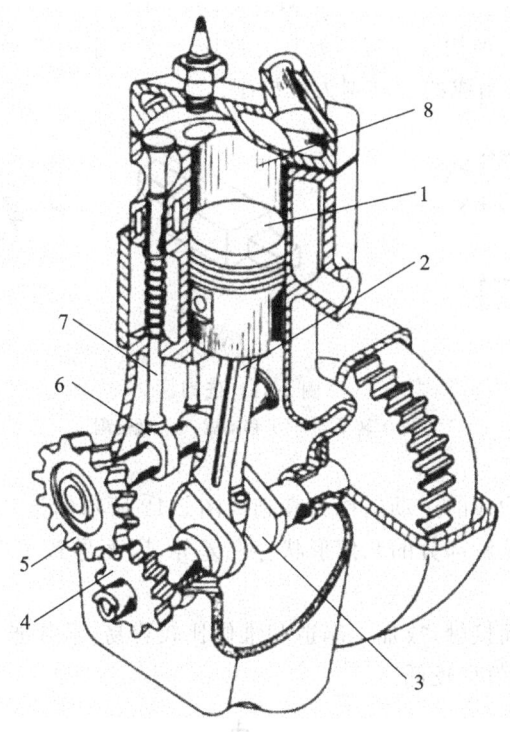

图 2-10 单缸四冲程内燃机
1—活塞；2—连杆；3—曲轴；4,5—齿轮；6—凸轮；7—顶杆；8—气缸体

4. 机器的组成

一般机器由原动机（原动部分）、工作机（工作部分）、传动装置（传动部分）组成，在自动化机器中，还可有第四部分，即控制系统（自动控制部分）。原动机是机器的动力源，常用的原动机有电动机、内燃机和空气压缩机等。工作机是直接完成机器工作任务的执行装置，其结构形式取决于机械设备本身的用途。传动装置是将原动机的运动和动力传给工作机的装置，如连杆机构、凸轮机构等。控制系统是根据机械设备的不同工况对原动机、传动装置和工作机实施控制的装置。

5. 运动副

机构是具有确定相对运动的构件组合体，因此组成机构的构件之间要保证具有确定的相对运动。为了满足这一要求，就必须以一定的方式将各个构件连接起来。不过这种连接不应该是刚性的连接，而应保证彼此连接的两构件之间仍能产生某些相对运动。我们把由两个构件组成的仍能产生某些相对运动的连接称为运动副。而把两构件上直接参与连接的部分称为运动副的元素。

根据运动副中两构件的接触形式不同，运动副可分为低副和高副等两类。

1) 低副

两构件通过面接触而构成的运动副称为低副。按两构件的相对运动情况，低副可分为：①转动副，两构件在接触处只允许做相对转动，如图 2-11(a)所示，轴与轴承组成的运动副为转动副;②移动副,两构件在接触处只允许做相对移动,如图 2-11(b)所示,滑块与导槽组成的运动副为移动副;③螺旋副,两构件在接触处只允许做一定关系的转动和移动的复合运动,如图 2-11(c)所示,丝杆与螺母组成的运动副为螺旋副。

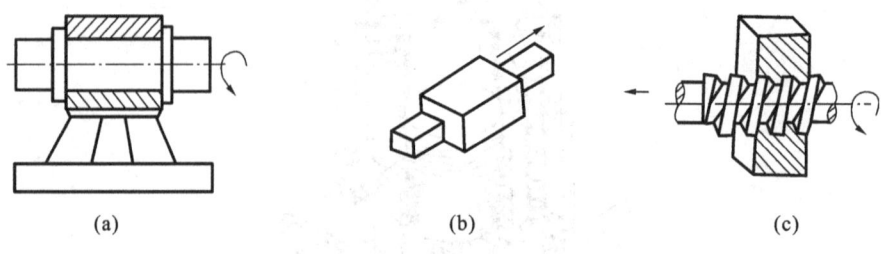

图 2-11 低副
(a) 转动副;(b) 移动副;(c) 螺旋副

2)高副

通过点或线接触而构成的运动副称为高副。图 2-12 所示的是几种常见高副接触形式。

由于低副与高副在接触部分的几何形状存在差异,因而导致了两者在应用上表现出不同的特点。

低副是平面或圆柱面接触,故加工制造和维修比较容易,承载能力强,但因接触面积大,其摩擦损失也随之增大,故效率较低。

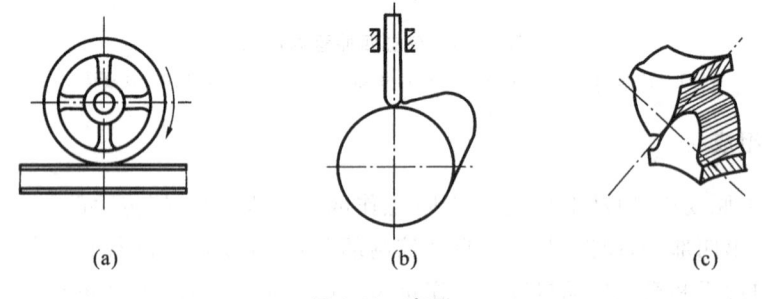

图 2-12 高副
(a) 车轮副;(b) 凸轮副;(c) 齿轮副

高副是点或线接触,接触面积小,故压力大,易磨损。但高副较低副灵敏,能传递较复杂的运动。

知识二 带传动

带传动是由传动带和带轮组成的。平时生活中带传动的例子也很多,如拖拉机、缝纫机都用到带传动。带传动是利用挠性带张紧在主、从动轮上,依靠带与带轮间的摩擦力来传递运动和动力的传动装置。带传动也是汽车机械传动中最基本的传动方式之一,主要用于发动机外围附件的一些传动。下面主要讲解带传动的类型、结构和特点,以及它的安装和调整方法。

1.带传动的类型

如图 2-13 所示,带传动主要由主动带轮 1、从动带轮 2 和传动带 3 组成,常用于减速传动。

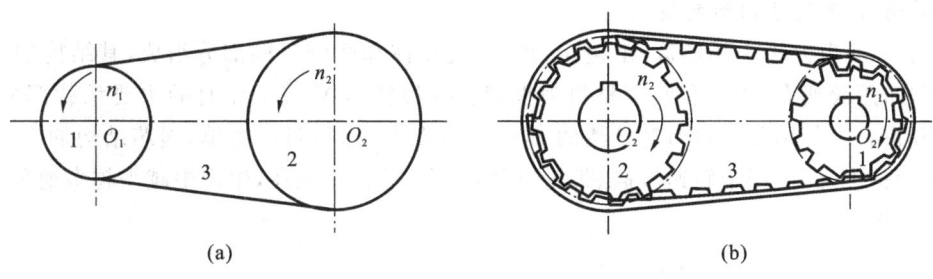

图 2-13 带传动

(a) 摩擦型；(b) 啮合型

1) 根据工作原理分类

带传动分为摩擦型和啮合型等两大类。图 1-13(a) 所示的为摩擦型带传动。传动带套紧在两个带轮上，使带与带轮的接触面间产生正压力，当主动轮回转时，摩擦力使带运行，并驱动从动轮转动，从而将主动轴 O_1 的运动和动力传递给从动轴 O_2。图 2-13(b) 所示的为啮合型带传动，它具有啮合传动和摩擦传动的优点（如顶置凸轮轴发动机正时传动机构常用同步齿形带）。

2) 根据传动带的截面形状分类

汽车中的带传动形式有平带传动、V 带传动和齿形带传动等三种，其类型、特点及应用如表 2-1 所示。

表 2-1 汽车中带的类型、特点及应用

类型	简图	特点及应用
平带传动		截面形状为矩形，内表面为工作面。抗拉强度较大，中心距大，价格低，效率较低。传动比不大于5，平带在汽车中应用得很少
V 带传动		截面形状为梯形，两侧面为工作表面。传递功率大，传动能力强，结构紧凑。传动比不大于10。在汽车中得到广泛应用，如汽车的发电机、空调压缩机等都是通过 V 带传动的方式由曲轴带动旋转的
齿形带传动		齿形带与两齿形带轮上的齿相啮合，使主动轮带动从动轮回转，实现两轴间运动和动力的传递。汽车中凸轮轴的正时齿轮就是通过齿形带传动由曲轴带动的。有时发电机和空调压缩机也采用这种形式的带传动

2. V 带传动

带传动中，以 V 带传动使用最为广泛，下面重点讲解 V 带传动的相关知识。

1)普通 V 带的结构和类型

普通 V 带为无接头环形带,由包布、顶胶、抗拉体和底胶等四部分组成,其结构如图 2-14 所示。包布用胶帆布、顶胶和底胶材料为橡胶。抗拉体是 V 带工作时的主要承载部分,结构有绳芯和帘布芯等两种。帘布芯结构的 V 带抗拉强度较高,制造简单;绳芯结构的 V 带柔韧性好,抗弯强度高,适用于转速较高、带轮直径较小的场合。现在,生产中越来越多地采用绳芯结构的 V 带。

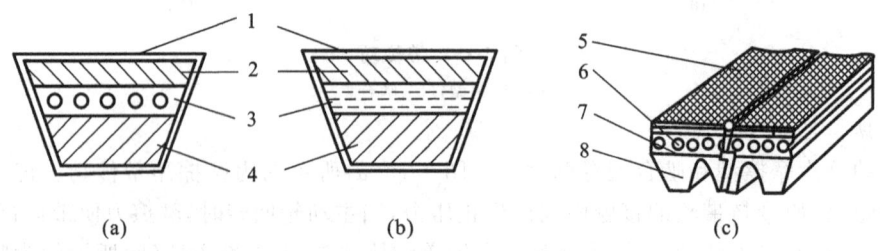

图 2-14 普通 V 带的结构

(a)绳芯结构;(b)帘布芯结构;(c)多楔带结构

1—包布;2—顶胶;3—抗拉体;4—底胶;5—顶布;6—芯线;7—粘接剂;8—楔胶

V 带还有多楔带结构,捷达 1.6L 轿车 5 气门发动机上的发电机、空调压缩机和动力转向泵均为多楔带驱动。

2)V 带的标准和主要参数

普通 V 带的尺寸已标准化,按截面尺寸自小至大分为 Y、Z、A、B、C、D、E 七种型号,如表 2-2 所示。

表 2-2 普通 V 带的截面尺寸(摘自 GB/T 11544—1997)

截面	Y	Z	A	B	C	D	E
顶宽 b/mm	6.0	10.0	13.0	17.0	22.0	32.0	38.0
节宽 b_p/mm	5.3	8.5	11.0	14.0	19.0	27.0	32.0
高度 h/mm	4.0	6.0	8.0	11.0	14.0	19.0	23.0
楔角 φ_p	40°						

V 带绕在带轮上产生弯曲,外层受拉伸长,内层受压缩短,必有一长度不变的中性层。中性层面称为节面,节面的宽度称为节宽 b_p。在 V 带轮上,与配用 V 带截面处于同一位置的槽形轮廓宽度称为基准宽度 b_d,V 带轮的轮槽截面如图 2-15 所示。

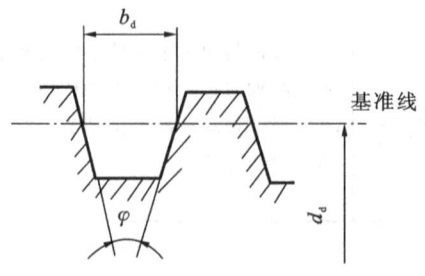

图 2-15 V 带轮的轮槽截面

基准宽度处的带轮直径称为基准直径 d_d。在规定的张紧力下，V 带位于带轮基准直径上的周线长度作为带的基准长度 L_d，又称为公称长度。普通 V 带和窄 V 带的标记由带型、带长和标准号组成，一般都压印在胶带的外表面上，以供识别。如 A1400 GB/T 11544—1997，表示 A 型 V 带，基准长度为 1400 mm。

汽车 V 带的种类根据所配用的带轮轮槽形状，可分为 AV10、AV13、AV15、AV17、AV20、AV22 六种型号。V 带的标记内容和顺序为型号、有效长度公称值、标准号。如 AV13×1000 GB 12732，AV13 是汽车 V 带型号，1000 为有效长度公称值，单位是 mm，GB12732 是标准号。

由于安装前 V 带两侧面夹角为 40°，安装后 V 带在带轮上弯曲，截面形状发生了变化，外周受拉而变窄，内周受压而变宽，因而使带两侧面夹角变小，且带轮基准直径越小，这种变化越显著。所以，为了保证带的两侧面和轮槽接触良好，带轮轮槽槽角 φ 应小于 40°，常取 38°、36°、34°。

V 带轮的材料主要采用铸铁，常用的牌号为 HT150 或 HT200。转速较高时宜采用铸钢；当传递功率较小时可采用铸造铝合金或工程塑料等。

3) 普通 V 带传动的主要参数

(1) 小带轮的包角。包角是带与带轮接触弧所对的圆心角。

包角的大小了反映带与带轮轮缘表面间接触弧的长短。包角越大，带与带轮的接触弧越长，能传递的功率就越大；反之，所能传递的功率就越小。为了使带传动可靠，一般要求小带轮的包角不得小于 120°。

(2) 传动比。就是主动带轮转数与从动带轮转数之比。

(3) 带的基准长度 L_d。带的基准长度 L_d 按设计中心距 a_0 计算。

4) V 带的正确安装与使用

(1) 保证 V 带的截面在轮槽中的正确位置(见图 2-16(a))，而不应使其突出槽外或陷入槽底(见图 1-16(b)和(c))。

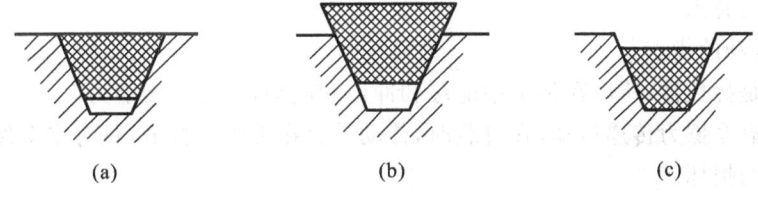

图 2-16 V 带在轮槽中的位置

(2) V 带轮轴的中心线保持平行(误差不超过 20′)，如图 2-17 所示。

(3) V 带紧度要合适，一般在中等中心距的情况下，以大拇指能压下 15 mm 左右即为合适，如图 2-18 所示。

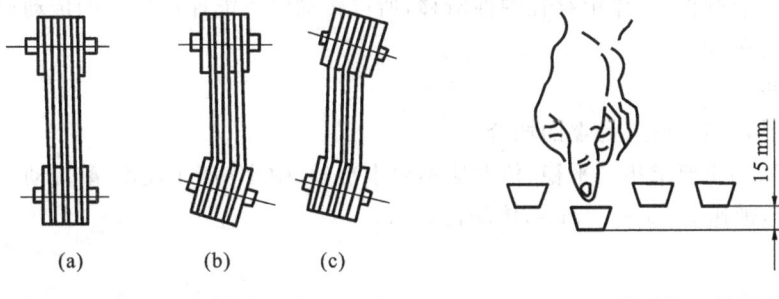

图 2-17 V 带的安装　　　　图 2-18 合适的 V 带紧度

(4)要定期检查并调整 V 带传动,必要时更换 V 带,新、旧带不能混合使用。各根 V 带长度应一致,使传动时受力均匀。

5)带传动的打滑

带是弹性体,受力后将会产生弹性变形。由于紧边拉力 F_1 大于松边拉力 F_2,因此紧边的伸长量大于松边的伸长量,如图 2-19 所示。当传动带的紧边在 a 点进入主动轮 1 时,带的速度等于主动轮 1 的圆周速度 v。在传动带随主动轮 1 由 a 旋转至 b 点的过程中,带所受的拉力由 F_1 逐渐降到 F_2,伸长量亦将逐渐减小,这时带在带轮上必向后产生微小滑动,造成带的速度小于主动轮 1 的圆周速度。至 b 点处带速已由 v_1 降至 v_2。同理,传动带在从动轮 2 上由 c 点旋转至 d 点的过程中,由于拉力逐渐增大,其弹性伸长量亦将逐渐增加,这时带在带轮上必向前产生滑动,致使带的速度大于从动轮 2 的圆周速度,至 d 点处带的速度又增加。

带两边拉力不相等,致使两边弹性变形不相同,由此引起的带与带轮间的滑动称为带传动的弹性滑动。它在摩擦带传动中是不可避免的,这是 V 带传动不能保证准确传动比的原因。

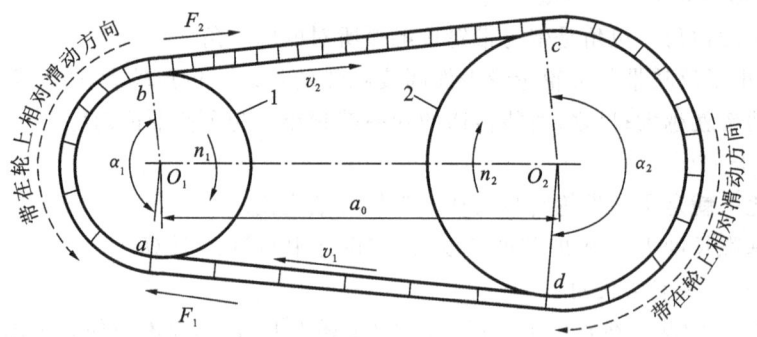

图 2-19 带传动的弹性滑动

6)带传动的特点

(1)V 带传动的优点。

①由于带是挠性体,所以在传动中能缓和冲击和震动,具有吸震能力。

②带传动靠摩擦力传递运动,在过载时,传动带会在带轮上打滑,具有安全保护作用,可以避免其他零件的损坏。

③工作平稳,噪声小。

④可以用在两轴中心距较大的场合。

⑤结构简单,维护方便,制造容易,成本低。

(2)V 带传动的缺点。

①由于带具有弹性,工作中存在弹性滑移,所以传动时不能保证准确的传动比。

②外廓尺寸较大。

③传动效率低。

④不宜用在高温、易燃、易爆的场合。

⑤带传动适用于要求传动平稳、传动比不要求准确、中小功率的远距离传动。一般传递功率 $P \leqslant 100$ kW,带速 $v = 5 \sim 25$ m/s,传动比 $i < 7$。

3.带传动的张紧

带传动在工作时,带与带轮之间需要一定的张紧力。在带工作一段时间之后,带就会因塑性变形而松弛,其初拉力就会下降。为了保证带的传动能力,应将带重新张紧。张紧装置分为定期张紧和自动张紧等两大类,带传动的张紧方法如表2-3所示。

表 2-3 带传动的张紧方法

张紧方法	定期张紧	自动张紧
改变轴间距	用于水平或接近水平的传动 1—电动机;2—滑道;3—调节螺钉	用于小功率传动
使用张紧轮	1—小带轮;2—大带轮;3—张紧轮 用于固定中心距传动。张紧轮安装在带的松边内侧靠近大带轮,以保证小带轮有较大的包角 1—张紧轮;2—平衡重锤 适用于平带传动,张紧轮安装在平带松边外侧,并要靠近小带轮	1—曲轴齿形带轮;2—中间轴齿形带轮; 3—张紧轮;4—凸轮轴齿形带轮; 5—正时齿形带;6—凸轮轴 用于齿形带顶置凸轮轴的正时带传动

4.典型带传动在汽车中应用举例

1)同步齿形带在汽车上的应用

一汽大众奥迪 100 型轿车用的是齿形带传动,用于实现曲轴与凸轮轴之间的定时传动,如图 2-20、图 2-21 所示。

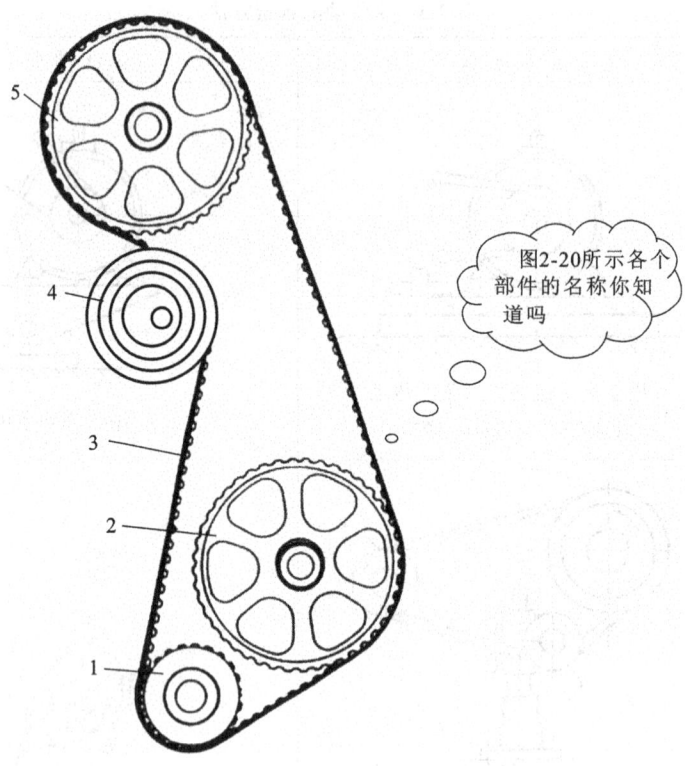

> 图2-20所示各个部件的名称你知道吗

图 2-20　同步齿形带工作原理图

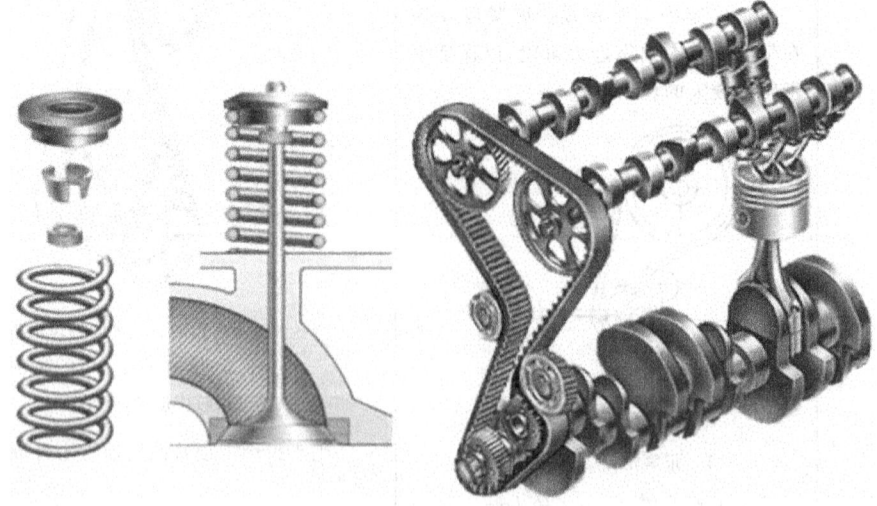

图 2-21　同步齿形带在奥迪车中的应用

2) V带在汽车上的应用举例

适合顶置凸轮轴的传动,如图 2-22 所示。

特点:齿形带传动噪声小,不需要润滑。

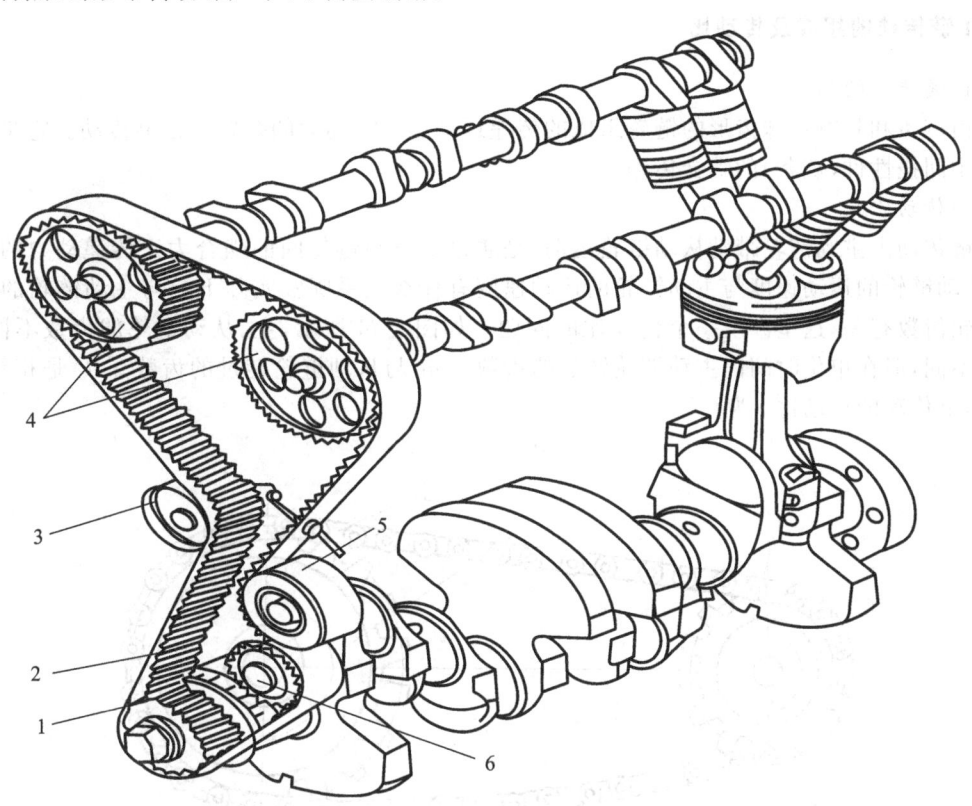

图 2-22　V带在顶置凸轮轴式传动中的结构图
1—曲轴正时齿形带轮；2—齿形带；3—张紧轮；
4—凸轮轴正时齿形带轮；5—中间轮；6—水泵传动齿形带轮

风扇常和发动机一起由曲轴带轮通过 V 带驱动。为调节 V 带的张紧程度,通常将发动机的支架做成可调节的,如图 2-23 所示。

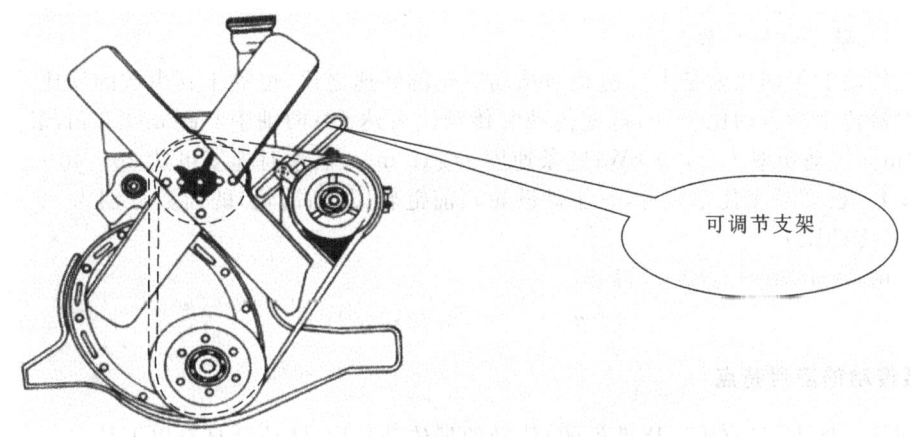

图 2-23　V带在汽车发动机中的应用

知识三　链传动

1.链传动的组成及传动比

1）链传动的组成

由链条和具有特殊齿形的链轮组成的传递运动和(或)动力的装置就是链传动。它是一种具有中间挠性件(链条)的啮合传动。

2）传动比

链传动由主动链轮带动从动链轮运动,是通过链条与链轮间的啮合力来传递动力的。那么,从动链轮的运动速度与主动链轮的运动速度有什么关系呢？实际上它与主动链轮的转速和链轮齿数有关,这里涉及一个传动比的问题。如图 2-24 所示,主、从动链轮的齿数不同,转速也不同,但在单位时间内主动链轮转过的齿数 $z_1 n_1$ 与从动链轮转过的齿数 $z_2 n_2$ 是相等的。因此,链传动的传动比 i 为

$$i = n_1/n_2 = z_2/z_1$$

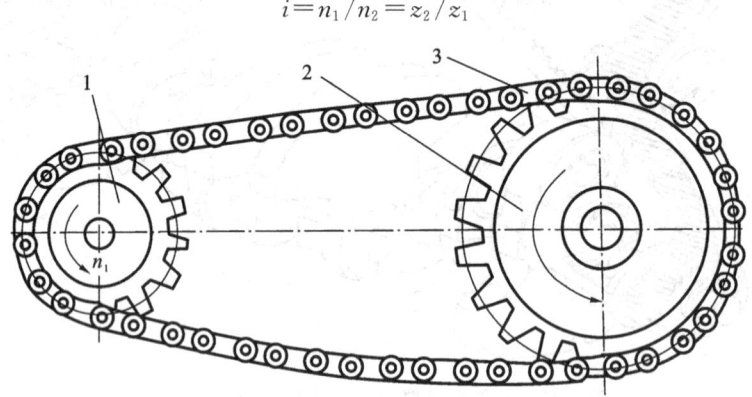

图 2-24　链传动
1—主动链轮；2—从动链轮；3—链条

式中：n_1——主动链轮转速；
　　　n_2——从动链轮转速；
　　　z_1——主动链轮齿数；
　　　z_2——从动链轮齿数。

即链传动的传动比就是主动链轮与从动链轮的转速之比,也等于其齿数的反比。

一般链传动的传动比 $i \leqslant 6$,低速传动时传动比可达 10；两轴中心距 $a_0 \leqslant 6$ m,最大中心距可达 15 m。传动功率 $P < 100$ kW；链条速度 $v \leqslant 15$ m/s,高速时速度可达 20~40 m/s。

例 2-1　已知某摩托车后链轮(主动链轮)、前链轮(从动链轮)的齿数分别为 $z_1 = 20$,$z_2 = 40$,试求其传动比 i。

解　由 $i = n_1/n_2 = z_2/z_1$ 可得

$$i = n_1/n_2 = z_2/z_1 = 40/20 = 2$$

2.链传动的应用特点

与同属挠性类(具有中间挠性件的)传动的带传动相比,链传动具有以下特点。

(1)无滑动,能保证准确的平均传动比,且张紧力小,作用在轴和轴承上的力小。

(2)传递功率大,传动效率高,一般可达0.95~0.98。
(3)能在低速、重载和高温,以及尘土飞扬、淋油等不良环境中工作。
(4)链条磨损后,链条节距将变大,工作时链条容易脱落。
(5)由于链节的多边形运动,所以瞬时传动比是变化的,瞬时链速不是常数,传动中会产生动载荷和冲击,因此不宜用于要求精密传动的机械上。
(6)安装和维护要求较高,无过载保护作用。

链传动常用于两轴平行、中心距较大、传递功率较大且平均传动比要求准确的场合,但不宜采用带传动或齿轮传动的场合。

3. 链轮

1)链轮结构

汽油发动机机油泵的链轮结构为单排链轮,其应用如表2-4所示。

表2-4 单排链轮的应用

结构形式	图 示	应用举例
单排链轮		(1)夏利376发动机:机油泵是靠链轮带动的 (2)在某些老式汽车中,凸轮轴是通过链传动由曲轴带动的

2)链轮材料

链轮的材料应满足强度和耐磨性的要求,通常根据尺寸大小和工作条件选择合金钢、碳钢、铸铁等。

4. 链条

1)链条的类型

按照用途不同,链条可以分为传动链、输送链和曳引起重链,其常用类型如图2-25所示。

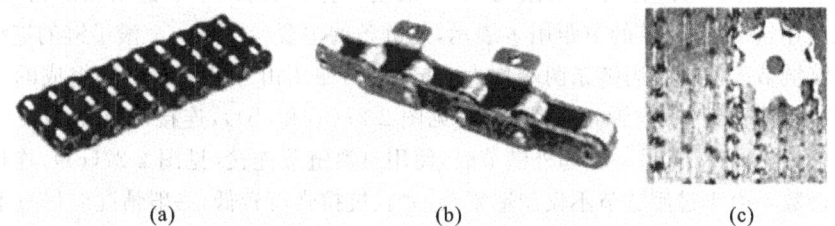

图2-25 链传动的常用类型
(a)传动链;(b)输送链;(c)曳引起重链

(1)传动链。

传动链如图2-25(a)所示,其应用范围最广泛,主要用来在一般机械中传递运动和动力,也可用于输送等场合。而在汽车中,大多数的情况下用于凸轮轴和机油泵的传动。

(2)输送链。

输送链如图2-25(b)所示,其用于输送工件、物品和材料,可直接用于各种机械上,也可以组成链式输送机作为一个单元出现。为了实现特定的输送任务,在链条组成结构上需要装上特定的附件。

(3) 曳引起重链(曳引链)。

曳引起重链如图 2-25(c)所示,主要用于传递力,起牵引、悬挂物品作用,兼做缓慢运动。

2) 传动链的类型和结构

按结构形式,传动链可分为滚子链和齿形链等两类。

(1) 滚子链(套筒滚子链)。

发动机配气机构传动中用的是套筒滚子链,其结构如图 2-26 所示。

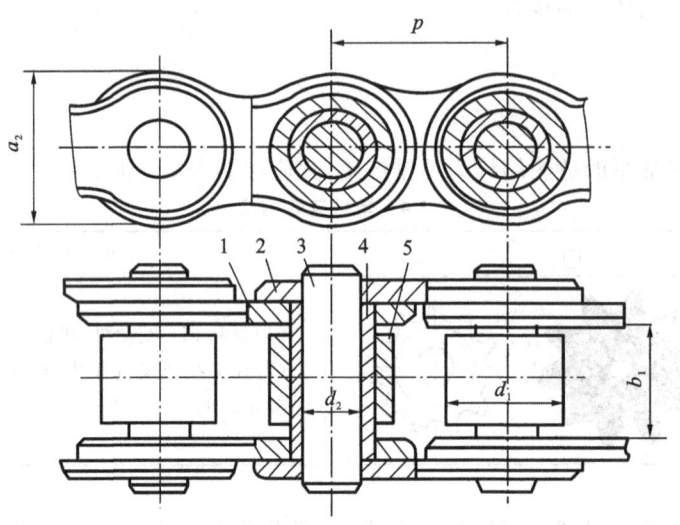

图 2-26 套筒滚子链

1—内链板;2—外链板;3—销轴;4—套筒;5—滚子

滚子链由内链板 1、外链板 2、销轴 3、套筒 4 和滚子 5 组成。销轴与外链板、套筒、内链板分别采用过盈配合连接组成外链节;销轴与套筒之间以及滚子与套筒之间采用间隙配合构成内链节,当链条屈伸时,内、外链节之间能相对转动。因滚子在套筒上可以自由转动,所以当链条与链轮啮合时,滚子与链轮齿相对滚动,形成滚动摩擦,从而减小了链条和链轮轮齿的磨损。

链的长度用链节表示,链的节距用 p 表示,是链条的主要参数之一。滚子链的连接方法有连接链节和过渡链节等两种。当链条两端均为内链节时,使用由外链板和销轴组成的可拆卸链节连接,用开口销(钢丝锁销)或弹性锁片锁止(见图 2-27(a)和(b)),连接后链条的链节数应为偶数。当链条一端为内链节、另一端为外链节时,使用过渡链节连接(见图 2-27(c)),连接后的链条的链节数为奇数。由于过渡链节不仅制造复杂,并且抗拉强度较低,一般情况应尽量不用。

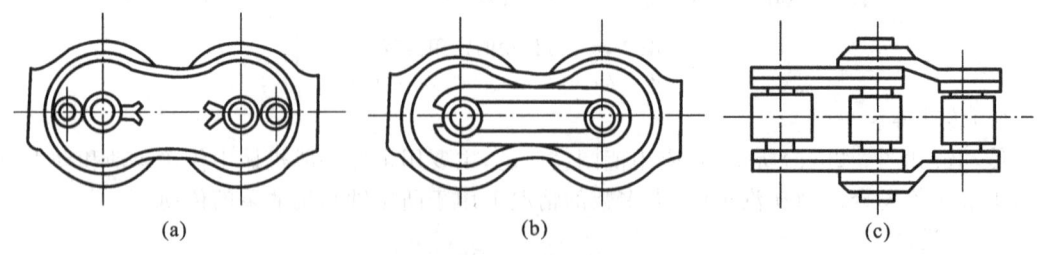

图 2-27 滚子链的连接形式

(a) 开口销;(b) 弹性锁片;(c) 过渡链节

(2)齿形链。

少数高档车的曲轴与凸轮轴之间的传动用的是齿形链。齿形链与滚子链相比,具有工作平稳、噪声小、耐冲击及允许较高的链速等优点,但结构复杂、质量大、价格高,通常用于高速传动。

5.链传动的张紧和润滑

链传动在使用过程中,会因为链节铰链的磨损而使节距增大,从而使链条松弛、下垂度变大,影响正常传动。为保证链传动的正常使用,提高链传动的质量,并延长其使用寿命,链传动需进行适当的张紧和润滑。

1)链传动张紧

用张紧轮(链轮或滚轮)张紧时,张紧轮直径应稍小于小链轮直径,并置于松边外侧靠近小链轮处。

2)链传动的润滑

链传动的润滑方式有油杯滴油润滑、油浴或飞溅润滑和压力循环润滑等三种。润滑油可选用牌号为 L-AN46(环境温度为 5~25 ℃时)、L-AN68(环境温度为 25~35 ℃时)、L-AN100(环境温度为 35~65 ℃)全损耗系统用油。

知识四 齿轮传动

汽车变速器中采用的是齿轮传动机构,这种利用两个相互啮合的齿轮来传递运动和(或)动力的机械传动就是齿轮传动。齿轮传动机构是如何实现运动和动力的传递的呢?它有哪些类型和特点呢?下面就这些问题进行阐述。

1.齿轮传动概述

1)齿轮传动的工作原理

如图 2-28 所示,当一对齿轮相互啮合而工作时,主动轮的轮齿 1,2,3,… 依次推动从动轮的轮齿 $1',2',3',\cdots$,使从动轮转动,从而将主动轮的动力和运动传递给从动轮。

2)齿轮传动的传动比

齿轮传动的传动比计算与链传动的基本相同。

齿轮传动的传动比为

$$i=\frac{n_1}{n_2}=\frac{z_2}{z_1}=\frac{\omega_1}{\omega_2}$$

式中:ω_1,n_1——主动齿轮角速度、转速;

ω_2,n_2——从动齿轮角速度、转速;

z_1——主动齿轮齿数;

z_2——从动齿轮齿数。

例 2-2 某汽车变速器的齿轮传动,其主动齿轮的齿数 $z_1=17$,从动齿轮的齿数 $z_2=47$。主动齿轮转速 $n_1=1380$ r/min,试计算传动比和从动轮转速 n_2。

解 $i=\dfrac{n_1}{n_2}=\dfrac{z_2}{z_1}=\dfrac{47}{17}=2.76$

故从动轮转速 n_2 为

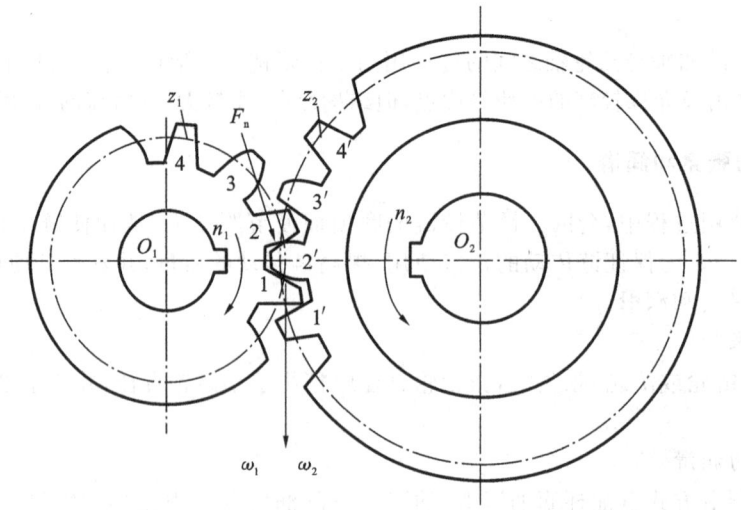

图 2-28 齿轮传动简图

$$n_2 = \frac{n_1}{i} = \frac{1380}{2.76} \text{ r/min} = 500 \text{ r/min}$$

齿轮副的传动比不宜过大,否则结构尺寸会很大,不利于制造和安装。通常圆柱齿轮副的传动比 $i \leqslant 8$,圆锥齿轮副的传动比 $i \leqslant 5$。

3)齿轮传动的特点

齿轮传动平稳性好,传动运动准确可靠;传动功率和速度范围大;传动效率高;结构紧凑,寿命长,所以齿轮传动是汽车中应用较广的一种传动形式。但是齿轮传动工作时有噪声,能获得的传动比受到一定限制,不能实现无级变速,不适宜中心距较大的场合。

4)齿轮传动的类型

齿轮的传动类型很多。按照一对齿轮轴线的相互位置及齿向,可按表 2-5 所示的分类。

表 2-5 齿轮传动类型

分类	类型
根据齿轮副两传动轴的相对位置分	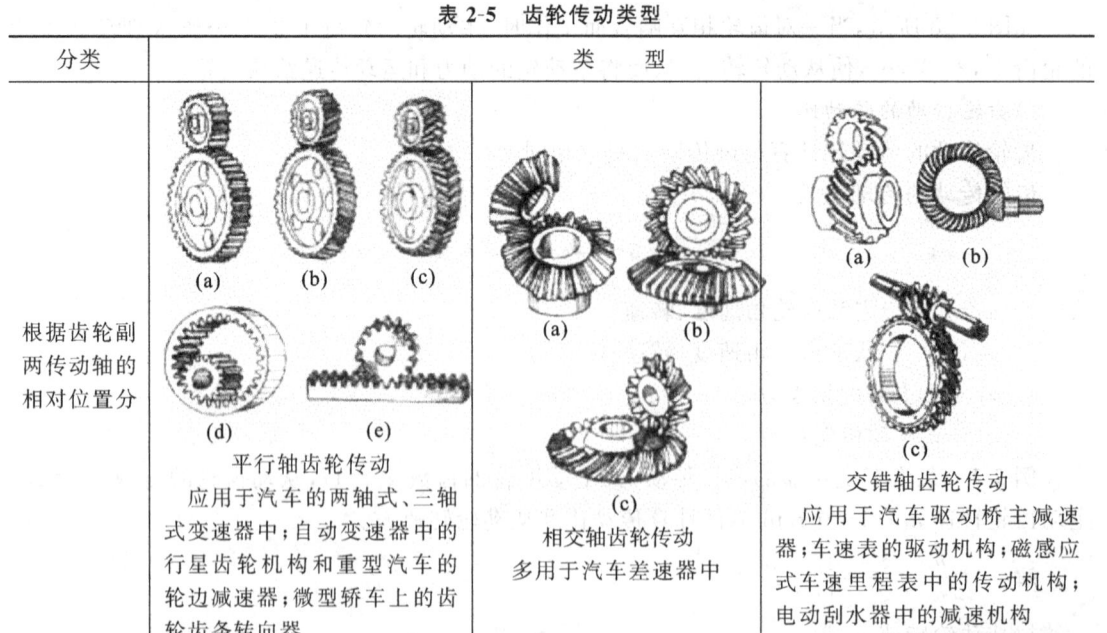 平行轴齿轮传动 / 相交轴齿轮传动 / 交错轴齿轮传动

平行轴齿轮传动
应用于汽车的两轴式、三轴式变速器中;自动变速器中的行星齿轮机构和重型汽车的轮边减速器;微型轿车上的齿轮齿条转向器

相交轴齿轮传动
多用于汽车差速器中

交错轴齿轮传动
应用于汽车驱动桥主减速器;车速表的驱动机构;磁感应式车速里程表中的传动机构;电动刮水器中的减速机构

续表

分类	类型		
根据齿轮分度曲面分	圆柱齿轮传动	圆锥齿轮传动	
根据齿轮齿廓曲线分	渐开线齿轮传动	摆线齿轮传动	圆弧齿轮传动

5)渐开线齿廓

如图2-29(a)所示,直线 AB 与一半径为 r_b 的圆相切,并沿此圆做无滑移的纯滚动,则直线 AB 上任意一点 K 的轨迹 CKD 称为该圆的渐开线,与直线做纯滚动的圆称为基圆,r_b 为基圆半径,直线 AB 称为发生线。

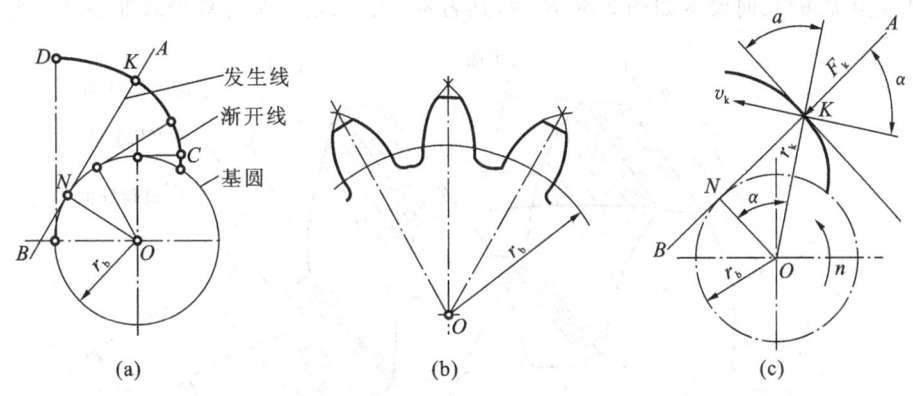

图 2-29 渐开线齿廓形成

以渐开线作为齿廓曲线的齿轮称为渐开线齿轮。图2-29(b)所示的齿轮轮齿的可用齿廓是由同一基圆的两条相反(对称)的渐开线组成的,称为渐开线轮齿。

齿轮轮廓只是渐开线上的某一段,渐开线的形状取决于基圆的大小,基圆越大,渐开线越平直;基圆越小,渐开线越弯曲。基圆内没有渐开线。渐开线各点的压力角各不相同。所谓压力角 α 就是过齿廓上任意点 K 处的径向直线与齿廓在该点处的切线所夹的锐角(见图2-29(c))。通常采用的压力角为分度圆的压力角,其值为 $20°$。采用渐开线齿轮传动时,中心距稍有变化,但并不会影响其正常传动,这种特性称为传动的可分离性。

2.直齿圆柱齿轮

1)直齿圆柱齿轮基本参数和几何尺寸的计算

标准直齿圆柱齿轮的基本参数有齿数 z、模数 m、压力角 α、齿顶高系数 h_a^* 和顶隙系数 c^* 共5个。基本参数是齿轮各部分几何尺寸计算的依据。

(1)模数 m。

模数是齿轮几何尺寸的计算中最基本的一个参数。分度圆直径 d、齿距 p 与齿数 z 三者之间关系为：$\pi d = zp$ 或 $d = \dfrac{p}{\pi} z$。为计算和测量的方便，令 $\dfrac{p}{\pi} = m$，称为模数，并定为标准值（我国规定的标准模数系列，见表 2-6），则 $d = mz$。模数的单位为 mm，是齿轮的重要参数。模数越大，轮齿越大，各部分的尺寸也越大。

表 2-6　标准模数系列表（摘自 GB/T 1357—2008）

第一系列	1	1.25	1.5	2	2.5	3	4	5	6	8
	10	12	16	20	25	32	40	50	…	
第二系列	1.75	2.25	2.75	3.25	3.5	3.75	4.5	5.5	6.5	7
	9	11	14	18	22	28	36	45	…	

注：(1) 本表用于渐开线圆柱齿轮，对于斜齿轮，是指法向模数。
　　(2) 选用模数时，应优先采用第一系列，其次是第二系列。

(2) 标准直齿圆柱齿轮几何尺寸的计算。

采用标准模数 m，压力角 $\alpha = 20°$，齿顶高系数 $h_a^* = 1$，顶隙系数 $c^* = 0.25$，端面齿厚 s 等于端面齿槽宽 e 的渐开线直齿圆柱齿轮称为标准直齿圆柱齿轮，简称标准直齿轮。

标准直齿轮的几何要素如图 2-30 所示，其名称、代号、定义和计算公式如表 2-7 所示。

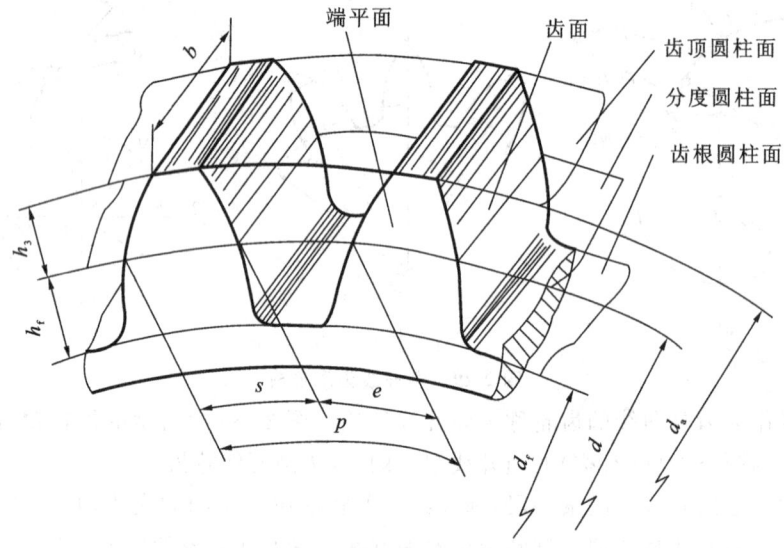

图 2-30　直齿圆柱齿轮的几何要素

表 2-7　标准直齿圆柱齿轮的几何要素名称、代号、定义和计算公式

名　称	代号	定　义	计算公式
模数	m	齿距除以圆周率所得到的商	$m = \dfrac{p}{\pi} = \dfrac{d}{z}$，取标准值
压力角	α	基本齿条的法向压力角	取标准值，$\alpha = 20°$
齿数	z	齿轮的轮齿的总数	$z_{min} = 17$，$z_2 = i z_1$

续表

名称	代号	定义	计算公式
齿顶高系数	h_a^*	齿顶高 h_a 与模数 m 之比值	$h_a^* = \dfrac{h_a}{m}$
顶隙系数	c^*	顶隙 c 与模数 m 之比值	$c^* = \dfrac{c}{m}$
分度圆直径	d	分度圆柱面和分度圆的直径	$d = mz$
齿顶圆直径	d_a	齿顶圆柱面和齿顶圆的直径	$d_a = d + 2h_a = m(z+2)$
齿根圆直径	d_f	齿根圆柱面和齿根圆的直径	$d_f = d - 2h_f = m(z-2.5)$
基圆直径	d_b	基圆柱面和基圆的直径	$d_b = d\cos\alpha = mz\cos\alpha$
齿距	p	两个相邻而同侧的端面齿廓之间的分度圆弧长	$p = m\pi$
齿厚	s	一个齿的两侧端面齿廓之间的分度圆弧长	$s = \dfrac{p}{2} = \dfrac{m\pi}{2}$
齿槽宽	e	一个齿槽的两侧端面齿廓之间的分度圆弧长	$e = \dfrac{p}{2} = \dfrac{m\pi}{2} = s$
齿顶高	h_a	齿顶圆与分度圆之间的径向距离	$h_a = h_a^* m = m$
齿根高	h_f	齿根圆与分度圆之间的径向距离	$h_f = (h_a^* + c^*)m = 1.2m$
齿高	h	齿顶圆与齿根圆之间的径向距离	$h = h_a + h_f = 2.25m$
齿宽	b	齿轮的有齿部位沿分度圆柱面直母线方向量度的宽度	$b = (6\sim10)m$
中心距	a	齿轮副的两轴线之间的最短距离	$a = \dfrac{d_1 + d_2}{2} = \dfrac{m(z_1 + z_2)}{2}$

例 2-3 一标准直齿圆柱齿轮,已知齿数 $z=36$,齿顶圆直径 $d_a=304$ mm。试计算其分度圆直径 d、齿根圆直径 d_f、齿距 p 以及齿高 h。

解 由式 $d_a = d + 2h_a = m(z+2)$ 得

$$m = \frac{d_a}{z+2} = \frac{304}{36+2} \text{ mm} = 8 \text{ mm}$$

将 m 代入有关各式,得

$d = mz = 8 \times 36$ mm $= 288$ mm

$d_f = d - 2h_f = m(z-2.5) = 8 \times (36-2.5)$ mm $= 268$ mm

$p = m\pi = 8 \times 3.14$ mm $= 25.12$ mm

$h = h_a + h_f = 2.25m = 2.25 \times 8$ mm $= 18$ mm

2)齿轮副的正确啮合条件和连续传动条件

(1)齿轮副的正确啮合条件。

一对齿轮能连续顺利地传动,需要各对轮齿依次正确啮合而互不干涉。为保证传动时不出现因两齿廓局部重叠或侧隙过大而引起的卡死或冲击现象,两齿轮的基圆齿距应相等,由此可得齿轮副的正确啮合条件如下。

①两齿轮的模数必须相等,即 $m_1=m_2$。

②两齿轮分度圆上的压力角必须相等,即 $\alpha_1=\alpha_2$。

(2)齿轮副的连续传动条件。

前一对轮齿啮合终止的瞬间,后继的一对轮齿正好开始啮合,齿轮副即能连续传动,称之为重合度,用 ε 表示,此时 $\varepsilon=1$。但由于制造、安装误差的影响,实际上 ε 必须大于1,才能可靠地保证传动的连续性,重合度 ε 越大,传动越平稳。

对于一般齿轮传动,连续传动的条件 $\varepsilon \geqslant 1.2$。对直齿圆柱齿轮($\alpha=20°$,$h_a^*=1$)来说,$1 < \varepsilon \leqslant 2$。标准齿轮传动均能满足上述条件。应注意,中心距加大时,重合度会降低。

3.其他类型齿轮传动

1)斜齿圆柱齿轮传动

(1)斜齿圆柱齿轮传动特点。

图 2-31 所示的为直齿轮齿面形成与接触线示意图,直齿圆柱齿轮在啮合传动过程中,齿面接触线是一条与轴线平行的直线。啮合传动时,在齿宽方向上轮齿同时开始啮合又同时脱离啮合,轮齿上所受的力也是突然产生和突然卸去的,故其传动不稳定。

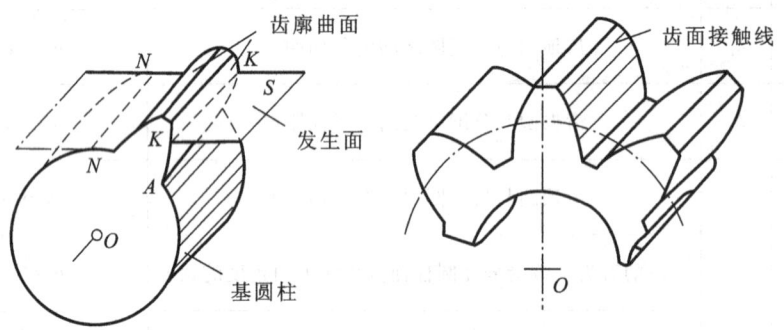

图 2-31 直齿轮齿面形成与接触线示意图

斜齿圆柱齿轮在啮合传动过程中,齿面接触线是一条与轴线交成一个角度的斜直线,各条接触线的长短是变化的,开始啮合到脱离啮合,接触线长度经历了"零→最大→零"的过程,同时啮合的轮齿对数较多(重合度 ε 大),故传动平稳,承载能力高,如图 2-32 所示。斜齿圆柱齿轮在高速、大功率传动中应用较广泛。为克服其所存在的轴向力的影响,常采用人字齿轮消除轴向力。但人字齿轮加工困难,精度较低,多在传递大功率的重载机械中使用。

(2)斜齿圆柱齿轮的正确啮合条件。

①斜齿圆柱齿轮的旋向。

按其轮齿的旋转方向,斜齿圆柱齿轮的旋向可分为左旋和右旋等两种(见图 2-33)。其旋向判别的方法是:使斜齿轮竖直放置,面对轴线,轮齿的螺旋线从左向右上升的(或左高右低)为右旋;反之,则为左旋。

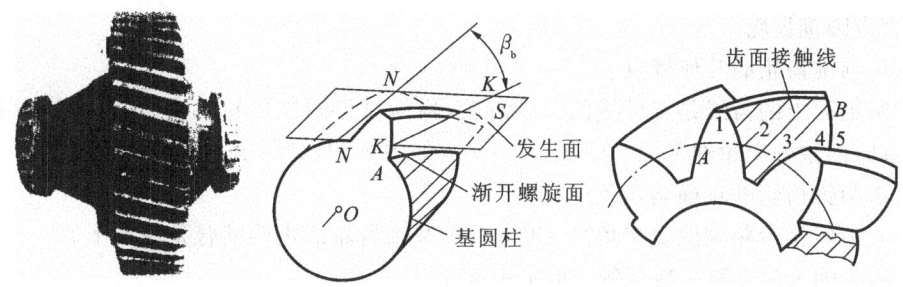

图 2-32 斜齿轮齿面形成与接触线示意用

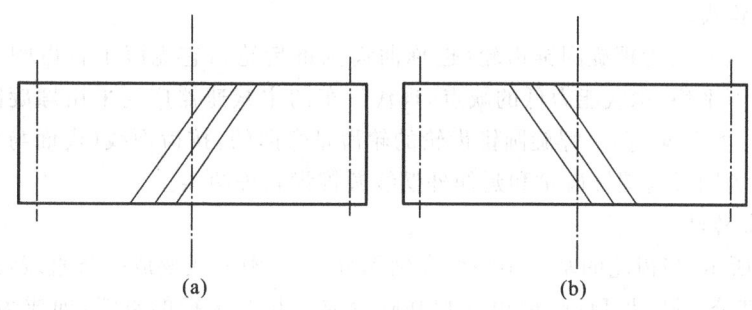

图 2-33 斜齿轮的旋向

②斜齿圆柱齿轮的正确啮合条件。

斜齿圆柱齿轮可用于平行轴齿轮传动和交错轴齿轮传动,本教材仅介绍用于平行轴传动的斜齿轮。

斜齿圆柱齿轮用于平行轴传动时的正确啮合条件如下。

a. 两齿轮法向模数相等,即 $m_{n1}=m_{n2}$。

b. 两齿轮法向压力角相等,即 $\alpha_{n1}=\alpha_{n2}$。

c. 两轮螺旋角相等,旋向相反,即 $\beta_1=\beta_2$。

2)圆锥齿轮传动

圆锥齿轮用于传递两轴相交的旋转运动,在汽车的驱动桥中常用圆锥齿轮将动力旋转平面改变 90°,使其与驱动轮转动方向一致。圆锥齿轮传动时,它的轮齿分布在圆锥面上,所以圆锥齿轮的轮齿从大端渐渐向锥顶缩小,沿齿宽各截面尺寸都不相等,大端尺寸最大。圆锥齿轮种类较多,在汽车中常见的有直齿圆锥齿轮和螺旋圆锥齿轮等两种,如图 2-34 所示。

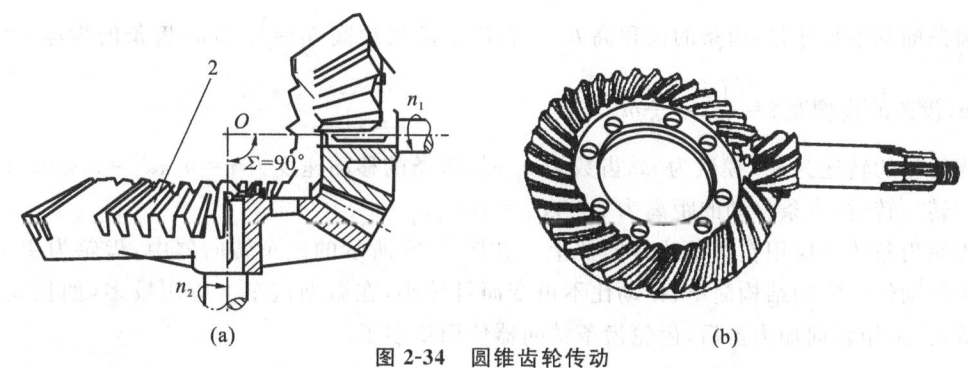

图 2-34 圆锥齿轮传动

(a)直齿圆锥齿轮传动;(b)螺旋圆锥齿轮传动

(1) 直齿圆锥齿轮。

① 直齿圆锥齿轮的几何特点。

分度圆锥面上的齿线是直母线的圆锥齿轮,称为直齿圆锥齿轮。直齿圆锥齿轮用于相交轴齿轮传动,两轴的交角通常为 90°(即 $\Sigma=90°$),如图 2-34(a)所示。

② 直齿圆锥齿轮的正确啮合条件。

标准直齿圆锥齿轮副的轴交角 $\Sigma=90°$,直齿圆锥齿轮的正确啮合条件如下。

a. 两齿轮的大端端面模数相等,即 $m_1=m_2$。

b. 两齿轮的压力角相等,即 $\alpha_1=\alpha_2$。

(2) 螺旋圆锥齿轮。

图 2-34(b)所示的为螺旋圆锥齿轮(也称曲齿圆锥齿轮),它克服了直齿圆锥齿轮传动重叠系数小、传动不平稳、承载能力低的缺点,现代汽车的主减速器广泛采用螺旋圆锥齿轮传动(如解放 CA1092 型汽车等)。螺旋圆锥齿轮的轮齿是弯曲的,按齿面线(齿面与分度圆锥面的交线)的形状分为圆弧齿圆锥齿轮和延伸外摆线圆锥齿轮等两类。

3) 齿轮齿条传动

如图 2-35 所示,当齿轮的基圆半径增大到无穷大时,渐开线变成一条直线,这时的齿轮就变成了齿条。其分度圆、齿顶圆、齿根圆和基圆变成了相互平行的直线,即成为分度线、齿顶线、齿根线、基准线。

图 2-35 齿轮齿条传动

齿轮齿条传动,可把齿条的直线往复运动变为齿轮的回转运动或将齿轮的回转运动变为齿条的直线往复运动,齿条上各点速度大小和方向都是一致的。齿廓上各点的压力角相等,如果是标准齿条,则压力角 $\alpha=20°$,齿条上各齿同侧齿廓线平行且齿距相等。

齿条的基本尺寸是:齿条的齿顶高 $h_a=m$,齿条的齿根高 $h_f=1.25m$,齿条的齿厚 $s=\frac{1}{2}p=\frac{\pi}{2}m$,齿条的齿槽宽 $e=\frac{1}{2}p=\frac{\pi}{2}m$。

当齿轮的转速为 n_1,模数为 m,齿数为 z_1 时,齿条的移动速度为 $v=n_1\pi d_1=n_1\pi m z_1$;当齿轮每回转一转时,齿条移动的距离为 $L=\pi d_1=\pi m z_1$。

齿轮齿条传动应用在汽车的转向器上。在图 2-36 所示的汽车转向器中,齿轮为主动件,齿条为从动件。它的结构简单,传动比不可变而且较小,在微型汽车上应用较多(如长安奥拓轿车等)。采用转向加力器后,齿轮齿条转向器使用增多了。

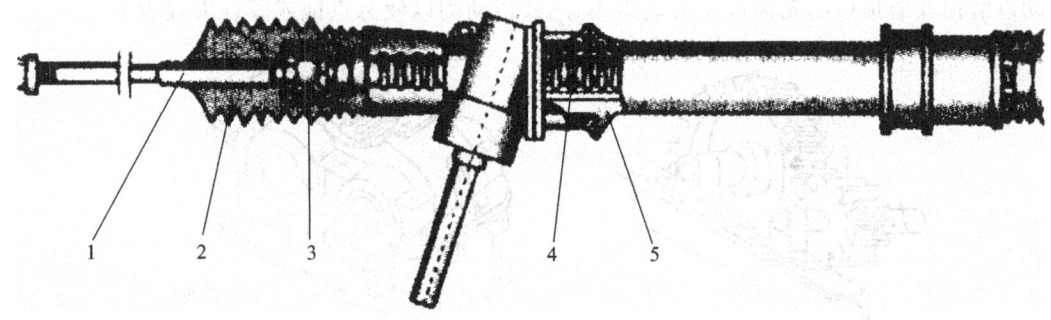

图 2-36 汽车的转向器

1—转向横拉杆；2—防尘套；3—球头座；4—转向齿条；5—转向器壳体

4.齿轮轮齿的失效形式与材料选择

由于齿轮传动的工作条件和应用范围各不相同，因此影响齿轮轮齿失效的原因很多。就其工作条件来说，有闭式、开式之分；就其使用情况来说，有低速、高速及轻载和重载之分。此外，齿轮的材料性能、热处理工艺的不同，以及齿轮结构的尺寸大小和加工精度的差别，均会使齿轮传动出现多种不同的失效形式。下面介绍常见的几种轮齿失效形式。

1）齿轮轮齿的失效形式

齿轮传动的失效一般是指轮齿的失效。常见的失效形式有轮齿折断、齿面点蚀、齿面磨损、齿面胶合以及塑性变形等几种形式。

（1）轮齿折断。

轮齿折断是指齿轮的一个或多个齿的整体或其局部的断裂，通常有疲劳折断和过载折断等两种。

（2）齿面点蚀。

齿轮工作时，轮齿齿面在法向力的作用下将产生接触应力，并按脉动循环变化。齿面在过高的交变接触应力的反复作用下，其表面上的金属可能小块脱落，形成麻点状的凹坑，称为点蚀。

（3）齿面磨损。

磨损是齿轮在啮合传动过程中，轮齿接触表面上的材料摩擦损耗的现象。齿面磨损一方面导致渐开线齿廓形状被破坏，引起噪声和系统振动；另一方面使轮齿变薄，可间接导致轮齿的折断。

（4）齿面胶合。

胶合是相啮合齿面的金属，在一定压力下直接接触发生粘着，同时随着齿面间的相对运动，使金属从齿面上撕落而引起的一种严重粘着磨损现象。胶合又有热胶合和冷胶合之分。

（5）塑性变形。

在过大的应力作用下，轮齿材料因屈服产生塑性流动而形成齿面或齿体的塑性变形。

齿轮的失效形式与传动工作情况相关。

按工作情况，齿轮传动可分为开式传动和闭式传动等两种，如图 2-37 所示。开式传动是指传动裸露或只有简单的遮盖，工作时环境中粉尘、杂物易侵入啮合齿间，润滑条件较差情况的齿轮传动。闭式传动是指被封闭在箱体内，且润滑良好（常用浸油润滑）的齿轮传动。开式传动以磨损及磨损后的轮齿折断失效为主,闭式传动则以疲劳点蚀或胶合失效为主。

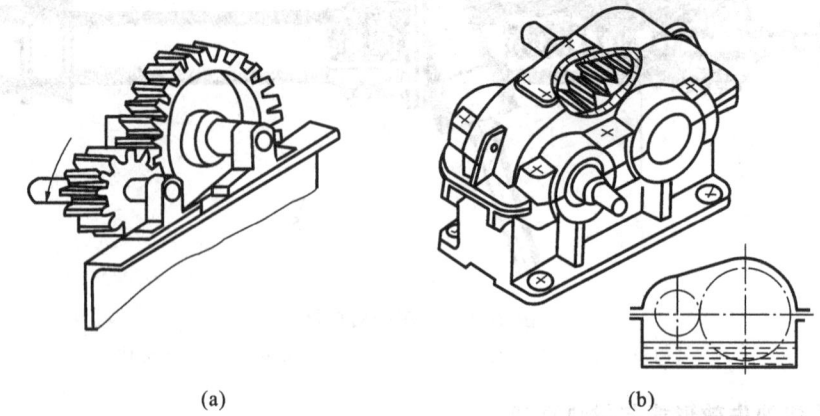

图 2-37 齿轮传动
(a) 开式传动;(b) 闭式传动

2) 齿轮常用的材料

制造齿轮常用的材料有锻钢、铸钢和铸铁等。有些机器上也有使用有色金属(如铜合金)和非金属材料(如工程塑料)的。齿轮材料主要根据齿轮承受的载荷大小和性质(如有无冲击)、速度高低等工作情况以及结构、尺寸、质量和经济性等方面的要求来选择。

5. 蜗杆传动

汽车用托森差速器,又称蜗杆式差速器,安装在前后轴之间,实现前、后轴同时驱动和前、后轴转矩的自动调节。汽车修理和钣金设备所采用的减速器,也广泛应用了蜗杆传动。

下面介绍蜗杆传动的类型、特点和应用,以及蜗杆传动的基本参数。

1) 蜗杆传动的类型

根据蜗杆形状的不同,蜗杆传动可分为圆柱蜗杆传动、环形面蜗杆传动、锥蜗杆传动等。按加工方法,圆柱蜗杆又分为阿基米德蜗杆、渐开线蜗杆和延伸渐开线蜗杆等三种。阿基米德蜗杆螺旋面的形成原理与螺纹的形成原理相同,如表 2-8 所示,在垂直于蜗杆轴线的截面上,齿廓为阿基米德螺旋线。由于阿基米德蜗杆制造简便,故应用较广。各类蜗杆传动的类型及应用如表 2-8 所示。

蜗杆传动类似于螺旋传动。按蜗杆轮齿的螺旋方向,蜗杆有右旋和左旋之分(见图 2-38)。

图 2-38 蜗杆的旋向

在蜗杆传动中,通常蜗杆是主动件,从动件蜗轮的转动方向取决于蜗杆的转动方向和螺旋线的旋向。蜗轮轮齿与蜗杆轮齿的旋向是相同的。蜗杆、蜗轮的螺旋方向可用右手法则判定,如图 2-39 所示,其判定方法与斜齿轮的旋向判定方法相同。

表 2-8 蜗杆传动的类型及应用

分类	图例	应用范围
阿基米德蜗杆		汽车上蜗杆式转向器、驱动桥的主减速器、车速表、磁感应式车速里程表中的传动机构、汽车电动刮水器中的减速机构以及在汽车修理和钣金设备
渐开线蜗杆		

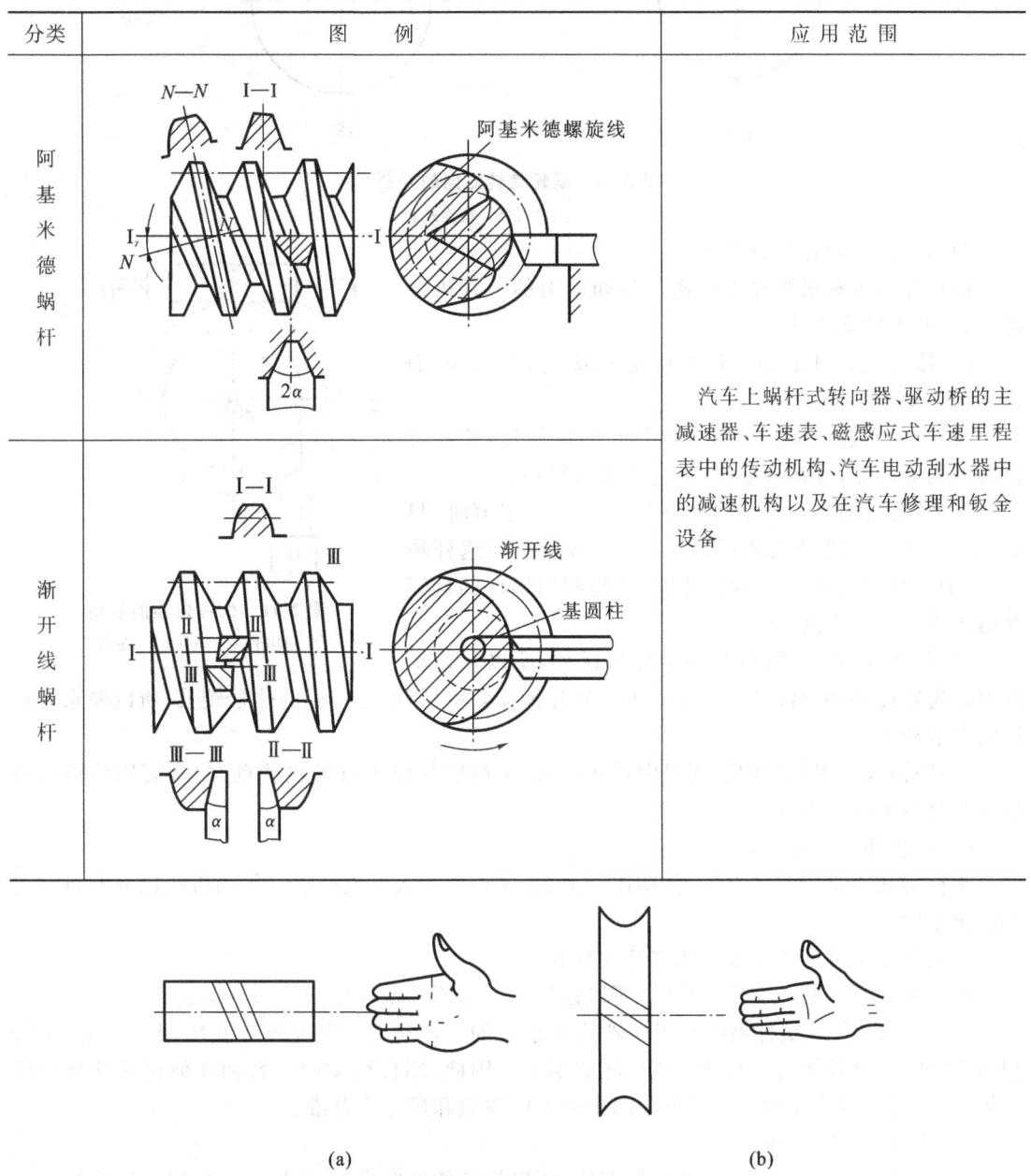

图 2-39 蜗杆、蜗轮的螺旋方向判定
(a) 右旋蜗杆;(b) 右旋蜗轮

蜗轮旋转方向的判定方法为:当蜗杆是右旋(或左旋)时,伸出右手(或左手)半握拳,用四指顺着蜗杆的旋转方向,这时,与大拇指指向相反的方向就是蜗轮的旋转方向。图 2-40 所示的为蜗杆、蜗轮旋转方向的判定。

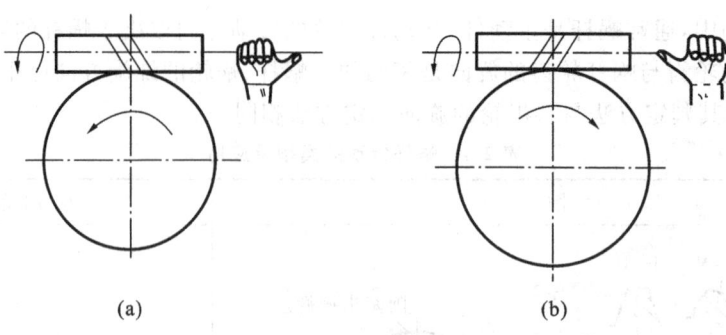

图 2-40 蜗轮旋转方向的判断

(a) 右旋蜗杆；(b) 右旋蜗轮

2) 蜗杆传动的特点和应用

蜗杆传动是利用蜗杆副传递运动和动力的一种机械传动，类似于螺旋传动。

(1) 传动比大且准确。其传动比一般为 10~100，而且结构很紧凑。

(2) 传动平稳。蜗杆齿为连续不断的螺旋形，使其有螺旋机构的特点，故转动很平稳，几乎没有噪声。

(3) 具有自锁性。当蜗杆的导程角小于一定值时，只能以蜗杆为主动件带动蜗轮，而不能由蜗轮带动蜗杆转动，如图 2-41 所示的手动起重装置，就是利用蜗杆的自锁性防止重物自由下落的。

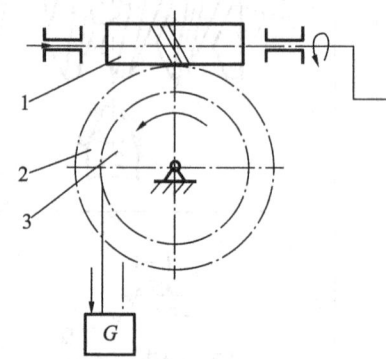

图 2-41 蜗杆自锁的应用

1—蜗杆；2—蜗轮；3—卷筒

(4) 传动效率低。蜗杆传动摩擦损耗大，所以其传动效率较齿轮传动和带传动的都低。由于蜗杆传动效率低，摩擦产生的热量较大，所以要求有良好的润滑和冷却。

(5) 磨损大。因轮齿间的相对滑动速度大，齿面磨损较大且发热严重，故常需用价格较高的减摩材料来制造蜗轮。

(6) 不能任意互换啮合。

蜗杆传动常用于两轴交错、传动比较大、传递功率不太大或间歇工作的机构以及有自锁要求的机械中。

3) 蜗杆传动的基本参数及几何尺寸计算

由于阿基米德蜗杆应用最广泛，所以这里主要介绍该蜗杆传动的基本参数。

如图 2-42 所示，蜗杆轴线与蜗轮轴线相垂直的平面称为中间平面。在中间平面上，蜗杆和蜗轮的啮合可看作齿条与渐开线齿轮的啮合。因此，蜗杆传动的参数和几何尺寸计算与齿轮传动的相似，设计和加工时都以中间平面上的参数和尺寸为基准。

(1) 模数 m 和压力角 α。

因为中间平面内的几何参数是标准值，所以蜗杆的轴向模数 m 等于与其配对蜗轮的端面模数 m。蜗杆的模数如表 2-9 所示。

表 2-9 蜗杆模数 m 值　　　　　　　　　　　　　　　　　　　单位：mm

第一系列	1；1.25；1.6；2；2.5；3.15；4；5；6.3；8；10；12.5；16；20；25；31.5；40
第二系列	1.5；3；3.5；4.5；5.5；6；7；12；14

注：摘自 GB 10088—88，优先采用第一系列。

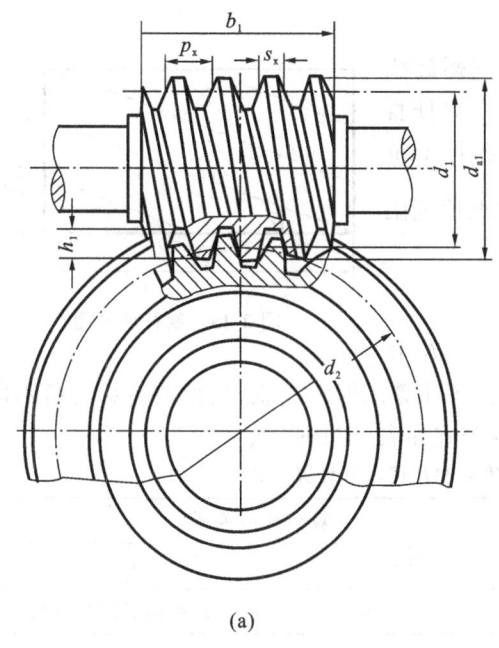 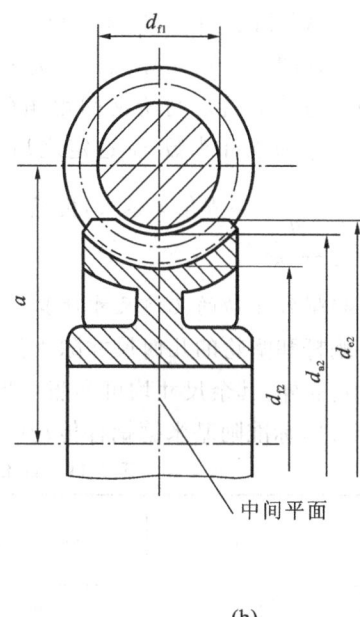

(a) (b)

图 2-42 蜗杆传动的基本参数

阿基米德蜗杆的压力角是指蜗杆的轴向压力角 α，并与蜗轮的端面压力角相等，即 $\alpha=20°$。

(2) 蜗杆直径系数 q。

蜗杆直径系数 q 是蜗杆分度圆直径 d_1 除以轴向模数 m 的商，即 $q=\dfrac{d_1}{m}$。

蜗杆传动中，蜗轮分度圆柱面的素线由直线改为弧线，从而将蜗杆部分地包住，使啮合由点接触变为线接触，这样不仅使传动平稳，而且承载能力增大。但切制蜗轮的蜗轮滚刀的参数必须与工作蜗杆的参数完全相同，除模数和压力角应相同外，滚刀与蜗杆的分度圆直径、螺旋齿的头数、导程角等也要求相同。为了限制滚刀的数目和便于滚刀标准化，除规定了模数和压力角外，还对一定模数 m 的蜗杆的分度圆直径 d_1 做了规定，即规定了蜗杆直径系数 q。《圆柱蜗杆传动基本参数》(GB 10085—88) 规定了模数 $m \geqslant 1$ mm、轴交角 $\Sigma = 90°$ 的动力圆柱蜗杆传动的蜗杆分度圆直径 d_1 和直径系数 q。

(3) 蜗杆头数 z_1、蜗轮齿数 z_2 和蜗杆传动的传动比。

蜗杆头数可根据要求的传动比和效率来选择，通常取 $z_1=1,2,4,6$。头数多，则加工困难，但传动效率高。在要求传动比大或传递转矩大时，z_1 取小值；要求自锁时，取 $z_1=1$，此时传动效率较低。在要求传递功率大、效率高、传动速度大时，z_1 取大值。蜗轮齿数 $z_2=iz_1$，蜗轮齿数取值过小，会产生根切，z_2 应大于 26，但不宜大于 80。若 z_2 过大，则结构尺寸会过大，蜗杆刚度下降。z_1,z_2 的推荐值如表 2-10 所示，其中 $i=\dfrac{n_1}{n_2}=\dfrac{z_2}{z_1}$。

表 2-10 蜗杆传动中 z_1、z_2 的推荐值

传动比 i	7～13	14～27	28～40	>40
z_1	4	3	2～1	1
z_2	28～52	28～54	28～80	>40

(4) 蜗杆的分度圆柱导程角 r。

蜗杆的分度圆柱导程角 r 是指蜗杆分度圆柱螺旋线的切线与端平面之间所夹的锐角（见图 2-43）。在蜗杆直径系数 q 和蜗杆头数 z_1 选定之后，r 也随之确定，即 $\tan r = \dfrac{mz_1}{d_1} = \dfrac{z_1}{q}$。导程角 r 越大，传动效率越高。r 的取值范围为 $3°\sim 33.5°$。

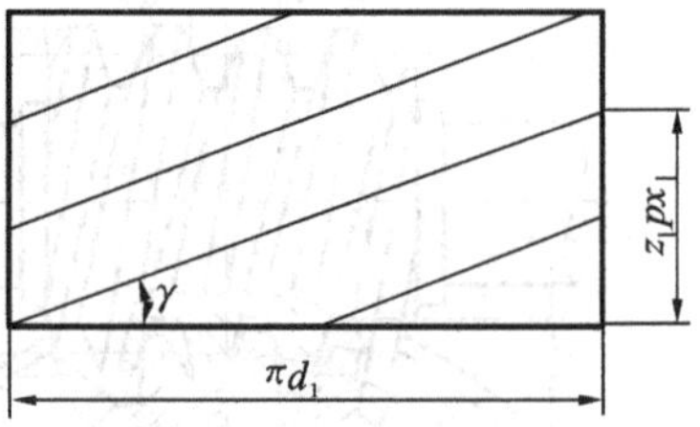

图 2-43 蜗杆展开图

4) 蜗杆传动的几何尺寸计算

蜗杆和蜗轮的几何尺寸除上述蜗杆分度圆直径 d_1 和压力角 α 外，其余尺寸均可参照直齿圆柱齿轮的公式计算。但需注意，其顶隙系数有所不同，$c^* = 0.2$，标准阿基米德蜗杆传动的几何尺寸计算公式如表 2-11 所示。

表 2-11 标准阿基米德蜗杆传动的几何尺寸计算公式

<table>
<tr><th colspan="2">参 数 名 称</th><th>符 号</th><th colspan="2">计算公式或说明</th></tr>
<tr><td colspan="2"></td><td></td><td>蜗杆</td><td>蜗轮</td></tr>
<tr><td rowspan="5">基本参数</td><td>模数</td><td>m</td><td>$m_x = m$（标准模数）</td><td>$m_t = mn$（标准模数）</td></tr>
<tr><td>压力角</td><td>α</td><td colspan="2">$\alpha = 20°$</td></tr>
<tr><td>齿数</td><td>z</td><td>z_1（蜗杆头数）按规定选取</td><td>z_2 按传动比确定</td></tr>
<tr><td>齿顶高系数</td><td>h_a^*</td><td colspan="2">$h_a^* = 1$（短齿 $h_a^* = 0.8$）</td></tr>
<tr><td>顶隙系数</td><td>c^*</td><td colspan="2">$c^* = 0.2$</td></tr>
<tr><td rowspan="8">几何尺寸</td><td>顶隙</td><td>c</td><td colspan="2">$c = 0.2\,\text{mm}$</td></tr>
<tr><td>齿距</td><td>p</td><td colspan="2">$p_{x1} = p_{t2} = p = \pi m$</td></tr>
<tr><td>齿顶高</td><td>h_a</td><td colspan="2">$h_a = m$</td></tr>
<tr><td>齿根高</td><td>h_f</td><td colspan="2">$h_f = 1.2m$</td></tr>
<tr><td>分度圆直径</td><td>d</td><td>$d_1 = mq$</td><td>$d_2 = mz_2$</td></tr>
<tr><td>顶圆直径</td><td>d_a</td><td>$d_{a1} = d_1 + 2m$</td><td>$d_{a2} = m(z_2 + 2)$</td></tr>
<tr><td>根圆直径</td><td>d_f</td><td>$d_{f1} = m(q - 2.4)$</td><td>$d_{f2} = m(z_2 - 2.4)$</td></tr>
<tr><td>蜗杆导程角</td><td>r_1</td><td colspan="2">$\tan r_1 = \dfrac{m-1}{d_1} = \dfrac{z_1}{q}$</td></tr>
<tr><td rowspan="3">啮合尺寸</td><td>蜗轮螺旋角</td><td>β_2</td><td></td><td>$\beta_2 = r_1$</td></tr>
<tr><td>中心距</td><td>a</td><td colspan="2">$a = \dfrac{d_1 + d_2}{2} = \dfrac{m(q + z_2)}{2}$</td></tr>
<tr><td>传动比</td><td>$i = \dfrac{n_1}{n_2} = \dfrac{z_2}{z_1}$</td><td colspan="2">蜗杆为主动，按规定选取</td></tr>
</table>

5) 蜗杆传动的正确啮合条件

圆柱蜗杆传动的正确啮合条件如下。

(1) 在中间平面内，蜗杆的轴向模数 m_{x1} 和蜗轮的端面模数 m_{t2} 相等，即 $m_{x1} = m_{t2} = m$。

(2) 在中间平面内，蜗杆的轴向压力角 α_{x1} 和蜗轮的端面压力角 α_{t2} 相等，即 $\alpha_{x1} = \alpha_{t2} = \alpha = 20°$。

(3) 蜗杆分度圆柱面导程角 r_1 和蜗轮分度圆柱面螺旋角 β_2 相等，且旋向一致，即 $r_1 = \beta_2$。

知识五　轮系

1.定轴轮系

图 2-44 所示的为桑塔纳 2000 型轿车变速器的结构。在驾驶员操纵变速杆,通过拨叉使相应挡位齿轮啮合后,动力便从输入轴依次经过相关齿轮传送到输出轴,使输出轴以不同转速旋转。为了获得不同传动比或转速以及改变转向,而采用一系列互相啮合的齿轮将主动轴和从动轴连接起来的传动系统称为轮系。

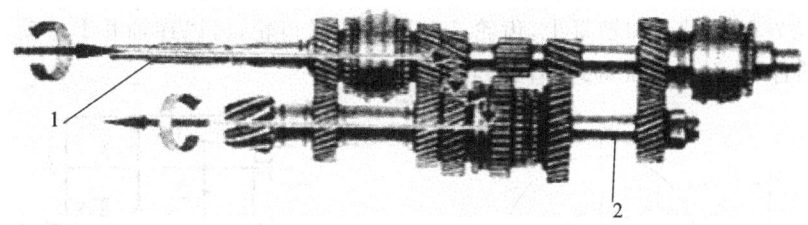

图 2-44　桑塔纳 2000 型轿车变速器的结构
1—输入轴；2—输出轴

1)轮系的分类

根据轮系在运转时各齿轮几何轴线的相对位置是否固定,轮系可以分为定轴轮系和周转轮系等两种基本类型。

(1)定轴轮系。

在图 2-45(a)所示的轮系中,每个齿轮的几何轴线都是固定的,这种轮系称为定轴轮系或普通轮系。

(2)周转轮系。

在图 2-45(b)所示的轮系中,齿轮 2 除能绕自身的几何轴线转动(自转)外,还能绕固定轴线 $O_H H$ 转动(公转)。这种至少有一个齿轮的几何轴线绕位置固定的另一个齿轮的几何轴线转动的轮系称为周转轮系。

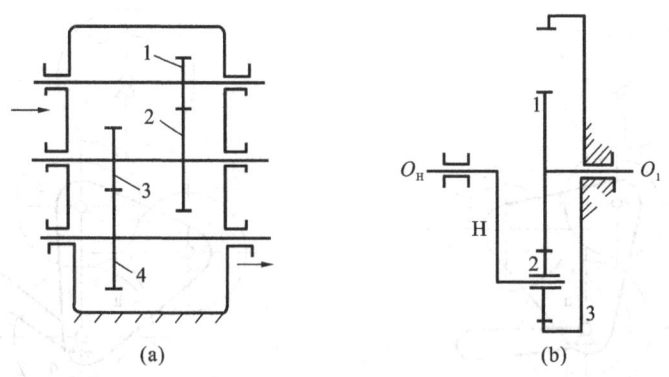

图 2-45　轮系的分类

2)轮系的特点

轮系应用极广,从其用途来看,大致有以下特点。

（1）可获得大的传动比。

如汽车发动机在正常工作时，曲轴转速可达每分钟数千转，而在汽车倒车时，车轮转速只有每分钟上百转，这就是用轮系来实现减速的。

（2）可进行较远距离的传动。

当主动轴和从动轴间的中心距较大，而又必须采用齿轮传动时，如果只用一对齿轮传动，如图 2-46 单点画线所示的情况，则齿轮尺寸明显过大。若改用轮系来传动，如图 2-46 双点画线所示的情况，便能避免这种缺陷。

（3）可实现变速、变向要求。

图 2-47 所示的为汽车变速器的传动示意图。运动从轴Ⅰ输入，由轴Ⅲ输出，齿轮 1、3、5 和 6 分别固定在轴Ⅰ、轴Ⅱ和轴Ⅲ上，齿轮 2 与 4 为双联齿轮，可以在轴Ⅱ上滑动，分别与齿轮 1 和齿轮 3 啮合，从而使轴Ⅲ得到不同的转速。

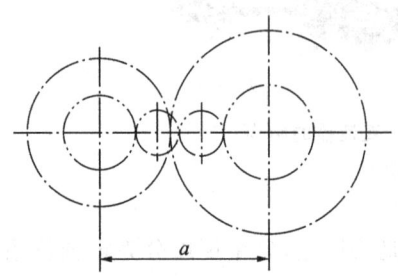

图 2-46　轮系实现远距离传动图

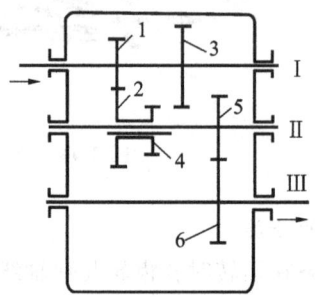

图 2-47　汽车变速器的传动示意图

在轮系中引入惰轮（它同时与主、从动轮啮合），可方便地实现变向要求。图 2-48 所示的为三星轮换向机构。互相啮合着的齿轮 2 和齿轮 3 浮套在三角形构件 a 的两个轴上。构件 a 可通过手柄使之绕轮 4 的轴转动。如果手柄转动将齿轮 2 和齿轮 3 分别位于图 2-48(a)和(b)所示位置，则不需改变主动轮 1 的转向，就可使从动轮的转向发生改变。图 2-48 所示的齿轮 2、3 就是惰轮。在轮系中增加一对外啮合齿轮或减少一对外啮合齿轮都可改变从动轮（末轮）的转动方向。汽车倒车就是用这种方法来实现的。

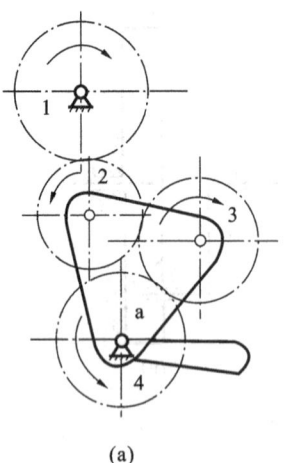
(a)

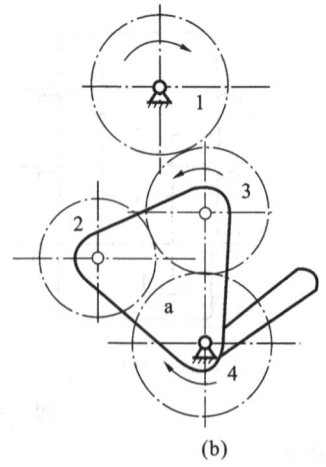
(b)

图 2-48　三星轮换向机构

(4)可合成或分解运动。

汽车驱动桥中的差速器将汽车传动轴的运动按一定关系分配到两驱动轮上,使两驱动轮在汽车直行或转弯时协调工作。

3)定轴轮系传动比的计算

计算定轴轮系的传动比时,不仅要确定传动比数值的大小,而且要确定首、末齿轮转向的异同(即它的正负号)。

(1)齿轮副的传动比及回转方向。

一对平行轴间的圆柱齿轮传动的传动比为

$$i_{12}=\frac{\omega_1}{\omega_2}=\frac{n_1}{n_2}=\pm\frac{z_2}{z_1}$$

在外啮合传动中,主动轮与从动轮转向相反,规定 i 取负号,或在图上用反方向箭头来表示;内啮合时,两轮转向相同,i 取正号,或在图上用同方向箭头来表示,如图2-49所示。

(2)定轴轮系传动比的计算。

定轴轮系传动比是指轮系中首、末两轮的转速之比。若以 l 和 k 分别代表轮系中首、末两轮,则轮系的传动比为

$$i_{1k}=\frac{\omega_1}{\omega_k}=\frac{n_1}{n_k}=(-1)^m\frac{\text{所有从动轮齿数乘积}}{\text{所有主动轮齿数乘积}}$$

式中:m——外啮合齿轮对数。

若计算结果为正,则表示轮系中首、末两轮(即主、从动轮)回转方向相同;若计算结果为负,则表示首末两轮回转方向相反。但此判断方法,只适用于平行轴圆柱齿轮传动的轮系。

对于圆锥齿轮、交错轴斜齿轮或蜗杆蜗轮等空间齿轮机构的定轴轮系,其传动比大小仍按上式计算,但传动比的正负号、各轮的转向不能根据 $(-1)^m$ 确定,而必须用画箭头的办法确定各轮的转向,如图2-50所示。

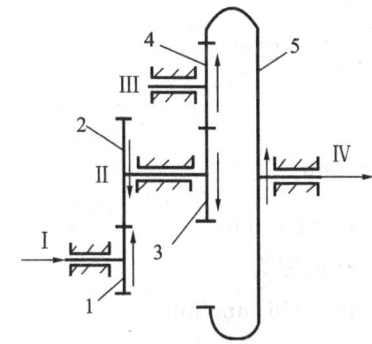

图2-49 定轴轮系的传动比图

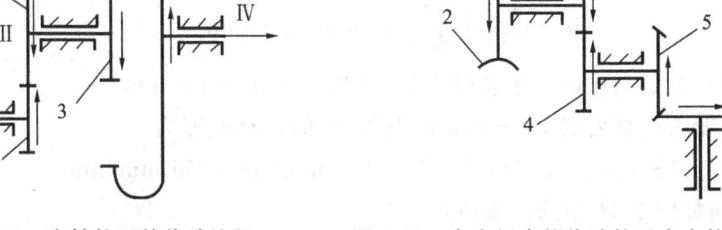

图2-50 含空间齿轮传动轮系中末轮转向的判定

例2-4 在图2-49所示的轮系中,若各轮齿数分别为 $z_1=17, z_2=25, z_3=20, z_4=20, z_5=60$,试计算轮系的传动比。当主动轴1的转速 $n_1=1440$ r/min 时,从动轴Ⅳ的转速 $n_Ⅳ$ 为多少?

解 根据定轴轮系传动比的计算公式得轮系传动比为

$$i_{15}=\frac{n_1}{n_5}=(-1)^2\frac{z_2 z_4 z_5}{z_1 z_3 z_4}=\frac{z_2 z_5}{z_1 z_3}=\frac{25\times60}{17\times20}\approx4.41$$

因为 $n_1=n_Ⅰ, n_5=n_Ⅳ$,所以

$$i_{15}=\frac{n_1}{n_5}=\frac{n_\mathrm{I}}{n_\mathrm{IV}}=4.41$$

则

$$n_\mathrm{IV}=\frac{n_1}{4.41}=\frac{1440}{4.41} \text{ r/min}=326.5 \text{ r/min}$$

例 2-5 在图 2-51 所示的轮系中,运动由齿轮 1 传入,由齿条 10 传出。各齿轮的齿数分别为 $z_1=15, z_2=25, z_3=20, z_4=40, z_5=12, z_6=30$ 及 $z_9=20$,蜗杆头数 $z_7=2$,蜗轮齿数 $z_8=60$,齿轮 9 的模数 $m=5$ mm,齿轮 1 的转速 $n_1=1000$ r/min,转向如图 2-51 箭头所示,试确定齿条 10 的移动速度 v_{10} 和移动方向。

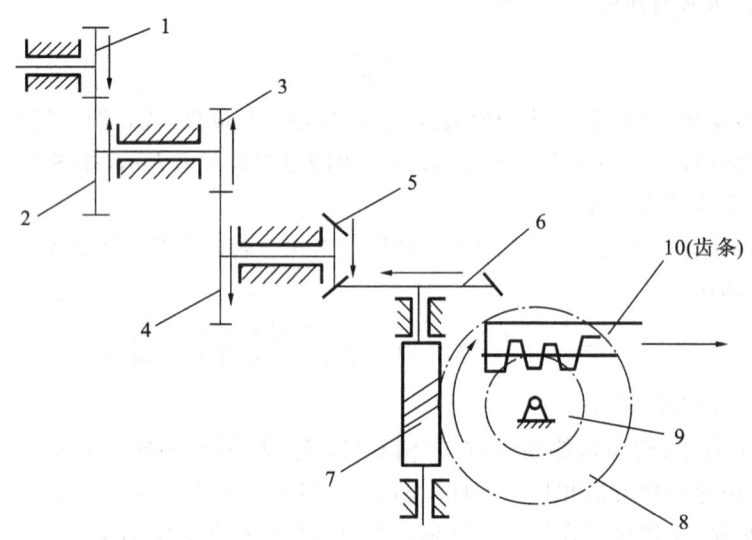

图 2-51 定轴轮系应用

解 齿轮 1,2,3,4,5,6 及蜗杆 7 和蜗轮 8 组成一定轴轮系,由于轮系中有空间齿轮机构(蜗杆传动),所以只用公式来计算该轮系的传动比的大小,即

$$i_{18}=\frac{n_1}{n_8}=\frac{z_2 z_4 z_6 z_8}{z_1 z_3 z_5 z_7}=\frac{25\times 40\times 30\times 60}{15\times 20\times 12\times 2}=250$$

则蜗轮 8 的转速为

$$n_8=\frac{n_1}{250}=\frac{1000}{250} \text{ r/min}=4 \text{ r/min}$$

因齿轮 9 与蜗轮 8 是套在同一根转轴上的,所以 $n_9=n_8=4$ r/min。

由齿条移动速度的计算公式 $v=\pi mzn$ 得齿条 10 的移动速度为

$$v_{10}=\pi m z_9 n_9=3.14\times 5\times 20\times 4 \text{ mm/min}=1256 \text{ mm/min}$$

齿条 10 的移动方向如图 2-51 中的箭头所示。

2.周转轮系

桑塔纳 2000 型轿车差速器采用的是周转轮系,图 2-52 所示的为差速器齿轮传动装置示意图,其中齿轮 1 和齿轮 2 为主减速器齿轮。齿轮 3,4,5,6 及杆系 H 组成一差动轮系,又称差速器。在此轮系中,行星齿轮 5 和 6 除绕自身轴线旋转外,又随行星架 H 一起转动。

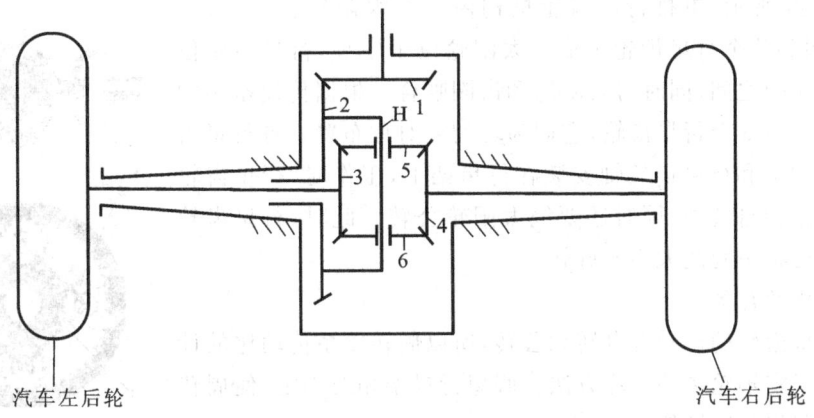

图 2-52　差速器齿轮传动装置示意图

1）周转轮系的分类和组成

（1）周转轮系的分类。

周转轮系分为行星轮系和差动轮系等两大类。

① 行星轮系。

太阳轮和齿圈中有一个转速为零（即固定不动）的周转轮系称为行星轮系。如图 2-53 所示，齿圈 3 固定不动，太阳轮 1 绕自身轴线 O_1 回转；行星架 H 绕自身轴线 O_H 回转；行星轮 2 做行星运动，既绕自身轴线回转（自转），又绕行星架轴线 O_H 回转（公转）。

② 差动轮系。

太阳轮和齿圈的转速都不为零的周转轮系称为差动轮系。如图 2-54 所示，太阳轮 1、齿圈 3、行星架 H 均绕各自的轴线回转，行星轮 2 则做行星运动。

（2）行星轮系的组成。

汽车自动变速器用的行星齿轮机构通常由两排或多排行星齿轮机构连接在一起，用于满足汽车行驶及各种工况下所需要的多种传动比和传给驱动轮不同扭矩的需要，但其基本组成及工作原理可用最简单的单排行星齿轮机构来说明。

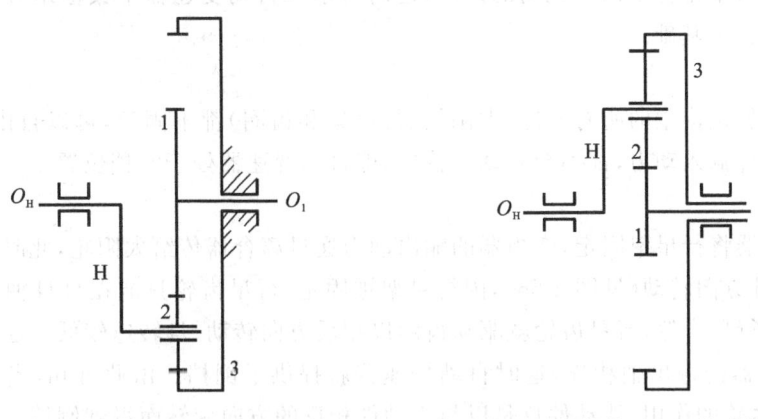

图 2-53　周转轮系——行星轮系　　　图 2-54　周转轮系——差动轮系

如图 2-55 所示,单排行星齿轮机构由一个太阳轮、一个行星架、一个齿圈和几个行星齿轮组成。太阳轮位于中央,行星齿轮位于太阳轮和齿圈之间,同时与太阳轮和齿圈啮合。根据传递扭矩的大小,通常有 3~6 个行星齿轮,它们为均匀或对称布置。各行星齿轮通过滚针轴承和行星齿轮轴安装在行星架上,工作时,行星齿轮除绕行星齿轮轴自转外,同时还要绕太阳轮公转。此时,行星齿轮轴和行星架也将一起绕太阳轮旋转。

2)传动比的计算

由于行星齿轮的运动有自转和公转,所以周转轮系传动比的计算方法不同于定轴轮系的计算方法。假想行星架相对固定,使周转轮系转化为假想的定轴轮系,则有

$$i_{13}^H = \frac{n_1^H}{n_3^H} = \frac{n_1 - n_H}{n_3 - n_H} = -\frac{z_3}{z_1}$$

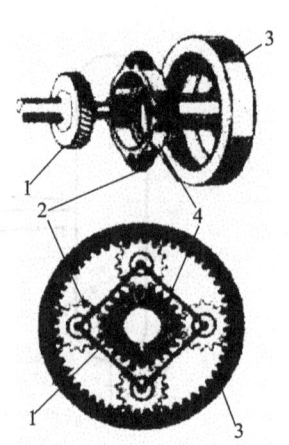

图 2-55 单排行星齿轮机构
1—太阳轮;2—行星齿轮;
3—齿圈;4—行星架

式中:i_{13}^H——假想行星架相对固定时,齿轮 1 和齿轮 3 的传动比;

n_1^H——齿轮 1 相对于行星架的转速,即 $n_1^H = n_1 - n_H$;

n_3^H——齿轮 3 相对于行星架的转速,即 $n_3^H = n_3 - n_H$;

"—"——表示齿轮 1 与齿轮 3 转向相反。

注:计算时,先按定轴轮系用箭头标注齿轮 1、2 和 3 的转向,判断 i_{13}^H 的正负,再进行公式计算,正负号不要搞错,否则会影响计算结果。

由于周转轮系的转化轮系是定轴轮系,因此可推出周转轮系的转化轮系的传动比计算公式为

$$i_{1k}^H = \frac{n_1^H}{n_k^H} = \frac{n_1 - n_H}{n_k - n_H} = (-1)^m \frac{z_2 z_4 z_6 \cdots z_k}{z_1 z_3 z_5 \cdots z_{k-1}}$$

式中:m——齿轮 1~k 间外啮合齿轮对数。

3)行星齿轮机构传动

自动变速器可以提供减速挡、超速挡、直接挡、倒挡和空挡,这些功能都是由行星齿轮机构完成的。下面分析单排行星齿轮机构的传动,进而为掌握自动变速器中其他组合形式的行星齿轮机构的传动打下基础。

(1)空挡。

如果行星齿轮机构中的所有元件(太阳轮、行星架和齿圈)都不固定,可以自由转动,此时无论从哪一个元件输入动力,都不会有动力输出,即自动变速器处于空挡位置。

(2)倒挡。

如果用制动器将行星架固定,变矩器的输出动力通过离合器传给太阳轮,此时太阳轮为主动件,并以逆时针方向转动(见图 2-56),因行星架被固定,行星齿轮只能在自身轴上转动即自转。太阳轮驱动行星齿轮,行星齿轮就驱动齿圈以相反方向转动,且转速较低。通过离合器将齿圈与自动变速器的输出轴相连,这时自动变速器就提供了倒挡。由此可知,当行星架固定时,行星齿轮起惰轮的作用,从动件总是以与主动件相反的方向旋转而得到倒挡。

(3)减速挡。

在自动变速器输出轴的转速低于输入轴的转速时即实现减速传动,此时输出轴的扭矩大于输入轴的扭矩。

①太阳轮固定,齿圈主动,行星架从动实现减速传动。因太阳轮固定,当动力输入给齿圈时,行星齿轮除自转外,还随行星架一起绕太阳轮公转,行星架与齿圈同向转动,因为齿圈转动一整圈而行星架不能转动一整圈,所以实现减速传动,输出的扭矩增大,如图2-57所示。

图 2-56 行星齿轮机构在倒挡工作

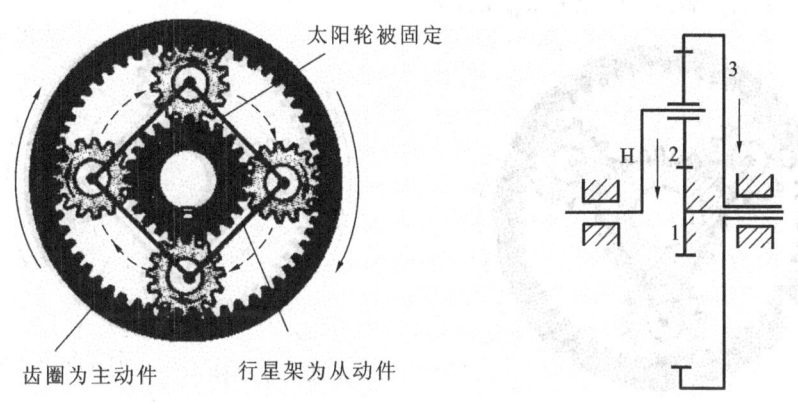

图 2-57 行星齿轮机构在减速挡工作(太阳轮被固定)

②齿圈固定,太阳轮主动,行星架从动实现减速传动。因齿圈固定,当动力传给太阳轮时,行星齿轮除自转外,还随行星架一起绕太阳轮公转,行星架绕着太阳轮同向转动。但与上述齿圈驱动行星架的工作情况相比,行星架的转速更低,即输出更低的转速和更大的转矩,如图2-58所示。

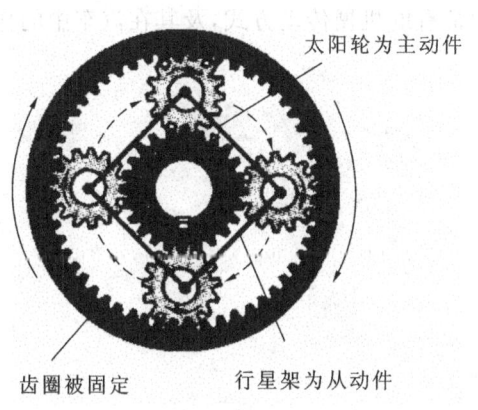

图 2-58 行星齿轮机构在减速挡工作

从上述可以看出,当行星架作为行星齿轮机构的从动件时,行星齿轮机构就会起减速增矩的作用,即自动变速器得到减速挡。

(4)直接挡。

若通过离合器将变矩器输出的动力传给行星齿轮机构中的任意两个元件,使之同向同速转动,则第三个元件必然与前两个元件同向同速转动(见图2-59)。例如,当齿圈和太阳轮为主动件同向同速转动时,太阳轮使行星齿轮反方向转动,而齿圈试图使行星齿轮同向旋转,结果把行星齿轮锁在齿圈与太阳轮之间,行星齿轮机构中的所有元件像一个元件一样整体转动。主动件与从动件被锁在一起从而形成直接挡传动,输出转速等于输入转速。

(5)超速挡。

当行星架主动,太阳轮固定,齿圈从动时,就可实现超速挡传动。若通过离合器将变矩器输出的动力传给行星架使行星架转动,则行星齿轮将绕着固定的太阳轮公转,同时行星齿轮驱动齿圈以更快的速度旋转。即行星架每转动一整圈,则齿圈按相同方向转一圈多,得到更高的输出转速,而输出扭矩较低,得到超速挡(见图2-60)。

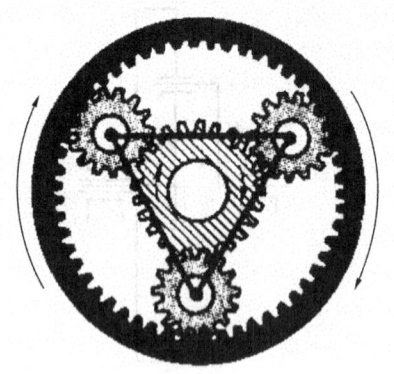
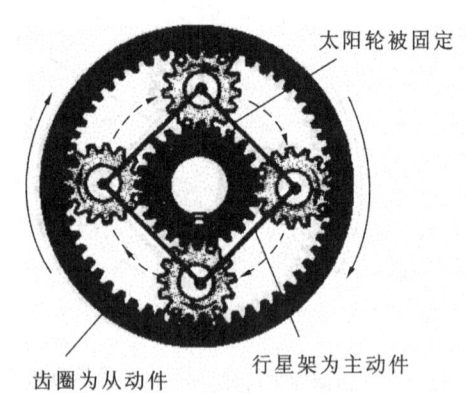

图2-59 行星齿轮机构在直接挡工作　　　　图2-60 行星齿轮机构在超速挡工作

任务拓展

同学们,请说出汽车中常有的机械传动方式,及其在汽车中的作用。

任务二 发电机皮带轮的拆装

 **任务描述**

通过对汽车传动机构的观察,不难发现,许多盘类零件一般都是通过键或销固定在轴上的,如汽车变速器中的齿轮与轴之间大部分都是由各种键进行连接和传递动力的。一旦键或销连接失效,就将影响动力的传递。下面通过对键或销连接装置的拆装来观察键或销连接装置的工作过程。图 2-61 所示的是键连接。

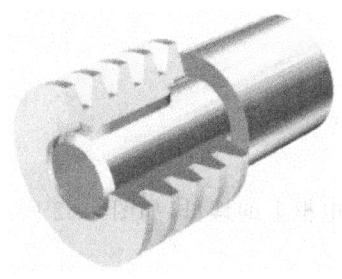

图 2-61 键连接

 **任务目标**

(1)掌握键、销的类型、特点及应用。
(2)掌握轴的类型、特点、结构及轴上零件的固定。
(3)掌握滑动轴承的结构和特点,以及滚动轴承的型号和选用。
(4)了解联轴器、离合器、制动器的结构类型及应用。

 ## 任务分析

轴是汽车中的重要零件,其功用是支撑转动零件及传递运动和动力;而将轴和轴上零件进行周向固定并传递转矩的零件是键;轴承的作用是支撑轴及轴上零件,保持轴的旋转精度和减少轴与支撑间的摩擦和磨损;联轴器和离合器的作用是连接不同机构中的两根轴,使它们一起回转并传递转矩。

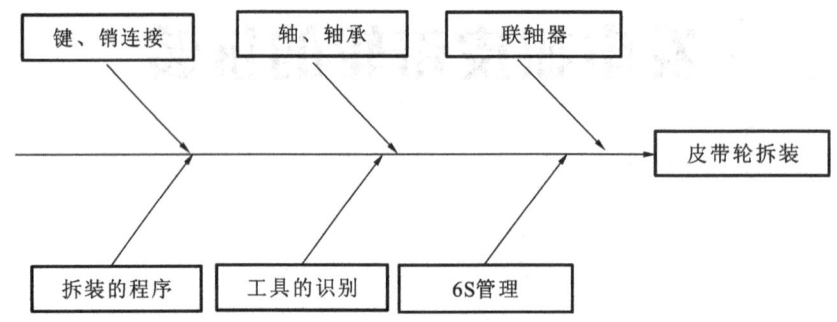

 ## 任务实施

实施一　任务准备

拆装工作台及台虎钳、发电机、套筒组合扳手、专用拉器、穿心平起子、二用扳手、手锤。

实施二　任务实施

(1)学生分组,每小组 5~8 人。
(2)小组进行任务分析。
(3)用二用扳手拧松发电机电枢上的螺母,如图 2-62 所示;拆后防尘罩上的固定螺栓,如图 2-63 所示,取下后防尘罩。

图 2-62　拧松发电机电枢螺母

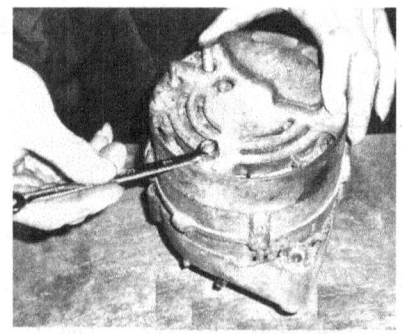

图 2-63　用二用扳手拆卸连接螺栓

(4)拆下发电机内置式调节器的固定螺栓,如图 2-64 所示;拔下调节器的接插线,如图 2-65 所示。

图 2-64　拆发电机内置式调节器固定螺栓

图 2-65　拔调节器接插线

(5)翻转发电机,拆下发电机外壳的固定螺栓,如图 2-66 所示;用橡胶锤敲击发电机外壳,如图 2-67 所示。

图 2-66　拆下发电机外壳固定螺栓

图 2-67　用橡胶锤敲击发电机外壳

(6)将发电机转子固定在台虎钳上,如图 2-68 所示;用套筒扳手拧松发电机 V 带轮的固定螺栓,拆下 V 带轮的固定螺母及垫圈,如图 2-69 所示。取下 V 带轮。

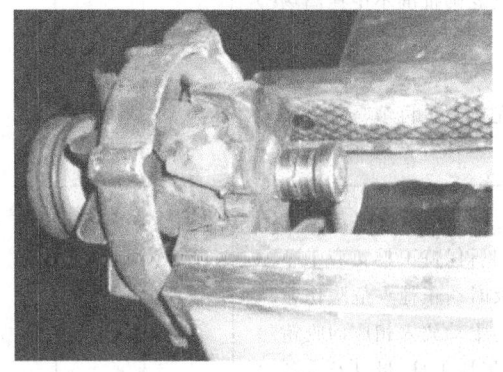

图 2-68　固定发电机转子

图 2-69　拆 V 带轮固定螺母

(7)用V带轮拉器,将V带轮拆下,从轴上取下半圆键,仔细观察V带轮与发电机轴的连接方式和发电机转子轴与V带轮键槽的形状,如图2-70所示。

(8)按拆卸相反的顺序装复发电机V带轮。

(9)拆装完毕,清洁、归还工具和实习器材。

(10)角色扮演,分小组进行讲解演示。

(11)完成老师布置的相关作业。

特别提示

有些发电机V带轮轴端呈圆锥形,具有轴向限位作用。

图 2-70 V带轮与发电机轴连接件
1—V带轮;2—半圆键;
3—转子轴;4—发电机前端盖

实施三 任务检测

(1)简述发电机V带轮的装配关系。

(2)简述常用键的基本类型和种类有哪几种。

(3)你掌握了发电机V带轮的拆装技能,能独立完成拆装吗?

任务评价

任务评价表

班级:　　　　　　组别:　　　　　　姓名:

项　目	评价内容 (请在对应条目的○内打"√"或"×",不能确定的条目不填,可以在小组评价时让本组同学讨论并写出结论)	评价等级(学生自评)		
		A全部为√	B有一至三个×	C有多于三个×
关键能力 自评	○按时到场　　　　　　学习期间不使用手机、不玩游戏○ ○工装齐备　　　　　　未经老师批准不中途离场○ ○书、本、笔齐全　　　　无违规操作○ ○不追逐打闹　　　　　无早退○ ○接受任务分配　　　　先擦净手再填写工作页○ ○不干扰他人工作			
	○工作服保持干净　　　无安全事故发生○ ○私人物品妥善保管　　使用后保持工具整齐干净○ ○工作地面无脏污　　　能及时纠正他人危险作业○ ○工作台始终整洁　　　废弃物主动放入相应回收箱○ ○无浪费现象　　　　　未损坏工具、量具及设备○ ○参与了实际操作			

续表

项 目	评价内容（请在对应条目的○内打"√"或"×"，不能确定的条目不填，可以在小组评价时让本组同学讨论并写出结论）	评价等级（学生自评）		
		A 全部为√	B 有一至三个×	C 有多于三个×
关键能力自评	○课前有主动预习　　　　本小组工作任务能按时完成○ ○与本组同学关系融洽　　主动回答老师提问○ ○积极参与小组讨论　　　能独立规范操作○ ○接受组长任务分配　　　能主动帮助其他同学○ ○能独立查阅资料　　　　不戴饰物，发型合规○ ○工装穿戴符合要求			
专业能力自评	○能按时完成工作任务　　能独立完成工作页○ ○工量具选用准确　　　　没有失手坠落物品○ ○无不规范操作　　　　　指出过他人的不规范操作○ ○完成学习任务不超时　　暂时无任务时不无所事事○ ○学习资料携带齐备　　　工作质量合格无返工○			
小组评语及建议	他(她)做到了： 他(她)的不足： 给他(她)的建议：	组长签名： 　年　月　日		
教师评价及建议		评价等级： 教师签名： 　年　月　日		

相关知识

知识一　　键、销连接

1. 键连接的类型、特点和应用

键主要用来实现轴和轴上零件之间的周向固定，以传递转矩。有些类型的键还可以实现轴上零件之间的轴向固定或轴向移动。

键是标准件。根据键连接的结构和承受载荷情况，键连接可分为松键连接和紧键连接等两类。

1)松键连接

松键连接分为平键连接和半圆键连接等两类。

(1)平键连接。

平键连接分为普通平键连接、导向平键连接和滑键连接等三种,如图 2-71 所示。平键连接靠两侧面传递转矩,对中性良好,结构简单,拆卸方便,但不能轴向固定轴上的零件。

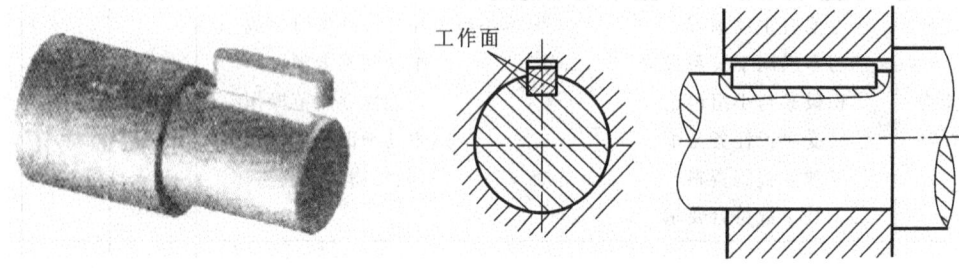

图 2-71 平键连接

①普通平键。

普通平键上、下两面互相平行,两个侧面也互相平行,端部有圆头(A 型)、方头(B 型)和半圆头(C 型)等三种类型,如图 2-72 所示。其国家标准为 GB/T 1096—2003 和 GB/T 1567—2003(薄型)。A 型键在键槽中轴向固定好,键与键槽配合较紧,键槽应力集中大,B 型键槽应力集中小,C 型键常用于轴端。

普通平键应用最广,适用于高精度、高速度或承受变载、冲击载荷的场合,如在轴上固定齿轮、链轮和凸轮等回转零件,薄型平键适用于薄壁零件的轴上固定。

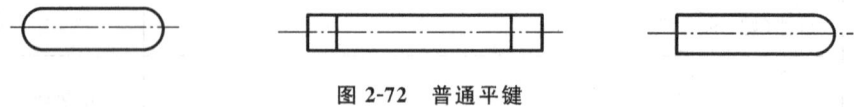

图 2-72 普通平键

②导向平键。

对于轴上安装的零件,需要沿轴向移动时,可采用导向平键。导向平键比普通平键长,其端部形状有 A 型和 B 型两种,如图 2-73 所示。国家标准为 GB/T 1097—2003。

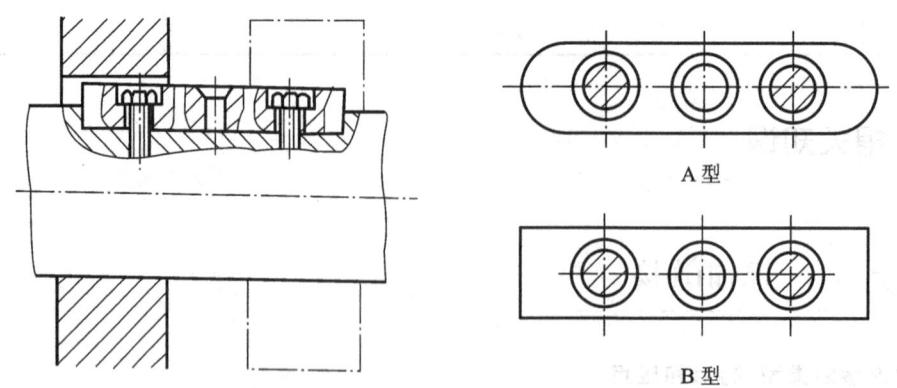

图 2-73 导向平键连接

导向平键用螺钉固定在轴上的槽中,轴上零件的轮毂可在导向平键上沿轴向滑动,为了拆卸方便,在导向平键的中部制有起键用的螺钉孔,导向平键用于轴上零件轴向移动量不大的场合,如变速器中的滑移齿轮。

③滑键。

在轴上零件的轴向移动量很大时,导向平键将很长,不易制造,这时可采用滑键,如图2-74所示。滑键连接的特点是:键固定在轮毂上,并与轮毂一起在轴上的键槽中滑动,滑键未标准化。

(2)半圆键连接。

上表面为一平面,下表面为半圆形,两侧面互相平行,半圆键连接工作时靠键两侧的工作面传递转矩,如图2-75所示。其国家标准为GB/T 1099—2003。键在轴槽中能绕槽底圆弧曲率中心摆动,装配方便。键槽较深,对轴的强度削弱较大。半圆键连接一般用于汽车发动机配气机构上的凸轮轴和凸轮轴正时齿轮的连接。

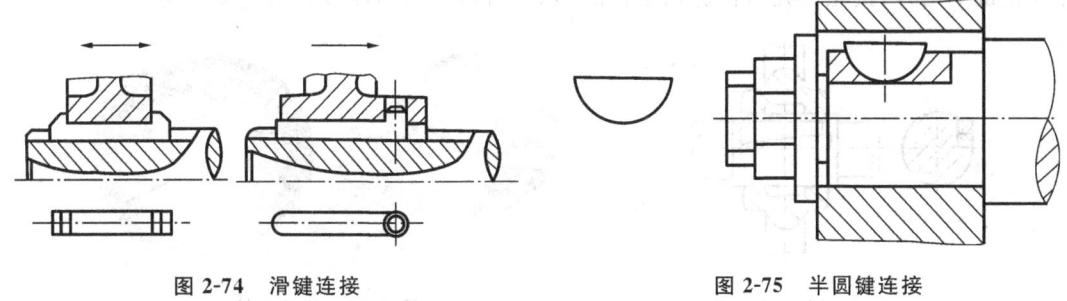

图 2-74　滑键连接　　　　　图 2-75　半圆键连接

2)紧键连接

紧键连接分为楔键连接和切向键连接等两类。

(1)楔键连接。

楔键连接又分为普通楔键连接(GB/T 1564—2003)和钩头楔键连接(GB/T 1565—2003)等两种(见图2-76)。楔键的两侧面互相平行,上、下两面是工作面,键的上表面和毂槽的底面各有1∶100的斜度,键楔紧在轴与轮毂之间。依靠压紧面的摩擦力传递转矩及单方向的轴向力,能轴向固定零件,但会使轴上零件与轴的配合产生偏心与偏斜。

由于键楔紧后,轴与轴上的零件的对中性差;在冲击、震动或变载荷的作用下,连接容易松动,所以,楔键连接只适用于不要求准确定心、低速运转的场合。有钩头的楔键用于不能从另一端将键打出的场合。钩头供拆卸用,如安装在轴端应加保护罩。工作面为上、下表面。

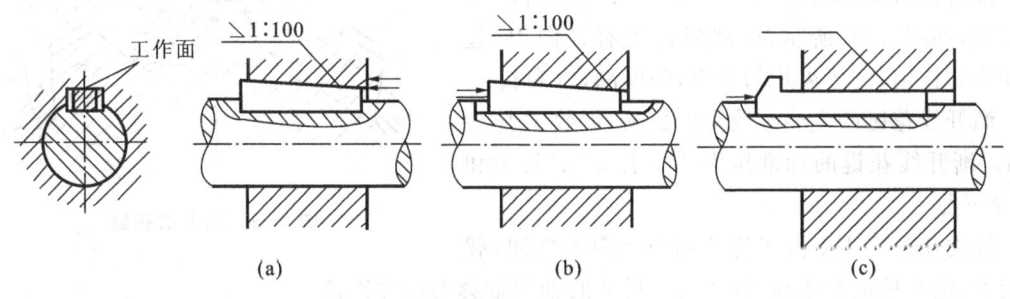

图 2-76　楔键连接

(2)切向键连接。

如图 2-77 所示,它是由一对具有1∶100 单面斜度的键沿斜面拼装而成的,其上、下两面互相平行为工作面,装配时,把一对楔键楔紧在轴与轮毂的键槽中。装配后,切向键的下平面在通过轴线的平面内,工作面上的压力沿轴的切线方向作用,能传递很大的转矩。其国家标准为GB/T 1974—2003。

一对切向键只传递一个方向的转矩,传递双向转矩时须用两个切向键,并在轴上互成120°~135°分布。两个不够可用四个,切向键连接应用于对中性要求不高、低速、重载场合,常用于直径大于 100 mm 的轴上,如大型带轮、飞轮等。

2.花键连接的类型及应用

花键连接是由轴上加工出外花键和轮毂上加工出内花键组成的,如图 2-78 所示。键齿侧面为工作面,工作时靠齿的侧面相互挤压传递转矩。花键已标准化,按齿形,分为矩形花键、渐开线花键等两种;按花键孔与花键轴是否能相对位移,分为静连接和动连接等两种。

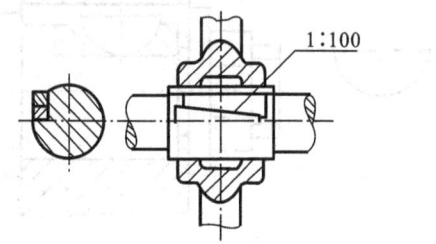
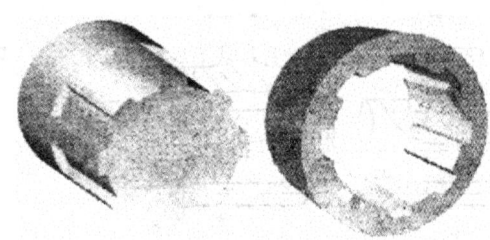

图 2-77　切向键连接　　　　图 2-78　花键连接

静连接花键装配时,花键孔与花键轴允许有少量过盈。装配时可用铜棒轻轻敲入。过盈量大时,可将套件加热至 80~120 ℃后装入。动连接花键装配时,花键孔在花键轴上应滑动自如且又感觉不到有明显间隙为合适。

1) 矩形花键

矩形花键(GB/T 1144—2001)的键齿端面为矩形,在标准中规定有两个系列,轻系列用于载荷较轻的静连接,中系列用于中等载荷的连接,定心方式为小径定心,定心精度高,稳定性好。

矩形花键连接为多齿工作,承载能力高,对中性、导向性好,应力集中较小,对轴与轮毂的基体削弱小。这类花键应用广泛,如用于汽车手动变速器的一轴和二轴上。

2) 渐开线花键

渐开线花键(GB/T 3478.1—1995)的齿廓为渐开线,如图 2-79 所示,受载时齿上有径向力,起自动定心作用,使各齿均匀承力,强度高,寿命长。

渐开线花键的主要参数为模数 m、齿数 z、压力角 α。渐开线花键的标准压力角 α 有 30°、37.5°和 45°等三种。

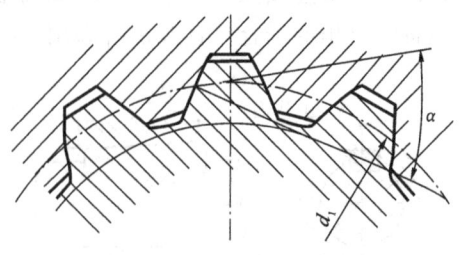

图 2-79　渐开线花键

该类花键应用于汽车传动轴与万向节之间,载荷较大,定心精度要求高,以及较大尺寸的轴与轴套类零件连接。

除键连接外,销连接也能实现轴与轴上零件的连接。同时,销连接还可用来固定零件之间的相对位置,起定位作用;也可作为安全装置中的过载剪断元件,起过载保护作用,如图 2-80 所示。

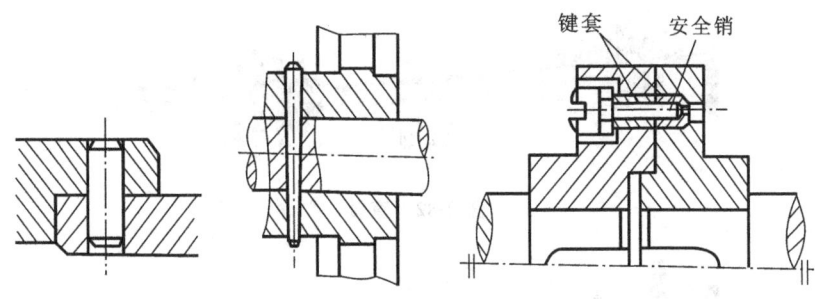

图 2-80 销连接

销的基本类型有圆柱销和圆锥销等两种,分别如图 2-81(a)和(b)所示,这两类销均已标准化。圆柱销利用少量过盈固定在销孔中,经过多次装拆后,连接的紧固性及精度会降低,故只宜用于不常拆卸处,如活塞销。

圆锥销有 1:50 的锥度,装拆比圆柱销方便,多次装拆对连接的紧固性及定位精度影响较小,因此应用广泛,如汽车发动机机体和缸盖的定位销。图 2-81(c)所示的是大端具有外螺纹的圆锥销,便于装拆,可用于有盲孔结构的场合;图 2-81(d)所示的是小端带外螺纹的圆锥销,可用螺母锁紧,适用于有冲击的场合。

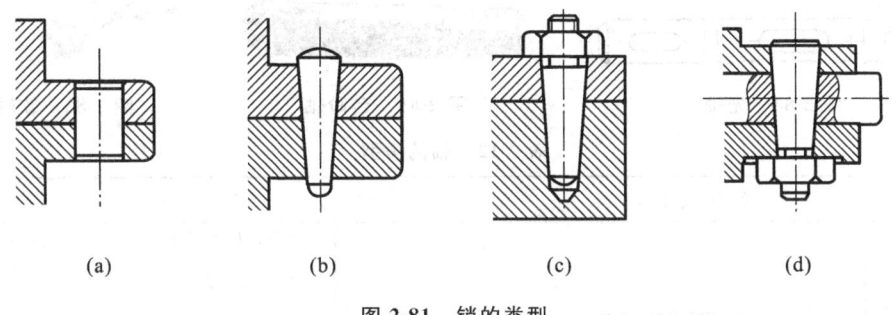

图 2-81 销的类型
(a)圆柱销;(b)圆锥销;
(c)大端带外螺纹的圆锥销;(d)小端带外螺纹的圆锥销

知识二 轴

轴是保证机器正常工作的重要零件之一。凡是做回转运动的零件(如凸轮、齿轮、带轮等)都必须用轴来支撑才能实现运动和动力的传递。

1.轴的功用与分类

轴的功用主要是支撑回转零件,并传递运动和动力。根据轴所起的作用以及承受载荷性质,轴可分为三大类,如表 2-12 所示。

轴还可以按结构形状分为直轴(见图 2-82)和曲轴(见图 2-83);光轴(见图 2-84)和台阶轴(见图 2-85);实心轴(如半轴)和空心轴(如气门推杆)等。另外,还有一种轴线能按使用要求进行变化的轴,称为软轴或挠性轴(如车速里程表的传动轴,见图 2-86)。

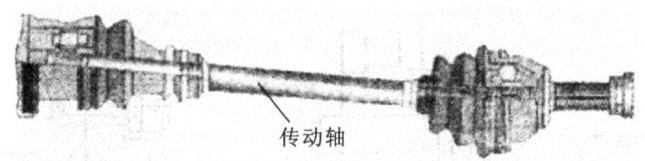

图 2-82 直轴

图 2-83 曲轴

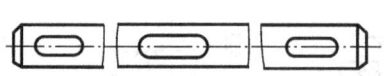  

图 2-84 光轴　　　　图 2-85 台阶轴　　　　图 2-86 软轴

表 2-12 轴的类型

种类		受力简图	特　点
心轴	固定轴		截面上的弯曲应力 σ_w 为静应力，计算公式为 $$\sigma_w = \frac{M}{W}$$ 式中：M——截面上的弯矩；W——抗弯截面系数
	转动轴		截面上的弯曲应力 σ_w 为变应力，计算公式为 $$\sigma_w = \frac{M}{W}$$ 式中：M——截面上的弯矩；W——抗弯截面系数
转轴			主要承受转矩，不承受弯矩或承受很小弯矩；仅起传递动力的作用；截面上的扭转切应力为 $$\tau_M = \frac{M}{W_M}$$ 式中：M——截面上的转矩；W_M——抗扭截面系数

（心轴：只承受弯矩，不承受转矩，只起支撑作用）

续表

种类	受力简图	特 点
传动轴		既承受弯矩又承受转矩,是机械中最常用的一种轴;截面上受弯曲度σ_w和扭转切应力τ_T的复合应力,其当量应力为 $$\sigma_e=\frac{M_e}{W}$$ 式中:M_e——截面上的当量弯矩; W——抗弯截面系数

2.轴的材料

轴的材料种类很多,选择时应主要考虑以下因素。

(1)轴的强度、刚度及耐磨性要求。

(2)轴的热处理方法及机加工工艺性的要求。

(3)轴的材料来源和经济性等。

轴的常用材料是优质碳素结构钢和合金结构钢等。碳素钢比合金钢价格低廉,对应力集中的敏感性低,加工工艺好,一般用途的轴,常用优质碳素结构钢,如35、45、05钢,对于不重要或受力较小的轴也可用Q235A等普通碳素钢。

合金钢具有比碳素钢更高的力学性能,但价格较高,多用于重载及重要的轴,选择时应综合考虑。

3.轴的结构

轴的结构受许多因素影响,其主要的影响因素有:载荷的性质、大小、方向及分布情况;轴上所安装零件的类型、尺寸、数量以及与轴连接的方法;轴的加工工艺等。轴没有标准的结构形式,除根据受力情况设计合理的尺寸,以满足强度和刚度的需要外,还必须满足如下的要求:轴上的零件应有可靠的定位和固定;轴应便于加工和尽量避免或减小应力集中;轴上零件应便于安装和拆卸。

1)轴上零件的定位和固定

轴上零件的轴向固定方法及应用如表2-13所示。

表2-13 轴上零件的轴向固定方法及应用

轴向固定方法	结构简图	特点及应用
轴肩、轴环		结构简单可靠,不需附加零件,能承受较大轴向力,广泛应用于各种轴上零件的轴向固定

续表

轴向固定方法	结构简图	特点及应用
圆锥面		装拆方便,且可兼做径向固定,适用于轴端高速冲击的场合
轴端挡圈		工作可靠,能承受较大的轴向力,应采用止动垫圈等防松措施,只适用于轴端
轴套		简单可靠,简化了轴的结构且不削弱轴的强度,常用于轴上两个近距离零件间的相对固定,不宜用于高速轴
圆螺母		固定可靠,可承受较大轴向力,能实现轴上零件的间隙调整,为防松,须使用双螺母紧固,常用于轴的中部或端部
弹性挡圈		结构紧凑简单,装拆方便,但受力较小,且轴上切槽将引起应力集中,常用于轴承固定
紧定螺钉		结构简单,但受力较小,不宜用于高速场合

2)轴上零件的周向固定方法

轴上零件的周向固定常用键连接、销连接、螺钉连接和过盈配合连接等。一般齿轮与轴通常采用过盈配合或键连接;滚动轴承则采用较紧的过盈配合;受力较小或光轴上的零件可用螺钉连接或销连接;受力较大且要求零件做轴向移动时则用花键连接。常见轴上零件的周向固定方法如图 2-87 所示。

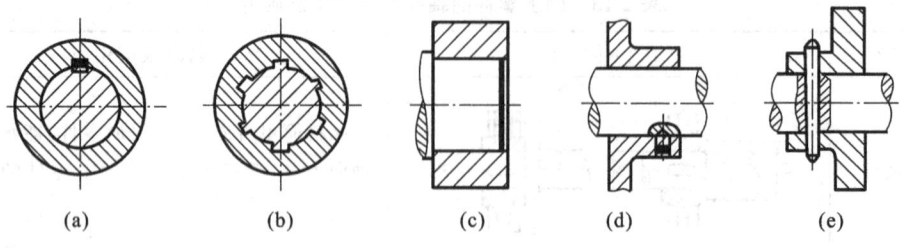

图 2-87 轴上零件的周向固定方法

知识三 轴承

1. 滚动轴承

滚动轴承是各类机器中广泛应用的重要部件,它是依靠主要元件间的滚动接触来支撑转动零件的,具有摩擦阻力小、易启动、对转速及工作温度的适用范围宽、轴向尺寸小、润滑及维修保养方便、有较好的互换性等优点。滚动轴承是一种标准件。

1)滚动轴承的构造

滚动轴承由内圈、外圈、滚动体和保持架组成(见图 2-88)。内圈装在轴颈上,与轴一起转动。外圈装在机座的轴承孔内,一般不转动。内外圈上设置有滚道,当内外圈之间相对旋转时,滚动体沿着滚道滚动。保持架使滚动体均匀分布在滚道上,防止滚动体之间的碰撞和磨损。

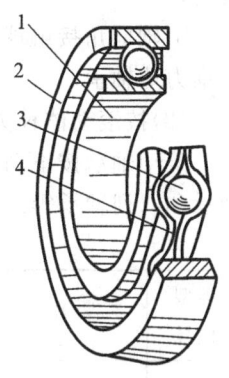

图 2-88 滚动轴承
1—内圈;2—外圈;
3—滚动体;4—保持架

常见的滚动体有球形滚子、圆柱滚子、圆锥滚子、鼓形滚子、滚针(见图 2-89)。

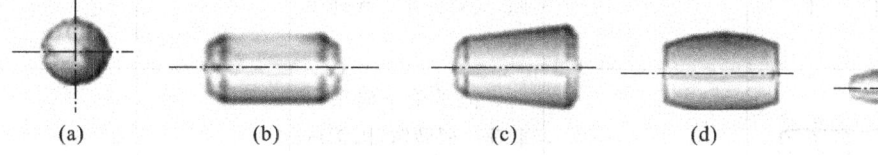

图 2-89 滚动体类型
(a)球形滚子;(b)圆柱滚子;(c)圆锥滚子;(d)鼓形滚子;(e)滚针

2)滚动轴承的类型

(1)按所能承受载荷的方向或公称接触角 α 分类。

①向心轴承(见图 2-90(a))。

主要承受径向载荷。轴承滚动体与外圈滚道接触点的法线与半径方向的夹角 α,称为公称接触角(见图 2-90(b)),接触角越大,轴向的承载能力越大。能够同时承受径向、轴向载荷的轴承称为向心角接触轴承。

径向角接触轴承:公称接触角 $\alpha=0°$,主要承受径向载荷,可承受较小的轴向载荷。向心角接触轴承:公称接触角 $\alpha=0°\sim 45°$,同时承受径向载荷和轴向载荷。

②推力球轴承(见图 2-91)。

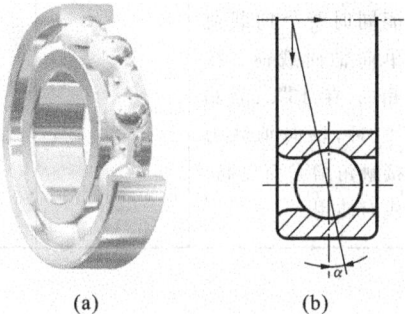

图 2-90 向心轴承
(a)向心轴承;(b)向心角接触轴承

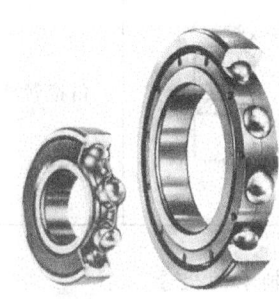

图 2-91 推力球轴承

根据其承受轴向载荷的情况,又分为以下几种。

a.推力角接触球轴承:公称接触角 $\alpha = 45° \sim 90°$,主要承受轴向载荷,可承受较小的径向载荷。

b.轴向角接触球轴承:公称接触角 $\alpha = 90°$,只能承受轴向载荷,如转向节与工字梁装配处的推力球轴承。

(2)按滚动体种类及其他分类。

滚动轴承按滚动体种类及其他,可分为球轴承和滚子轴承;调心轴承和非调心轴承;单列轴承和双列轴承等。汽车上常用滚动轴承的部分类型、代号及特性如表 2-14 所示。

表 2-14 汽车上常用部分滚动轴承的类型、主要性能和特点

类型代号	简图	轴承名称	轴承性能特点	基本额定动载荷比	极限转速比
3		圆锥滚子轴承	能同时承受径向和单向轴向载荷,承载能力大。内、外圈可分离,安装时可调整游隙,成对使用。允许角偏斜小	1.5~2.5	中
5		推力球轴承	只能承受单向轴向载荷。回转时,因钢球离心力与保持架摩擦发热,故极限转速较低。套圈可分离	1	低
6		深沟球轴承	结构简单。主要承受径向载荷,也可承受一定的双向轴向载荷。高速轻载装置中可用于代替推力轴承。极限转速高,价廉,应用最广	1	高
7		角接触球轴承	能同时受径向载荷和单向轴向载荷。接触角 α 有 15°、25° 和 40° 三种,轴向承载力随接触角增大而提高。需成对使用	1~1.4	高

3)滚动轴承的代号

滚动轴承的类型很多,每种类型又有不同的结构、尺寸、精度和技术要求。为了便于组织

生产、设计和选用,GB/T 272—1993 规定了滚动轴承代号的结构及表示方法。滚动轴承代号由前置代号、基本代号和后置代号构成,其代表内容和排列顺序如表 2-15 所示。

表 2-15 滚动轴承的代号

前置代号	基本代号				后置代号
字母	类型代号	宽度代号	尺寸系列代号	内径代号	字母符号,数字
	数字或字母	1 位数字	1 位数字	2 位数字	

(1)基本代号。

基本代号表示轴承的基本类型、结构尺寸,是轴承代号的基础。除滚针轴承外,基本代号由轴承类型代号、尺寸系列代号和内径代号构成。

①类型代号由基本代号右起第 5 位数字或字母表示。

②尺寸系列代号由轴承的直径系列代号(基本代号右起第 3 位数字)和宽(高)度系列代号(右起第 4 位数字)组合而成,如表 2-16 所示。

表 2-16 轴承宽(高)度系列和直径系列代号

直径系列代号	向心轴承								推力轴承			
	宽度系列代号								高度系列代号			
	8	0	1	2	3	4	5	6	7	9	1	2
	尺寸系列代号											
7	—	—	17	—	37	—	—	—	—	—	—	—
8	—	08	18	28	38	48	58	68	—	—	—	—
9	—	09	19	29	39	49	59	69	—	—	—	—
0	—	00	10	20	30	40	50	60	70	90	10	—
1	—	01	11	21	31	41	51	61	71	91	11	—
2	82	02	12	22	32	42	52	62	72	92	12	22
3	83	03	13	23	33	—	—	—	73	93	13	23
4	—	—	04	—	24	—	—	—	74	94	14	24
5	—	—	—	—	—	—	—	—	—	95	—	—

③内径代号用 2 位数字来表示,如表 2-17 所示。

表 2-17 滚动轴承的内径代号

内径代号	00	01	02	03	04～96	/22,/28,/32
轴承内径/mm	10	12	15	17	代号数×5	22,28,32

(2)前置代号。

前置代号用字母表示,是用于说明成套轴承的分部件特点的补充代号。例如,K 表示滚子和保持架组件,L 表示可分离轴承的内圈或外圈。一般轴承无前置代号,需要时可查阅 GB/T 272—1993。

(3)后置代号。

后置代号用字母或字母加数字的组合表示轴承的结构、公差以及材料特殊要求,后置代号的内容较多,下面介绍常用的几种代号。

①内部结构代号。

内部结构代号表示同一类轴承的不同内部结构,用字母在后置代号左起第 1 位表示。例如,角接触球轴承的公称接触角 α 有 15°、25°和 40°,分别用 C、CA 和 B 表示;同一类型轴承的加强型用 E 表示。

②公差等级代号。

轴承的公差等级分为 2 级、4 级、5 级、6 级、6x 级和 0 级,共 6 个级别,其代号分别为/P2、/P4、/P5、/P6、/P6x、/P0,其精度等级依次降低,0 级为普通级,在轴承代号中不标注。

③游隙代号。

常用轴承径向游隙系列分为 1 组、2 组、0 组、3 组、4 组、5 组,共 6 个组别,径向游隙依次增大;其中 0 组为基本游隙组,在轴承代号中不标注,其余组别的代号分别为/C1、/C2、/C3、/C4、/C5。

后置代号中的其他内容可参见 GB/T 272—1993。

问题:试说明代号为 6203、30310/P6x 的滚动轴承的含义。

代号为 6203、30310/P6x 的滚动轴承的含义如下。

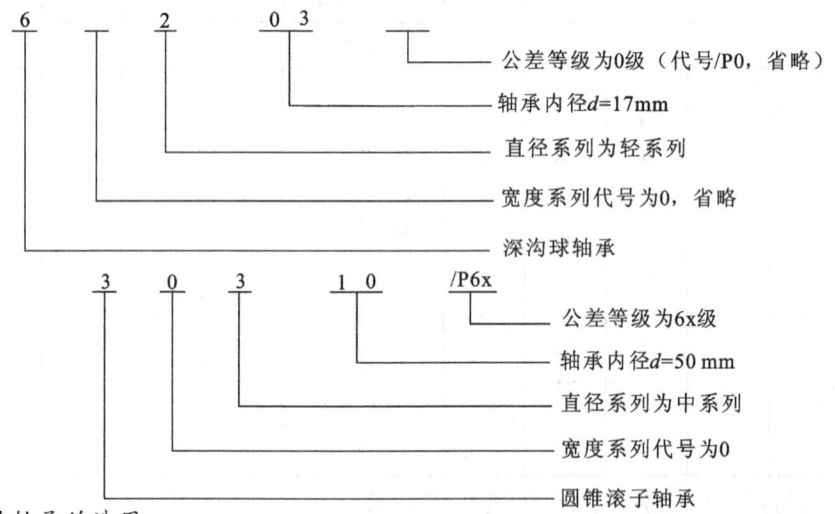

4)滚动轴承的选用

选用轴承类型时,应对各类轴承的特点有充分的了解,在此基础上可按以下原则进行选用。

(1)轴承所受的载荷。

轴承所受载荷的大小、方向和性质是选择轴承类型的主要依据。轻载和中等载荷时,应选用球轴承;重载或有冲击载荷时,应选用滚子轴承。纯径向载荷时,可选用深沟球轴承、圆柱滚子轴承或滚针轴承;纯轴向载荷时,可选用推力球轴承;既有径向载荷又有轴向载荷时,若轴向载荷不太大,则可选用深沟球轴承或接触角较小的角接触球轴承、圆锥滚子轴承,若轴向载荷较大,则可选用接触角较大的两组轴承;若轴向载荷很大而径向载荷较小,则可选用推力角接触轴承,也可以采用向心轴承和推力球轴承组合在一起的支撑结构。

(2)轴承的转速。

高速时应优先选用球轴承。内径相同时,外径越小,离心力也越小,故在高速时,宜选用超轻、特轻系列的球轴承。推力轴承的极限转速都很低,若高速运转或轴向载荷不太大,则可采用角接触球轴承或深沟球轴承来承受纯轴向力。

(3)轴承调心性能。

当制造和安装误差等因素致使轴的中心线与轴承中心线不重合,或轴受力弯曲造成轴承内外圈轴线发生偏斜时,宜选用调心球轴承或调心滚子轴承。

(4)轴承尺寸。

当径向尺寸受到限制时,可选用滚针轴承或特轻、超轻直径系列的轴承。轴向尺寸受限制时,可选用宽度尺寸较小的,如窄或特窄宽度系列的轴承。

(5)轴承刚度。

滚子轴承的刚度较高,而球轴承的刚度较低。

(6)经济性。

选择滚动轴承的类型时,在满足使用要求的条件下,还必须考虑其经济性,为了降低成本,应尽量选用球轴承和普通级的轴承。对于大多数机械而言,0级公差的轴承就可以满足要求,但对旋转精度有严格要求的机床主轴、精密机械、仪表以及高速旋转的轴,应选用高精度的轴承。

2.滑动轴承

1)滑动轴承的类型

(1)按其承受载荷的方向分类。

①径向滑动轴承,它主要承受径向载荷,如图 2-92 所示。

②止推滑动轴承,它只承受轴向载荷,如图 2-93 所示。

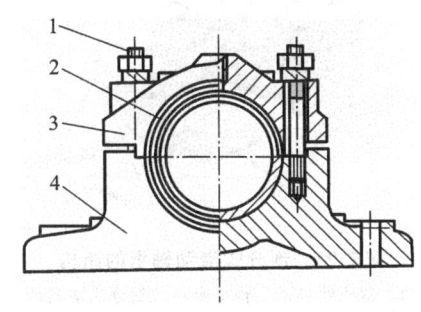

图 2-92　径向滑动轴承

1—双头螺柱;2—对开轴瓦;
3—轴承盖;4—轴承座

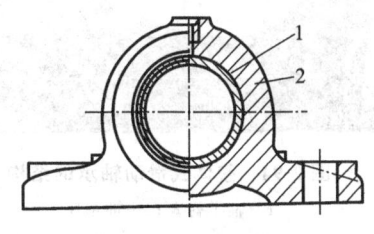

图 2-93　止推滑动轴承

1—轴瓦;2—轴承座

(2)按摩擦(润滑)状态分类。

滑动轴承按摩擦(润滑)状态,可分为液体摩擦(润滑)轴承和非液体摩擦(润滑)轴承等两类。

①液体摩擦轴承(完全液体润滑轴承)。

液体摩擦轴承的原理是在轴颈与轴瓦的摩擦面间填有充足的润滑油,润滑油的厚度较厚,将轴颈和轴瓦表面完全隔开，因而摩擦因数很小，一般摩擦因数 $\lambda=0.001\sim0.008$。由于始终能保持稳定的液体润滑状态，这种轴承适用于高速、高精度和重载等场合。

②非液体摩擦轴承（不完全液体润滑轴承）。

非液体摩擦轴承依靠吸附于轴和轴承孔表面的极薄油膜润滑，但不能完全将两摩擦表面隔开，有一部分表面直接接触，因而摩擦因数较大，$\lambda=0.05\sim0.5$。如果润滑油完全流失，则会出现干摩擦，加剧磨损，甚至发生胶合破坏。

2）滑动轴承的结构和材料

（1）径向滑动轴承。

①整体式滑动轴承。

整体式滑动轴承的结构如图 2-94 所示，由轴承座和轴承衬套组成，轴承座上部有油孔，整体的轴承衬套内有油沟，分别用于加油和引油，进行润滑。这种轴承结构简单，价格低廉，但轴的装拆不方便，磨损后轴承的径向间隙无法调整，适用于轻载低速或间歇工作的场合，如连杆小头衬套、凸轮轴轴颈衬套、钢板弹簧衬套等。

②剖分式滑动轴承。

剖分式滑动轴承的结构如图 2-95 所示，由轴承座、轴承盖、剖分式轴瓦、双头螺柱和垫片组成。为了定位对中，轴承座和轴承盖接合面做成阶梯形，此处放有垫片，以便磨损后能调整轴承的径向间隙，其装拆方便，应用广泛，如连杆轴颈和主轴轴颈轴承。

③自动调心轴承。

其结构如图 2-96 所示，其轴瓦的外表面做成球面形状，与轴承支座孔的球状内表面相接触，能自动适应轴弯曲产生的偏斜，可以减小局部磨损，适用于轴承支座间跨距较大或轴颈较长的场合。

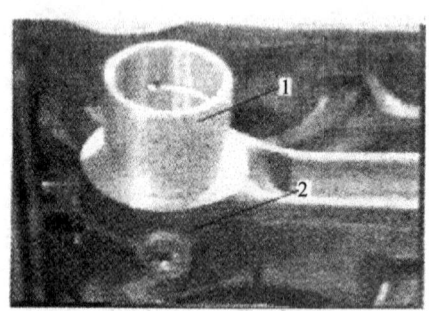

图 2-94　整体式滑动轴承的结构
1—轴承衬套；2—轴承座

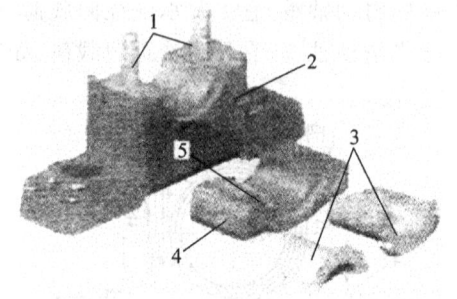

图 2-95　剖分式滑动轴承的结构
1—双头螺栓；2—轴承座；3—剖分式轴瓦；
4—轴承盖；5—垫片

（2）止推滑动轴承。

止推滑动轴承（见图 2-97）可分为以下三种形式。

①实心止推滑动轴承。轴颈端面的中部压强比边缘的大，润滑油不易进入，润滑条件差（见图 2-97(a)）。

②空心止推滑动轴承。轴颈端面的中空部分能存油，压强也比较均匀，承载能力不大（见图 2-97(b)）。

③环状或多环止推滑动轴承。压强较均匀，能承受较大载荷，但各环承载不等，环数不能

太多(见图 2-97(c)和(d))。

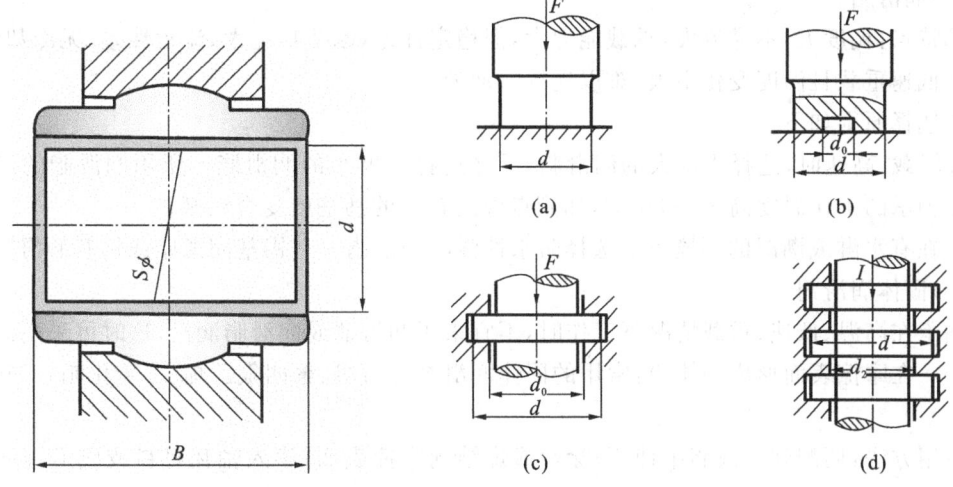

图 2-96 自动调心轴承

图 2-97 止推滑动轴承
(a) 实心断面止推轴承；(b) 空心断面止推轴承；
(c) 环状轴承；(d) 多环轴承

(3) 轴瓦结构。

轴瓦按结构，可分为整体式(见图 2-98)和对开式(见图 2-99)等两种结构。对开式轴瓦有承载区和非承载区，一般载荷向下，故上瓦为非承载区，下瓦为承载区。润滑油应由非承载区进入，故上瓦顶部开有进油孔。在轴瓦内表面，以进油口为对称中心，沿轴向、周向或斜向开有油沟，油经油沟分布到轴颈。油沟离轴瓦两端面应有段距离不开通，以减少端部泄油。为了使轴承衬与轴瓦结合牢固，可在轴瓦内表面开设一些沟槽。

图 2-98 整体式轴瓦

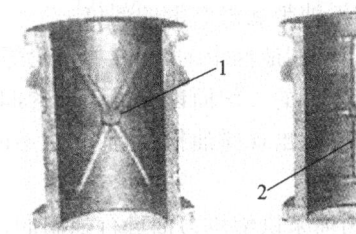

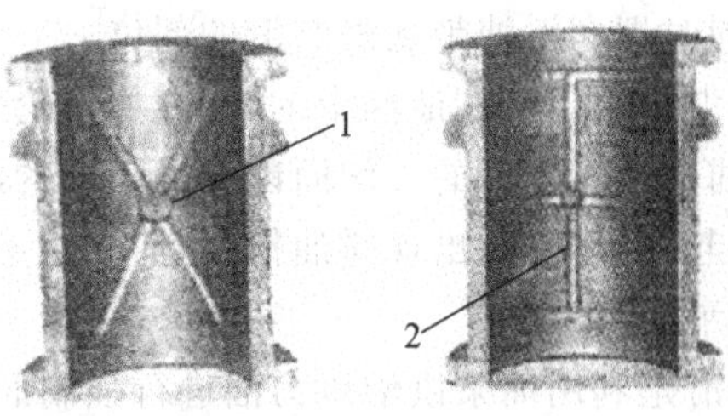

图 2-99 对开式轴瓦
1—进油口；2—油槽

3) 滑动轴承的润滑

滑动轴承工作时需要有良好的润滑，这对减小摩擦、提高效率、减小磨损、延长寿命、冷却和散热以及保证轴承正常工作十分重要。

(1) 润滑油。

对于流体动力润滑轴承，可选用润滑油润滑，黏度是选择润滑油最重要的参考指标，选择黏度时，应考虑如下基本原则。

①在压力大、温度高、载荷冲击变动大时应选用黏度大的润滑油。

②滑动速度高时，容易形成油膜(转速高时)，为减小摩擦应选用黏度较低的润滑油。

③工作面加工较粗糙或未经跑合的表面,应选用黏度较高的润滑油。

(2)润滑脂。

①特点:稠度大,不易流失,承载能力大,但稳定性差,摩擦功耗大,流动性差,无冷却效果,适用于低速重载且温度变化不大,难以连续供油处。

②选择原则如下。

a. 轻载、高速时,选择入度大的润滑脂,反之选择入度小的润滑脂。所用润滑脂的滴点温度应比轴承的工作温度高20～30 ℃,如滴点温度较高的钙基或复合钙基。

b. 在有水淋或潮湿的环境下应选择防水性强的润滑脂——铝基润滑脂或钙基润滑脂。

(3)固体润滑剂。

轴承在高温、低速、重载情况下工作时,不宜采用润滑油或润滑脂润滑,这时可采用固体润滑剂——在摩擦表面形成固体膜,常用的固体润滑剂有石墨、聚四氟乙烯、二硫化钼、二硫化钨等。

使用方法:调配到油或脂中使用;涂敷或烧结到摩擦表面;渗入轴瓦材料或成形镶嵌在轴承中使用。

(4)润滑方式。

常用的润滑方式有间歇润滑和连续润滑等两类。

①间歇润滑是隔一定的时间向润滑点供给润滑剂的润滑方案,其润滑不很可靠,一般用于低速、轻载和不重要的场合。间歇润滑主要用于润滑脂的润滑。

②连续润滑是连续不断地向润滑点供给润滑剂的润滑方案,其润滑可靠,对于较重要的轴承,必须采用连续润滑方式。连续供油方法及装置主要有滴油润滑、油环润滑、飞溅润滑和压力润滑等。

滴油润滑使用的是一种针阀式油杯,使油滴入需要润滑的部位。

油环润滑是在轴颈上套有一油环,油环下部浸入油池中,当轴颈旋转时,靠摩擦力的作用带动油环,同时把润滑油带到需润滑的部位。

飞溅润滑是利用浸在油池中的零件(如齿轮等零件)回转时将润滑油溅到箱体的内壁或轴承上,再经油沟导入轴承的工作面以润滑轴承的润滑方案。飞溅润滑装置简单、工作可靠,但搅油容易引起油温升高,出现搅油损失,油量也不能调节,一般用于减速器及内燃机中的活塞销与连杆轴承的润滑。

压力润滑是利用油泵供给压力油进行强制润滑的润滑方案。在这种供油方式下,供油量充足,润滑可靠,并有冷却和冲洗轴承的作用,在重载、震动或交变载荷等工作条件下能取得良好的润滑效果。内燃机曲轴连杆的润滑采用的即为压力润滑。

4)滑动轴承的特点

(1)滑动轴承的优点。

①承载能力高。

②工作平稳可靠、噪声低。

③径向尺寸小,精度高。

④流体润滑时,摩擦、磨损较小。

⑤油膜有一定的吸震能力。

(2)滑动轴承的缺点。

(1)非流体摩擦滑动轴承,摩擦较大,磨损严重。
(2)流体摩擦滑动轴承在启动、行车及载荷、转速比较大的情况下难以实现流体摩擦。
(3)流体摩擦的滑动轴承设计、制造、维护费用较高。

知识四　联轴器、离合器与制动器

联轴器和离合器通常用来连接两轴并在其间传递运动和转矩。有时也可以作为一种安全装置用来防止被连接件承受过大的载荷,起到过载保护的作用。有的联轴器还可以改变所连接的两轴的相对位置,用联轴器连接轴时只有在机器停止运转,经过拆卸后才能使两轴分离。而离合器连接的两轴可在机器工作中方便地实现分离与接合。

联轴器所连接的两轴,由于制造及安装误差、承载后的变形以及温度变化的影响,往往存在着某种程度的相对位移与偏斜。因此,设计联轴器时要从结构上采取各种不同的措施,使联轴器具有补偿各种偏移量的性能。联轴器、离合器都是常用构件,大多已经标准化了。

1.联轴器

联轴器一般由两个半联轴器及连接件组成。半联轴器与主动轴、从动轴常采用键、花键等进行连接。联轴器连接的两轴一般属于两个不同的机器或部件,制造、安装的误差,运转时零件的受载变形,以及其他外部环境或机器自身的多种因素,都可使被连接的两轴相对位置发生变化,出现如图 2-100 所示的相对位移和偏差。由此可见,联轴器除了能传递所需的转矩外,还应具有补偿两轴线的相对位移或偏差,减振与缓冲以及保护机器等性能。

1)刚性联轴器

(1)凸缘联轴器。

凸缘联轴器所连接的两轴同轴度的保证方法有两种:一种是靠预紧普通螺栓在凸缘接触表面产生的摩擦力传递力矩,如图 2-101(a)所示;另一种是用铰制孔及螺栓对中,靠螺杆承受挤压与剪切传递力矩,如图 2-101(b)所示。

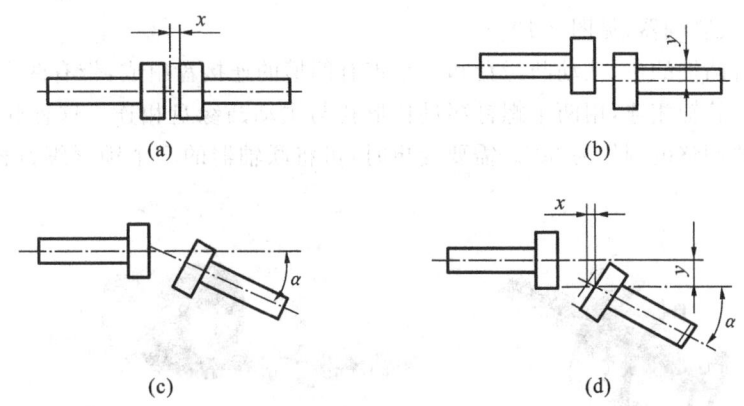

图 2-100　相对位移和偏差
(a)轴向位移 x;(b)径向位移 y;(c)偏角位移 α;(d)综合位移 x、y、α

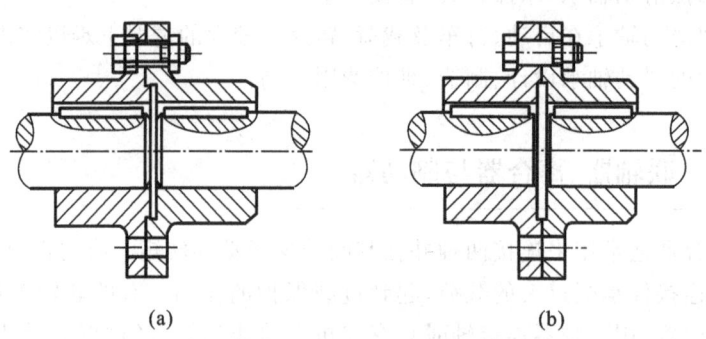

图 2-101　凸缘联轴器
(a) 用凸肩和凹槽对中；(b) 用铰制孔及螺栓对中

凸缘联轴器结构简单，维护方便，能传递较大的转矩，但对两轴之间的相对位移不能补偿，因此对两轴的对中性要求较高。

(2) 夹壳式联轴器。

夹壳式联轴器由两个半圆筒形的夹壳及连接它们的螺栓所组成，如图 2-102 所示，靠夹壳与轴之间的摩擦力或键来传递转矩，主要用于低速、工作平稳的场合。

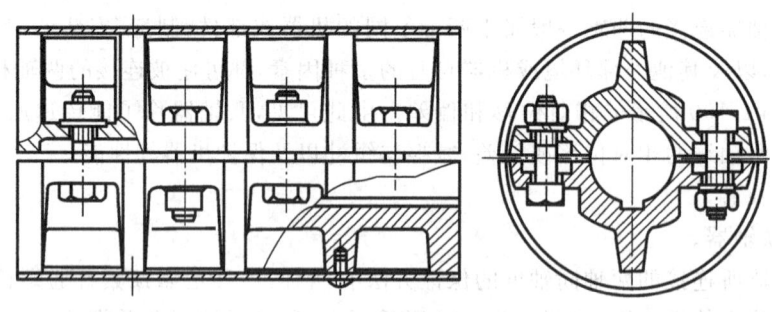

图 2-102　夹壳式联轴器

2) 挠性联轴器

(1) 十字滑块联轴器（见图 2-103）。

它是由带有凸榫的主、从动凸缘盘和一个带有凹槽的连接盘组成，带有两个长形孔的主动盘用键与驱动齿轮轴相连，用两个螺钉穿过长形孔与主动凸缘盘相连。这种联轴器对发动机的供油提前角的调整范围约为 30°。需要变更时，可将联轴器的 2 个锁紧螺钉松开，转动凸缘盘即可。

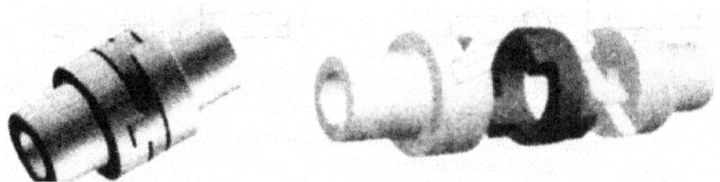

图 2-103　十字滑块联轴器

(2) 弹性套柱销式联轴器（见图 2-104）。

这种联轴器可补偿两端轴线的 x、y 和综合误差的影响。在结构上与凸缘联轴器相似，只是用套有橡胶弹性套的柱销代替了连接螺栓。弹性套柱销联轴器制造容易，装拆方便，成本较低，但弹性套易磨损，寿命较短。它适用于载荷平稳、正反转和启动频繁、转速高的中小功率的两轴连接。

图 2-104　弹性套柱销式联轴器

(3)弹性柱销联轴器(见图 2-105)。

弹性柱销将两个半联轴器连接起来。为防止柱销脱落，两侧装有挡板。这种联轴器与弹性套柱销式联轴器相比，结构简单，制造、安装方便，寿命长，使用于轴向窜动较大，正反转和启动频繁，转速高的场合，如汽车手动变速器。由于尼龙柱销对温度较敏感，故工作温度限制在 $-20 \sim 70$ ℃ 的范围内。

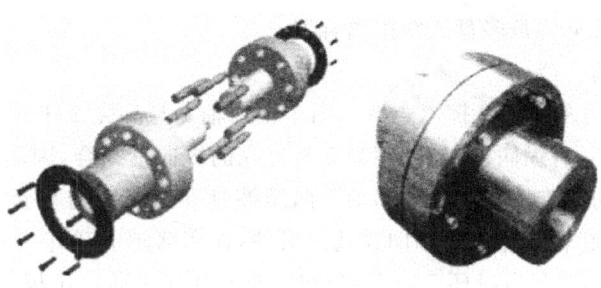

图 2-105　弹性柱销联轴器

2.离合器

1)离合器的功用、组成和分类

离合器是机器在运转过程中主、从动部分在同一条直线上传递动力或运动时，具有接合或分离功能的装置。

它可以实现汽车的启动、停车、变速的平顺换挡；传动系的过载保护；防止从动件的逆转；控制传递转矩的大小以及满足结合时间等要求。

离合器一般由主动部分、从动部分、接合部分、操纵部分等组成。主动部分与主动轴固定连接，主动部分还常用于安装接合元件(或一部分)。从动部分有的与从动轴固定连接，有的可以相对于从动轴做轴向移动并与操纵部分相连，从动部分安装有接合元件(或一部分)。操纵部分控制接合元件的接合与分离，以实现两轴间转动和转矩的传递或中断。

按控制方法，离合器可分为操纵式离合器和自控离合器等两大类。操纵式离合器分为摩擦离合器、电磁离合器、液压离合器等；自控离合器分为超越离合器、离心离合器、安全离合器等。

2)牙嵌式离合器

牙嵌式离合器(见图 2-106)主要由两个半离合器组成。一个半离合器(主动部分)用平键与主动轴连接,另一个半离合器(从动部分)用导向平键或花键与从动轴连接,并可用拨叉操纵使其轴向移动以实现离合器的接合与分离。啮合与传递转矩是靠两相互啮合的牙齿来实现的。牙齿可布置在周向,也可布置在轴向。结合时有较大的冲击,影响齿轮寿命。

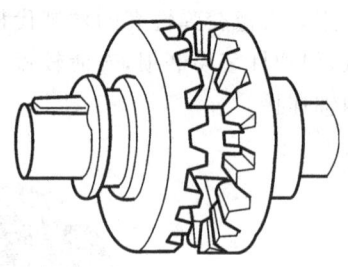

图 2-106　牙嵌式离合器

牙嵌式离合器牙齿常用的牙形有矩形、梯形和锯齿形等。

牙嵌式离合器的特点是结构简单、尺寸紧凑、工作可靠、承载能力大、传动准确,但在运转接合时有冲击,容易打坏牙齿,所以一般离合操作只在低速或静止状况下进行。

3) 摩擦式离合器

摩擦式离合器是靠接合元件间产生的摩擦力来传递运动和转矩的。接合元件所受的正压力 F 调整确定后,接合元件之间的最大摩擦力随之确定,离合器承载的转矩 M 也随之确定。离合器正常工作时所传递的转矩应小于或等于 M。在过载时,接合元件间会产生打滑,保护传动系统中的零件不致损坏。打滑时,接合元件磨损严重,摩擦消耗的功转变为热量使离合器温度升高,较高的温升和较大的磨损将影响到离合器的正常工作。

摩擦式离合器接合元件的结构形式有圆盘式、圆锥式、块式、钢球式、闸块式等。摩擦式离合器的类型很多,最常见的是多盘式摩擦离合器。

(1) 多盘式摩擦离合器。

图 2-107 所示的为多盘式摩擦离合器。图中主动轴 1 与外壳 2 相连接,从动轴 3 与套筒 4 相连接。外壳的内缘开有纵向槽,外摩擦盘 5 与外壳的纵向槽结合,因此外摩擦盘可与主动轴一起转动,并可在轴向力推动下沿轴向移动。内摩擦盘 6 以其凹槽与套筒 4 进行配合。内摩擦盘可与从动轴 3 一起转动并可沿轴向移动。另外,在套筒 4 上开有三个纵向槽,其中安置可绕销轴转动的曲臂杠杆 8。当滑环 7 向左移动时,曲臂杠杆 8 通过压板 9 使两组摩擦盘压紧,离合器即处于接合状态。若滑环 7 向右移动时,摩擦盘被松开,离合器即分离。多盘式摩擦离合器传递转矩的大小,随接合面数量的增加而增大,但接合面数量太多,会影响离合器的灵活性,所以一般接合面数量不大于 30。

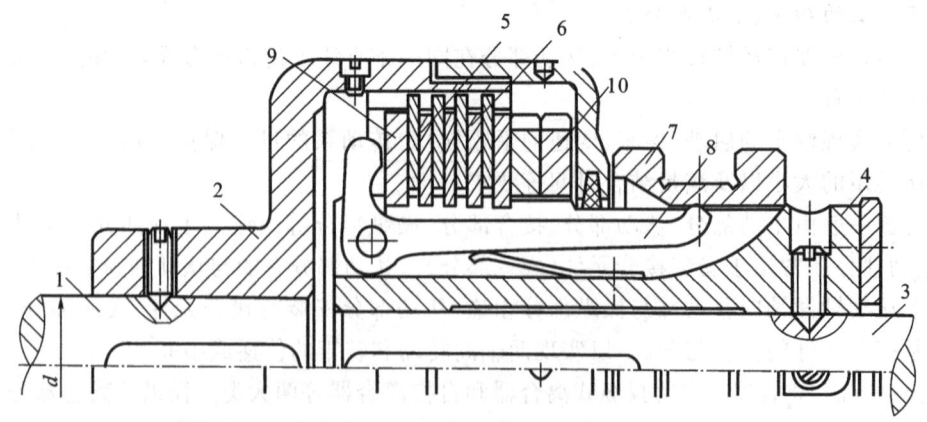

图 2-107　多盘式摩擦离合器

1—主动轴;2—外壳;3—从动轴;4—套筒;5—外摩擦盘;6—内摩擦盘;
7—滑环;8—曲臂杠杆;9—压板;10—调节螺母

多盘式摩擦离合器的优点是,两轴能在任何转速下接合;接合与分离过程平稳;过载时会发生打滑;适用载荷范围大。其缺点是,结构复杂,成本较高,产生滑动时两轴不能同步转动。

(2)普通湿式多片离合器。

图 2-108 所示的为自动变速器中使用的普通湿式多片离合器的分解图和装配图,它由离合器壳、外摩擦片、内摩擦片、活塞、回位弹簧、调整垫片及密封圈组成。在离合器的内表面有内花键与外摩擦片的外花键嵌合;在离合器毂(图中未画出)的外表面有外花键与内摩擦片嵌合。当离合器接合时,离合器的外摩擦片和内摩擦片将离合器壳与离合器毂连为一体。离合器活塞安装在离合器壳体内,两者之间形成一环状油腔,该油腔由活塞内、外圆形的密封圈来保证密封。

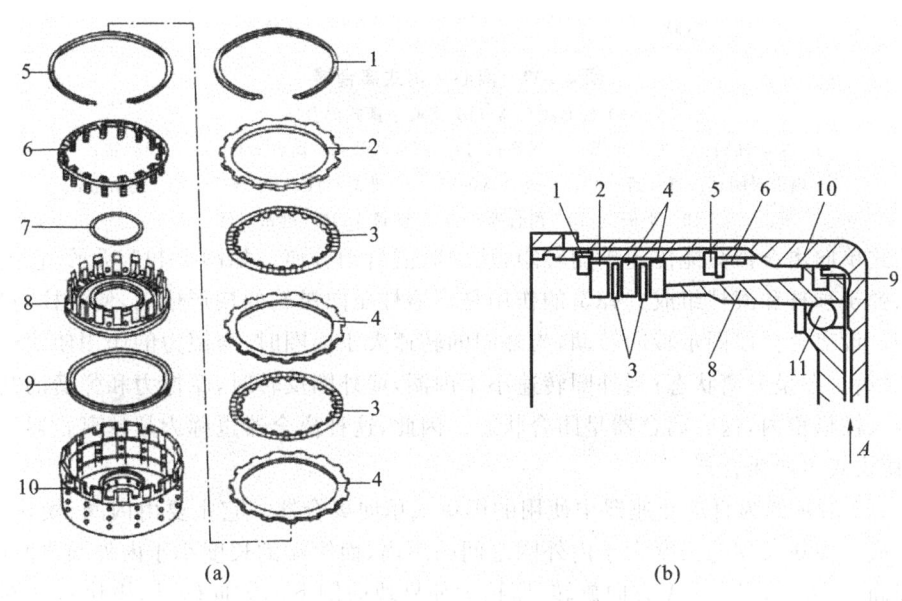

图 2-108　湿式多片离合器分解图及装配图
(a)分解图;(b)装配图
1,5—卡环;2—压板;3—内摩擦片;4—外摩擦片;6—回位弹簧及支架;7—活塞内密封圈;
8—活塞;9—活塞外密封圈;10—离合器壳;11—单向球阀

(3)离心平衡式离合器。

图 2-109 所示的为自动变速器中使用的离心平衡式离合器。它消除了离心力产生的油液压力,改善了离合器的控制能力,取消了传统的单向球阀。它在普通离合器室的对面设有离心平衡室,其内一直充有来自涡轮轴的润滑油管送来的变速器油。离合器旋转时,在离合器液压腔内油液离心力的作用下推压活塞,平衡室中的变速器油产生的离心力也推压活塞的另一侧,但两个作用力方向相反,互相抵消,活塞不动作,离合器也不会接合。当离合器工作时,离合器油腔内的压力大大超过平衡室内变速器油在离心力作用下产生的压力和弹簧压力,液压力推动活塞,离合器接合。活塞两边油液产生的离心力相互抵消,使活塞在整个转动过程中能得到稳定的推力。离合器分离时,离合器油腔内油液产生的离心力和平衡室内油液离心力互相抵消,活塞在回位弹簧作用下回位,使离合器迅速完全脱开。

4)超越离合器

(1)滚柱式单向离合器。

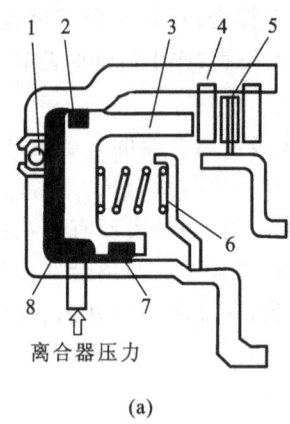 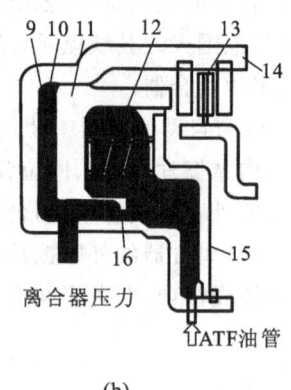

图 2-109 离心平衡式离合器

(a) 普通离合器；(b) 离心平衡式离合器

1—单向球阀；2—外密封圈；3—活塞；4、14—离合器鼓；5—离合器片；6—回位弹簧；
7—内密封圈；8—离合器油腔；9—离合器油腔；10—外密封件；11—连接密封件的活塞；
12—平衡室；13—离合器片；15—密封片；16—内密封件

滚柱式单向离合器只能传递单向转矩，反向时能自动分离。如图 2-110 所示，它主要由星轮、外圈、弹簧顶杆和滚柱组成。弹簧的作用是将滚柱压向星轮的楔形槽内，使滚柱与星轮、外圈相接触。设离合器以图示转向转动，当外圈的转速大于内圈时，摩擦力的作用使滚柱滑出楔形槽，这时离合器呈分离状态；当外圈转速小于内圈，或外圈反转时，摩擦力和弹簧的共同作用使滚柱滑入楔形槽内，这时离合器呈闭合状态。因此，这种离合器也称为超越离合器。

(2) 楔块式单向离合器。

图 2-111 所示的为自动变速器中使用的楔块式单向离合器。它主要由内圈、楔块、保持架和外圈组成。楔块长端的长度大于内外圈之间的距离，而短端的长度小于内外圈之间的距离。如果内圈固定，外圈沿图中 A 方向旋转，摩擦力使楔块向倒下的方向转动，楔块对外圈没有阻力，外圈可以转动，单向离合器的这种状态为超越状态；如果外圈沿图中 B 方向旋转，摩擦力使楔块向立起的方向转动，使内、外圈卡死连成一体，外圈不能转动，单向离合器处于锁止状态。

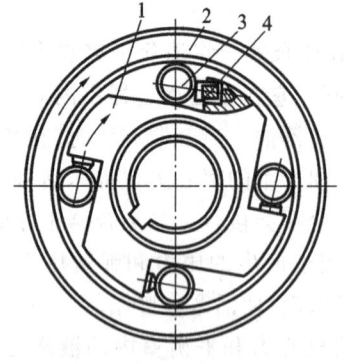 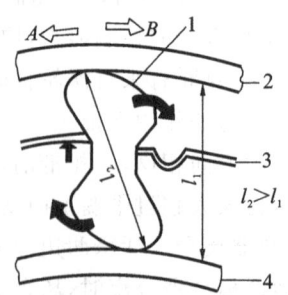

图 2-110 滚柱式单向离合器

1—星轮；2—外圈；3—滚柱；4—弹簧顶杆

图 2-111 楔块式单向离合器

1—楔块；2—外圈；3—保持架；4—内圈

3.制动器

在保证安全行驶的前提下,应尽可能地提高行驶速度,以提高运输生产率,同时还应视需要可减速和停车。因此,为了保证行车安全,汽车上必须设有用来强制汽车减速和停车的制动系统。那么汽车使用了哪些制动器呢?

汽车制动系统中的制动器用于使汽车减速直至停车,或者是防止停放在坡道上的汽车滑溜。汽车自动变速器中的制动器的作用是固定行星齿轮机构中的某基本元件,制动器工作时将被制动元件与自动变速器壳体连接在一起,使其固定不能转动。

自动变速器中使用的制动器可分为湿式多片制动器和带式制动器等两种,汽车制动系中的制动器可分为鼓式制动器和盘式制动器等两种。

1)湿式多片制动器

湿式多片制动器由变速器壳、压板、外摩擦片(带外花键齿)、内摩擦片(带内花键齿)、活塞、制动毂、碟形弹簧等组成,如图2-112所示。湿式多片制动器的结构与离合器的相似,在变速器壳内表面有花键齿,与外摩擦片的花键齿嵌合;在制动毂(图中未画出)的外表面有外花键,与内摩擦片的内花键嵌合。当制动器接合时,制动器外摩擦片和内摩擦片将制动毂与变速器壳体连为一体,使其固定不能转动。

2)带式制动器

图2-113所示的为带式制动器的工作原理示意图,带式制动器由制动毂、制动带及其伺服器等组成,制动带内敷摩擦材料,包绕在制动毂的外表面。制动毂与行星齿轮机构的某一元件连接,制动带的一端支撑在变速器壳体的支架或调整螺钉上,另一端与制动伺服装置液压缸中的活塞推杆连接。当液压油进入液压缸,液力施加于活塞时,液力克服回位弹簧(外弹簧)的阻力,推动活塞右移,活塞压缩缓冲弹簧(内弹簧),缓冲弹簧与推杆相连,使推杆右移,推动制动带的一端,制动带夹紧制动鼓,使制动鼓不能转动。伺服器内有两个弹簧,其中内弹簧起缓冲作用,可以防止换挡冲击,外弹簧是回位弹簧,在制动解除后,使活塞回位。

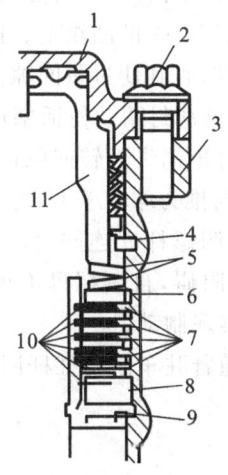

图2-112 湿式多片制动器
1—变速器壳盖;2—变速器壳盖螺栓;3—变速器壳;
4—卡环;5—碟形弹簧;6,8—压板;7—外摩擦片;
9—卡环;10—内摩擦片;11—活塞

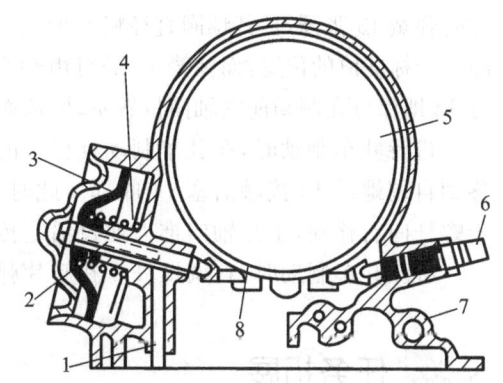

图2-113 带式制动器的工作原理示意图
1—油路;2—活塞推杆;3—活塞;4—回位弹簧;
5—制动鼓;6—制动带调整螺钉;
7—变速器壳体;8—制动带

3）盘式制动器

图 2-114 所示的为盘式制动器。自调螺杆 9 穿过制动钳 1 的孔。螺杆左端切有粗牙螺纹的部分悬装着自调螺母 12。螺母的凸缘左边部分被弹簧 13 紧箍着。膜片弹簧 8 使自调螺杆 9 右端面与驻车制动杠杆 7 的凸轮斜面始终贴合。弹簧 13 的一端固定在活塞 14 上，另一端则自由地抵靠螺母。推力球轴承 11 固定在螺母凸缘的右侧，并与被固定在活塞 14 上的挡片 10 贴合密封。

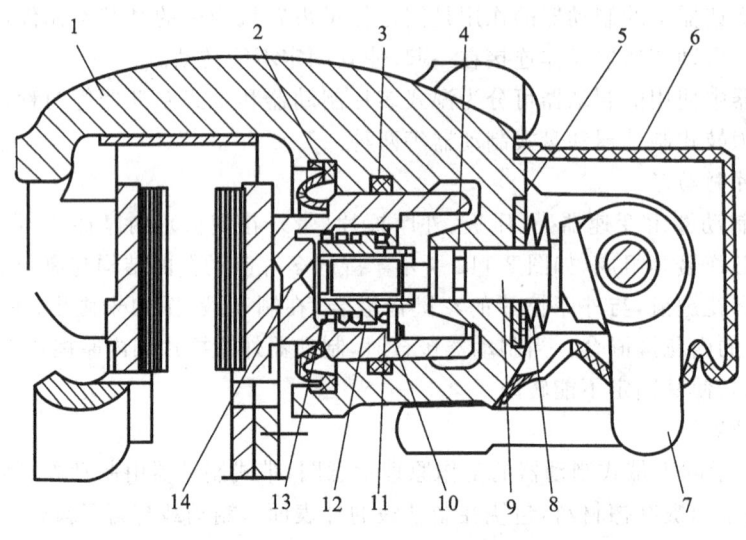

图 2-114 盘式制动器

1—制动钳；2—活塞护罩；3—活塞密封圈；4—自调螺杆密封圈；5—膜片弹簧支撑垫圈；
6—驻车制动杠杆护罩；7—驻车制动杠杆；8—膜片弹簧；9—自调螺杆；10—挡片；
11—推力球轴承；12—自调螺母；13—弹簧；14—活塞

在制动间隙大于标准值的情况下进行行车制动时，活塞 14 在液压作用下左移。自调螺杆 9 受凸轮斜面和膜片弹簧 8 的限制，不能转动，也不能轴向移动，在挡片 10 与推力球轴承 11 的间隙消失后，活塞所受液压推力便通过推力球轴承作用在自调螺母 12 的凸缘上。这一轴向推力便迫使自调螺母 12 转动，并且随活塞 14 相对于自调螺杆 9 左移，直到使过量间隙消失为止。由于此时弹簧 13 张开，且其螺圈直径略有增大。撤除液压后，活塞密封圈 3 使活塞退回到制动器间隙等于标准值的位置，而弹簧 13 的自由端则由于所受摩擦力矩消失而转回原位。这样，自调螺母 12 即保持在制动前的轴向位置不动，从而保证了挡片 10 与推力球轴承 11 之间贴合。

进行驻车制动时，在驻车制动杠杆 7 的凸轮推动下，自调螺杆 9 连同自调螺母 12 一起左移到自调螺母 12 接触活塞 14 底部。此时，由于弹簧 13 的阻碍，自调螺母不可能倒转着相对于螺杆向右移动，于是轴向推力通过活塞传到制动块上而实现制动。

解除驻车制动时，自调螺杆 9 在膜片弹簧 8 的作用下随着驻车制动杠杆回位。

任务拓展

同学们，请说出图 2-115 所示减速器在汽车中有何作用？并说出有哪些轴系零件？运用这些轴系零件有何作用？

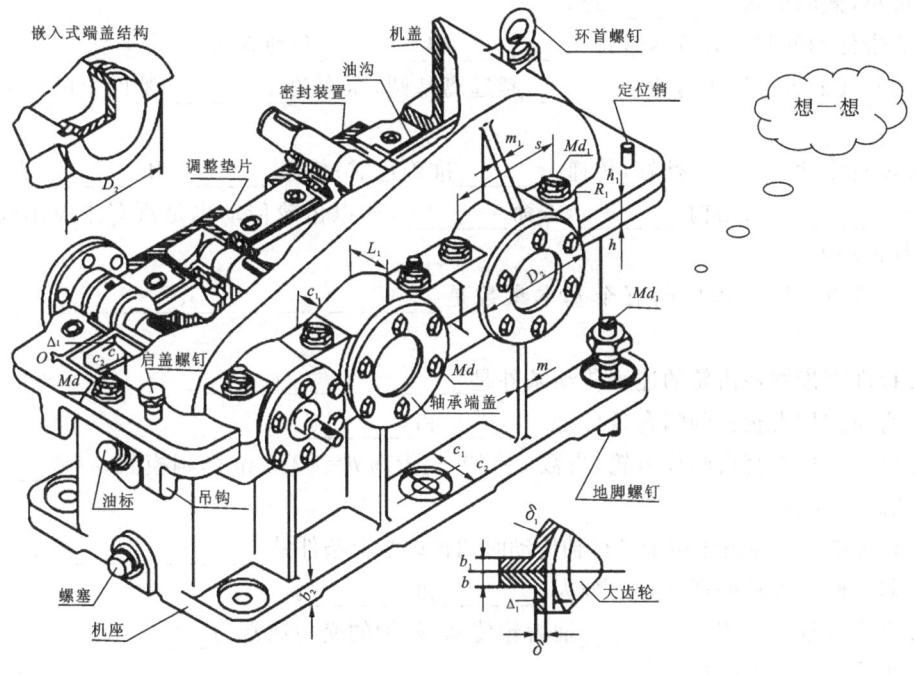

图 2-115 减速器

 项目小结

本项目我们学习了 V 带传动、齿轮传动、常用机构、轴等相关知识。该部分知识点较多、难点也较多，希望同学们认真学习，课后及时巩固。同时，将这些知识与生活紧密联系起来，这也方便知识的掌握。

 综合测试

一、填空题

1．链传动是由_____及_____组成的传递_____的装置。
2．链传动的类型很多，按其用途不同，链可以分为_____、_____、_____等三大类。
3．套筒滚子链由_____、_____、_____、_____、_____等五个部分组成。
4．链传动的传动比就是_____与_____的转速之比，也等于其齿数的_____。
5．普通 V 带为_____带，由_____、_____、_____和_____等部分组成。
6．V 带结构有_____结构、_____结构和_____结构。
7．V 带按其截面尺寸大小共分_____、_____、_____、_____、_____、_____、_____、_____等七种型号，其中_____型传递载荷最大，_____型传递载荷

最小,截面形状为_____形。
8. V带传动的张紧装置通常采用_____和_____两种方法。
9. 渐开线上各点的压力角_____,越远离基圆,压力角_____,基圆上的压力角等于_____。
10. 齿轮传动_____性好,传递_____准确可靠;传递_____和_____范围大;传动_____高;结构_____,寿命_____,所以齿轮传动也是汽车中应用较广的一种传动形式。
11. 标准直齿圆柱齿轮的五个基本参数是_____、_____、_____、_____、_____。
12. 标准直齿圆柱齿轮的连续传动条件是_____。
13. 直齿圆柱齿轮正确啮合条件是_____和_____。
14. 已知一标准直齿圆柱齿轮,齿数 $z=50$,全齿高 $h=22.5$ mm,则模数 $m=$ _____,齿顶圆直径 $d_a=$ _____。
15. 标准斜齿圆柱齿轮用于平行轴传动时的正确啮合条件是_____、_____、_____。
16. 斜齿圆柱齿轮的螺旋方向分为_____和_____。
17. 直齿圆锥齿轮用于_____轴齿轮传动,两轴的交角通常为_____。
18. 齿轮轮齿的失效形式有_____、_____、_____、_____、_____等五种。
19. 制造齿轮常用的材料有_____、_____和_____等。
20. 齿轮折断常见的形式主要是_____折断和_____折断。
21. 普通蜗杆传动的正确啮合条件是_____、_____、_____。
22. 一蜗杆传动,已知蜗杆头数 $z_1=2$,转速 $n_1=1450$ r/min,蜗轮齿数 $z_2=60$,则蜗轮转速 $n_2=$ _____。
23. 根据蜗杆形状,蜗杆传动可分为_____蜗杆传动、_____蜗杆传动和_____蜗杆传动等。
24. 蜗杆、蜗轮的螺旋方向可用_____判定。
25. 由一系列_____组成的传动系统称为轮系。
26. 在轮系中,_____的轮系,称为定轴轮系;_____的轮系,称为周转轮系。
27. 定轴轮系的传动比是指_____之比。
28. 一对齿轮外啮合传动时,主动轮与从动轮转向_____;内啮合时,两轮转向_____。
29. 轮系中加入惰轮,只会改变从动轮的_____,而不会改变传动比的_____。
30. 周转轮系分为_____轮系和_____轮系等两大类。
31. 行星轮做行星运动,既绕_____回转(自转),又绕_____回转轴线回转(公转)。
32. 单排行星齿轮机构由一个_____、一个_____、一个_____和几个行星齿轮组成。
33. 汽车手动变速器用的是_____轮系,驱动桥中的差速器用的是_____轮系。
34. 在曲柄连杆机构中,若摇杆为主动件,当摇杆处于_____位置时,_____和_____共线,_____不会转动,常称机构的这种位置为"死点"位置。
35. 组成曲柄摇杆机构的条件是:最短杆与最长杆的长度之和_____或_____其他两

杆的长度之和；最短杆的相邻构件为_____机构，则最短杆为_____。

36. 在生产实际中，常常利用急回运动这个特性来缩短_____时间，从而提高_____。

37. 活塞式内燃机广泛采用的是_____机构。

38. 铰链四杆机构可以演化为_____机构、_____机构和_____机构等。

39. 导杆机构可看成是改变曲柄滑块机构中的_____而演化来的，改变曲柄滑块机构中的_____，可以演化出_____导杆机构、_____导杆机构。

40. 凸轮机构就是利用凸轮_____或_____轮廓与推杆接触而得到预定_____的一种机构。

41. 凸轮机构按凸轮的形状可分为_____、_____、_____等三种；按从动件末端形状可分为_____、_____、_____等三种。

42. 凸轮机构从动件的运动规律常见的有_____和_____等。

43. 凸轮轮廓曲线的参数主要有：_____、_____、_____。

44. 轴的功用主要是_____，并传递_____。

45. 按照轴的轴线形状，轴可分为_____和_____等两大类。

46. 根据直轴所受载荷不同，可将其分为_____、_____、_____等三种类型。

47. 轴上零件的轴向固定方法有_____、_____、_____、_____、_____和_____等。

48. 轴上零件的周向固定方法有_____、_____和_____。

49. 轴的常用材料是_____和_____等。

50. 滚动轴承根据所受载荷不同，可分为_____、_____、_____等三大类型。

51. 滚动轴承由_____、_____、_____、_____组成。

52. 常用的滚动体形式有_____、_____、_____、_____、_____、_____。

53. 写出滚动轴承代号的含义：
    (1) 51424 表示_____；
    (2) 6005 表示_____；
    (3) 30316 表示_____；
    (4) 73202 表示_____。

54. 滑动轴承根据它所承受载荷的方向，可分为_____轴承和_____轴承。

55. 向心滑动轴承的结构形式有_____、_____、_____等。

56. 止推滑动轴承结构有_____轴承、_____轴承、_____轴承等三种形式。

57. 键连接主要用于连接_____，实现_____，以_____。

58. 根据键连接的结构和承受载荷情况，键连接分为_____和_____等两类。

59. 常用的松键连接分为_____和_____等两类。

60. 紧键连接分为_____和_____等两类。

61. 花键连接由轴上加工出_____和_____及轮毂上加工出_____组成。

二、判断题

1. 链传动能保证准确的平均传动比，传动功率较小。（   ）
2. 链传动的传动比 $i_{12}=n_1/n_2=z_1/z_2$。（   ）
3. 链传动能在高温、低速、重载条件下和尘土飞扬的不良环境中工作。（   ）

4. 齿形链与滚子链相比,具有工作平稳、噪声小、耐冲击、允许较高的链速等优点。( )
5. 为保证链传动的正常使用,提高链传动的质量和使用寿命,链传动需进行适当的张紧和润滑。( )
6. 一般在相同条件下,V带传递动力的能力比平带的大,约可增大3倍。( )
7. V带传动装置必须安装防护罩。( )
8. 包角越大,带与带轮的接触弧越长,能传递的功率就越大。( )
9. 为了使带传动可靠,一般要求小带轮上的包角不得小于120°。( )
10. 齿轮传动与带传动相比,更适宜传递中心距较远的场合。( )
11. 根据齿轮传动的可分离性,一对标准齿轮的安装中心距可以比理论中心距小。( )
12. 模数 m 表示齿形的大小,它是没有单位的。( )
13. 模数 m 越大,轮齿的承载能力越大。( )
14. 标准直齿圆柱齿轮的连续传动条件是 $\varepsilon \geqslant 1$。( )
15. 齿轮传动不能保证准确的传动比。( )
16. 螺旋角 β 越大,斜齿轮传动越平稳。( )
17. 齿条传动只能由齿轮的转动变为齿条的移动。( )
18. 圆锥齿轮的齿线形状较多,有直齿、斜齿和曲线。( )
19. 通常在蜗轮、蜗杆传动中,蜗轮是主动件。( )
20. 蜗杆的头数越多,蜗杆传动效率越低。( )
21. 轮系的传动比,是指轮系中首、末两齿轮的齿数比。( )
22. 轮系可合成运动,但不可分解运动。( )
23. 惰轮对轮系的传动比大小有影响。( )
24. 轮系的作用仅能实现变换和变向。( )
25. 曲柄摇杆机构的曲柄和连杆称为连架杆。( )
26. 把铰链四杆机构的最短杆作为固定机架,就可以得到双曲柄机构。( )
27. 利用改变构件之间相对长度的方法,可以把曲柄摇杆机构变成双摇杆机构。( )
28. 导杆机构中导杆的往复运动有急回特征。( )
29. 偏心轮机构可以克服"死点"的位置。( )
30. 通过选择铰链四杆机构的不同构件作为机构的固定机架,能使机构的形式发生演变。( )
31. 一只凸轮只有一种预定的运动规律。( )
32. 盘形凸轮的行程是与基圆半径成正比的,基圆半径越大,行程也越大。( )
33. 曲轴可以将旋转运动变为直线往复运动。( )
34. 用轴肩(轴环)可以对轴上零件做轴向固定。( )
35. 用圆螺母也可以对轴上零件做周向固定。( )
36. 光轴和台阶轴,都属于直轴。( )
37. 心轴在工作中只承受弯曲作用。( )
38. 传动轴在工作中只承受扭转作用。( )
39. 汽车后轴是传动轴。( )
40. 自行车中轴是转动心轴。( )

41. 为便于装拆,一般情况下,轴承内圈配合应松些,外圈配合要紧些。( )
42. 一般情况下,滚动轴承的刚度高于滑动轴承的刚度。( )
43. 滚动轴承工作时阻力小,高速时噪声也小。( )
44. 通常滚动轴承的内圈是固定的,而外圈是随轴转动的。( )
45. 剖分式滑动轴承油槽应开在下轴瓦上。( )
46. 整体式滑动轴承应用在转速较高的场合。( )
47. 切向键对轴削弱较严重,且对中性不好。( )
48. 楔键连接以两侧面为工作面来传递扭矩。( )
49. 键是标准零件。( )
50. 将平键加长,可成为导向平键。( )
51. B型平键不会发生轴向移动,所以应用最广。( )
52. 花键键齿侧面为工作面,工作时靠齿的侧面相互挤压传递转矩。( )

三、选择题

1. 一组V带中,有一根不能使用了,这时应( )。
   A. 全组更换　　　B. 只更换一根　　　C. 更换其中几根
2. V带的基准长度为( )。
   A. 内圈长度　　　B. 中性层长度　　　C. 外圈长度
3. V带的传动性能主要取决于( )。
   A. 包布层　　　B. 强力层　　　C. 压缩层　　　D. 伸张层
4. 国家标准规定渐开线圆柱齿轮分度圆上的压力角( )。
   A. $\alpha=20°$　　　B. $\alpha=30°$　　　C. $\alpha=40°$
5. 能保持瞬时传动比恒定的传动是( )。
   A. 带传动　　　B. 链传动　　　C. 齿轮传动
6. 斜齿轮传动不( )。
   A. 适宜用于大功率传动　　　B. 产生轴向力
   C. 能当作变速滑移齿轮　　　D. 适用于高速传动
7. 斜齿轮( )。
   A. 螺旋角β常取值为$8°\sim15°$,以便于轴向力不过大
   B. 啮合时,两轮轮齿的螺旋方向是一致的
   C. 在端面上,斜齿轮的外形与直齿轮的外形不完全一样
   D. 端面参数是标准参数
8. 高速重载或润滑不良的低速重载传动中,常会出现的齿轮轮齿失效形式是( )。
   A. 轮齿折断　　　B. 齿面啮合　　　C. 塑性变形
9. 传动比大而且准确的传动有( )。
   A. 带传动　　　B. 链传动　　　C. 齿轮传动　　　D. 蜗杆传动
10. 蜗杆传动主动件为( )。
    A. 蜗杆　　　B. 蜗轮　　　C. 齿轮
11. 定轴轮系加惰轮的作用是( )。
    A. 增大传动比　　　B. 减小传动比　　　C. 改变从动轮转向

12. 四杆机构中,(   )
    A. 与机架连接的杆称为连架杆   B. 做整周运动的连杆称为曲柄
    C. 与二连架杆连接的称为摇杆   D. 摇杆只能平移时称为平面四杆机构
13. 公共汽车的车门启闭机构属于(   )
    A. 曲柄摇杆机构   B. 双摇杆机构
    C. 平行双摇杆机构   D. 反向双曲柄机构
14. 飞机起落时可采用(   )机构。
    A. 曲柄摇杆机构   B. 双摇杆机构   C. 双曲柄机构
15. 铰链四杆机构中,存在急回运动和死点的机构有(   )。
    A. 曲柄摇杆机构   B. 双摇杆机构   C. 双曲柄机构
16. 内燃机的活塞、曲轴等组成的机构属于(   )
    A. 曲柄滑块机构   B. 曲柄导杆机构   C. 曲柄摇块机构
17. (   )机构用于受力较大且滑块行程较小的剪床等机械设备中。
    A. 偏心轮   B. 导杆   C. 曲柄摇块
18. (   )从动件的行程不能太大。
    A. 盘形凸轮机构   B. 移动凸轮机构   C. 圆柱凸轮机构
19. (   )可使从动杆得到较大的行程。
    A. 盘形凸轮   B. 移动凸轮机构   C. 圆柱凸轮机构
20. (   )对于较复杂的凸轮轮廓曲线,也能准确地获得所需要的运动规律。
    A. 尖顶式从动件   B. 滚子式从动件
    C. 平底式从动件   D. 曲面式从动件
21. (   )的摩擦阻力较小,传动能力大。
    A. 尖顶式从动件   B. 滚子式从动件   C. 平底式从动件
22. 只支承零件,不传递动力的轴是(   )。
    A. 心轴   B. 传动轴   C. 转轴
23. 不支承零件,只传递动力的轴是(   )。
    A. 心轴   B. 传动轴   C. 转轴
24. 既支承零件,又传递动力的轴是(   )。
    A. 心轴   B. 传动轴   C. 转轴
25. 只有(   )才能使轮毂在轴上得到准确的定位。
    A. 圆螺母   B. 轴肩   C. 轴套
26. 对轴上零件做周向固定可采用(   )。
    A. 轴肩   B. 圆螺母   C. 平键固定
27. 用圆螺母固定时,轴上螺纹的大径应(   )安装零件的孔径。
    A. 大于   B. 等于   C. 小于   D. 小于或等于
28. 轴常用45钢制造并经(   )处理,以提高耐磨性和抗疲劳强度。
    A. 正火   B. 淬火   C. 回火   D. 退火
29. 普通级的深沟球轴承,尺寸系列代号为3,内径 $d=60$ mm,则其轴承代号是(   )。
    A. 6312   B. 2312   C. 8312

30. 主要承受径向力,而轴向力较小时,可选用(　　)型轴承支承。
   A. 6000　　　　　B. 7000　　　　　C. 5000

31. 下列场合中,(　　)不适宜应用滑动轴承。
   A. 轴向尺寸小　　B. 剖分式结构　　C. 承受冲击载荷　　D. 旋转精度高

32. 轴旋转时,带动轴上油环,把油箱中的油带到轴颈进行润滑的方法称为(　　)润滑。
   A. 滴油　　　　　B. 飞溅　　　　　C. 油环　　　　　D. 压力

33. 若轴和支架刚度低,采用(　　)滑动轴承能自动适应其变形。
   A. 整体式　　　　B. 剖分式　　　　C. 调心式　　　　D. 推力

34. 楔键连接的键槽与键的(　　)不相连接,为非工作面。
   A. 上下两面　　　B. 两个侧面

35. 键连接的工作面为(　　)。
   A. 上下面　　　　B. 两侧面

36. 在普通平键的三种形式中,(　　)平键在键槽中不会发生轴向移动,所以应用最广。
   A. 圆头　　　　　B. 平头　　　　　C. 单圆头

37. 在轴上零件的轴向移动量很大时,导向平键将很长,不易制造,这时可采用(　　)。
   A. 滑键连接　　　B. 楔键连接　　　C. 半圆键连接

四、简答题

1. 链传动的应用特点有哪些?
2. V带的安装和使用要注意哪些事项?
3. 使用张紧轮张紧时,对平带和V带的张紧轮的位置安放有何区别?为什么?
4. V带传动有何优点?
5. V带传动有何缺点?
6. 什么是齿轮传动?齿轮传动有哪些特点?
7. 什么是齿轮轮齿失效?常见的失效形式有哪几种?
8. 轮系主要有哪些应用特点?
9. 铰链四杆机构有哪些基本形式?它是根据什么条件来分类的?
10. 导杆机构如何演化为导杆机构和摆动导杆机构的?
11. 凸轮机构有哪些应用特征?
12. 心轴、传动轴、转轴有哪些应用特征?
13. 轴上零件的固定方法有哪些?
14. 滚动轴承有何优点?
15. 滑动轴承有何特点?

五、计算题

1. 一对啮合的标准直齿圆柱齿轮(压力角 $\alpha=20°$,齿顶高系数 $h_a^*=1$,顶隙系数 $c^*=0.25$),齿数 $z_1=20$,$z_2=40$,模数 $m=10$ mm,试计算各齿轮分度圆直径 d、齿顶圆直径 d_a、齿根圆直径 d_f、齿厚 s、基圆直径 d_b 和两齿轮的中心距 a。

2. 已知齿轮 $z_1=20$,齿轮 $z_2=50$,两轮之间的中心距 $a=210$ mm,求两轮分度圆直径 d_1、d_2。

3. 在图2-116所示的定轴轮系中,轴Ⅰ为主动轴,轴Ⅲ为输出轴。已知 $z_1=24$,$z_2=70$,$z_4=48$,$n_1=1400$ r/min,求 n_3 为多少?

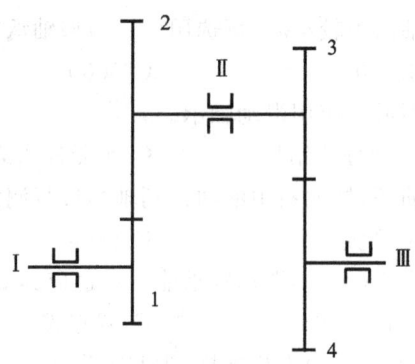

图 2-116　计算题 3 图

4. 在图 2-117 所示的轮系中,已知各轮齿数分别为 $z_1=24, z_2=28, z_3=20, z_4=60, z_5=20, z_6=20, z_7=28$,求传动比 i_{17}。若齿轮 1 的转向已知(如图 n_1 所示),试判断齿轮 7 的转向。

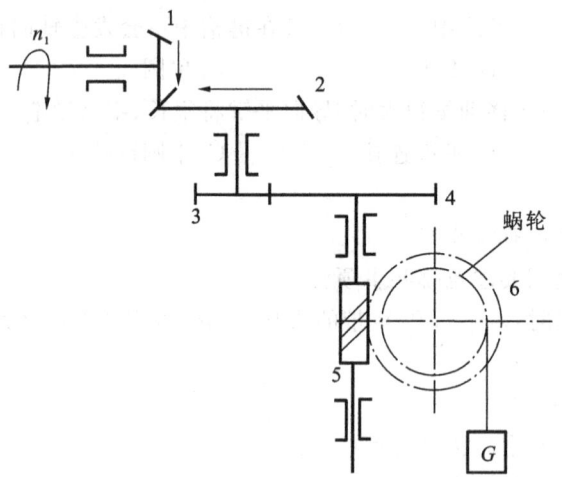

图 2-117　计算题 4 图

5. 在图 2-118 所示的轮系中,已知 $z_1=16, z_2=32, z_3=20, z_4=40, z_5=4, z_6=40$,若 $n_1=800$ r/min,求蜗轮的转速 n_6 及各轮的转向。

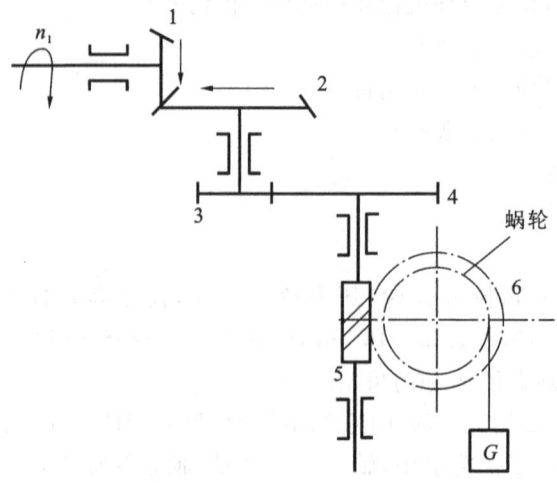

图 2-118　计算题 5 图

项目三

液压传动

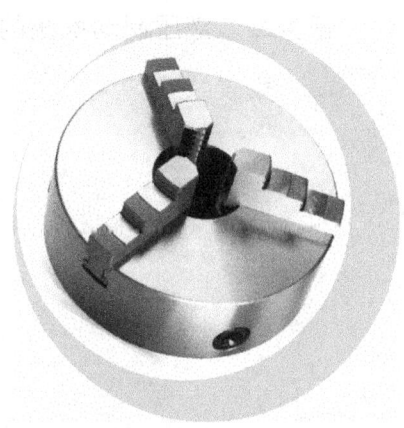

 **项目情景**

液压和液力传动在汽车上应用非常广泛,如汽车液压制动系统、液压助力转向系统、自卸车液压系统(见图 3-0)及自动变速器的液力变矩器等设备都应用液压或液力传动来完成工作。本项目我们结合汽车上常用设备来学习液压组件、液压回路及液力变矩器的知识。

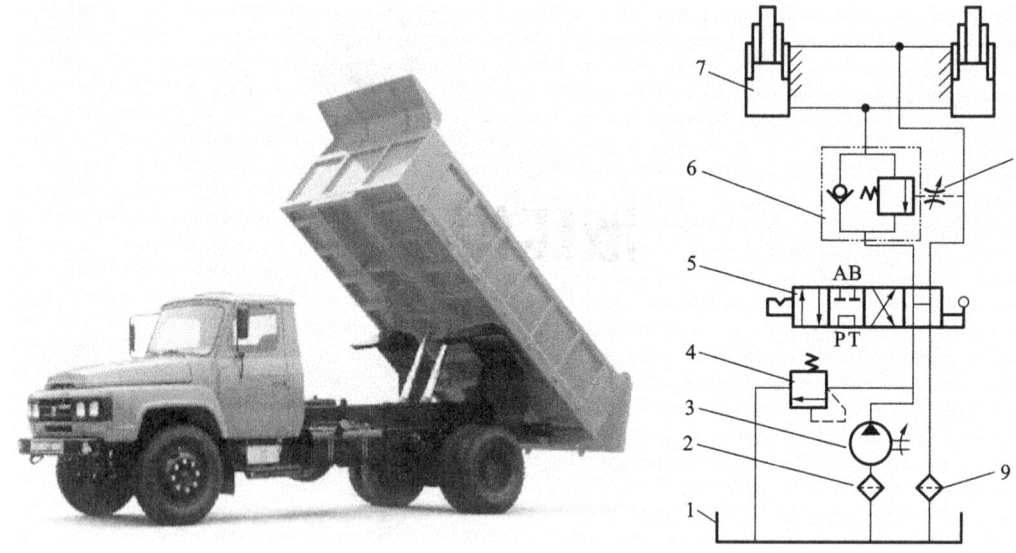

图 3-0 液压系统的应用

 **工作任务**

任务一 液压千斤顶的应用
任务二 液压制动系统的拆装

项目三 液压传动 | 117

任务一
液压千斤顶的应用

任务描述

液压千斤顶(见图 3-1)是汽车用辅助工具,它是保证车辆顺利使用和维修的一个条件。那么,什么是液压传动?液压传动需要哪些条件?这就是我们本任务需要解答的问题。

图 3-1 液压千斤顶

任务目标

(1)了解液压系统的组成、传动原理及传动特点。
(2)了解液压传动系统的各类元件的结构原理以及图形符号。

任务分析

一个完整的机器由原动机、传动部分、控制部分和工作机构组成,其作用就是把原动机的输出功率传送给工作机构。液压传动是汽车中重要的传动组成部分。通过本任务学习能够更好地了解汽车中液压元件是如何工作的。

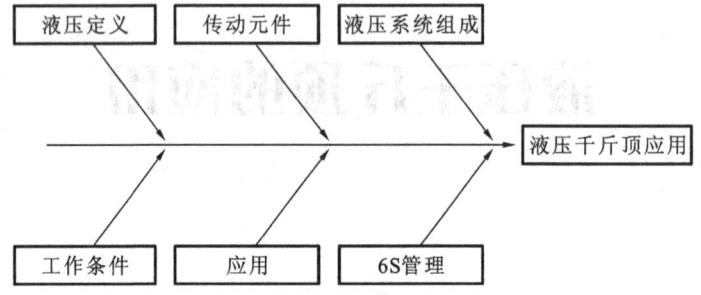

任务实施

实施一　任务准备

车辆、液压千斤顶、安全支架、三角垫木。

实施二　任务实施

(1)学生分组,每小组 5～8 人。
(2)小组进行任务分析。
(3)将液压千斤顶放置在需顶起的车辆下面比较平整坚硬的地方,如图 3-2 所示。

图 3-2　千斤顶顶起车辆

（4）千斤顶必须保持直立状态，车辆用三角垫木前后塞住，如图3-3所示，才能做到安全顶起车辆，否则严禁顶起。

（5）旋转千斤顶手柄关闭放油阀，提压千斤顶手柄，使千斤顶顶起平面缓慢接近被顶起的车辆底部，继续提压千斤顶手柄，车辆达到需要的高度后，立即在车架下面放上安全支架，然后缓慢拧松千斤顶手柄，使车辆平稳地坐落在安全支架上，如图3-4所示。

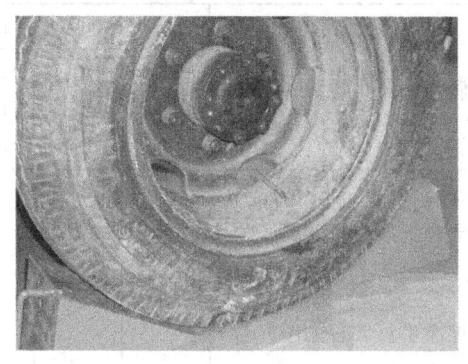

图3-3　三角垫木前后塞住车轮　　　　图3-4　车架下面放上安全支架

（6）小组讨论液压传动的基本知识、液压传动元件。

（7）角色扮演，分小组进行讲解演示。

（8）完成老师布置的相关内容。

特别提示

（1）液压传动是以液体为工作介质，依靠密封容积的变化传递运动，并通过液体内部的压力传递动力的。

（2）液压传动系统本质是一种能量转换装置。它先将机械能转换为便于输送的液压能，随后又将液压能转换为机械能而做功。

实施三　任务检测

（1）简述液压千斤顶的基本结构。

（2）简述液压千斤顶的工作过程。

 **任务评价**

任务评价表

班级：　　　　　　组别：　　　　　　姓名：

项　目	评价内容 （请在对应条目的○内打"√"或"×"，不能确定的条目不填，可以在小组评价时让本组同学讨论并写出结论）	评价等级（学生自评）		
		A全部为√	B有一至三个×	C有多于三个×
关键能力自评	○按时到场　　　　　　　学习期间不使用手机、不玩游戏○ ○工装齐备　　　　　　　未经老师批准不中途离场○ ○书、本、笔齐全　　　　　无违规操作○ ○不追逐打闹　　　　　　无早退○ ○接受任务分配　　　　　先擦净手再填写工作页○ ○不干扰他人工作 ○工作服保持干净　　　　无安全事故发生○ ○私人物品妥善保管　　　使用后保持工具整齐干净○ ○工作地面无脏污　　　　能及时纠正他人危险作业○ ○工作台始终整洁　　　　废弃物主动放入相应回收箱○ ○无浪费现象　　　　　　未损坏工具、量具及设备○ ○参与了实际操作 ○课前有主动预习　　　　本小组工作任务能按时完成○ ○与本组同学关系融洽　　主动回答老师提问○ ○积极参与小组讨论　　　能独立规范操作○ ○接受组长任务分配　　　能主动帮助其他同学○ ○能独立查阅资料　　　　不戴饰物，发型合规○ ○工装穿戴符合要求			
专业能力自评	○能按时完成工作任务　　能独立完成工作页○ ○工量具选用准确　　　　没有失手坠落物品○ ○无不规范操作　　　　　指出过他人的不规范操作○ ○完成学习任务不超时　　暂时无任务时不无所事事○ ○学习资料携带齐备　　　工作质量合格无返工○			
小组评语及建议	他（她）做到了： 他（她）的不足： 给他（她）的建议：	组长签名： 　　年　　月　　日		
教师评价及建议		评价等级： 教师签名： 　　年　　月　　日		

项目三 液压传动 | 121

相关知识

知识一 液压传动的基本知识

在日常生活中经常会用到液压机构,在汽车及其修理行业中也不例外。液压千斤顶是典型的液压传动机构,即以液体为工作介质传递能量和进行控制的机构。其工作原理如图 3-5 所示,主要由手动柱塞泵 2、液压缸 12 和油箱 6,以及它们之间的连通管道等构成,形成一个密封的容器。在使用时,只要施加一个很小的力,就可顶起质量比该力大很多的重物。那么,它是如何以很小的力举起很重的重物呢?其液压系统是由哪些基本构件组成的呢?它的工作原理如何?下面以此例来分析液压传动的基本概念、工作原理、系统的组成和图形符号、特点和主要参数等。

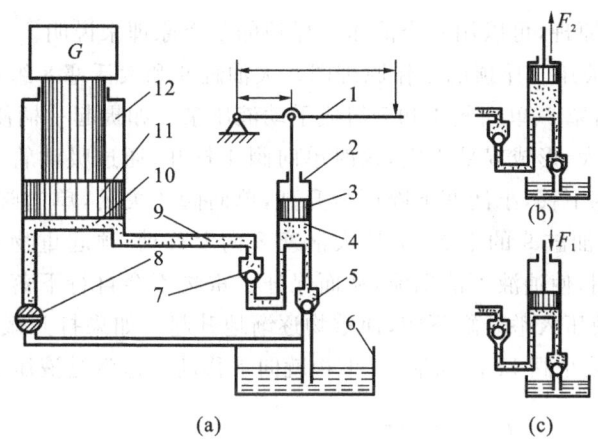

图 3-5 液压千斤顶工作原理图

1—杠杆;2—手动柱塞泵体;3—小活塞;4,10—油腔;5,7—单向阀;
6—油箱;8—放油阀;9—油管;11—大活塞;12—液压缸

1.液压传动系统的组成

由液压千斤顶的工作原理图可以看出,液压传动系统一般由以下 5 个部分组成。

1)动力部分

动力部分由液压泵和液压泵的其他附件组成,其功用是把原动机所提供的机械能转换为油液的液压能,输出高压油液。

2)执行部分

执行部分由液压缸或液压马达等组成,其功用是把油液的压力能转变成机械能去驱动载荷做功,实现往复直线运动、连续转动或摆动。

3)控制部分

控制部分由各种液压控制阀组成,其功用是控制从液压泵到执行部分的油液的压力、流量和流动方向,从而控制执行部分的力、速度和方向。

4) 辅助部分

辅助部分包括油箱、过滤器、蓄能器、油管、压力表等,其功用是存储、输送、净化和密封工作液体,以及散热等。

5) 工作介质

液压系统中用量最大的工作介质是液压油。液压油不仅起传递能量和运动的作用,而且对元件及装置起润滑作用。

液压油有许多重要的特性,最重要的是压缩性和黏性。压缩性是表示液压油液产生压力后其体积减小的性质。在液压传动中常用的压力范围内,油液的压缩量是极其微小的,一般可忽略不计,近似地看作不可压缩。黏性是油液流动时,内部产生摩擦力的性质。黏性的大小用黏度来量度。黏度大,内摩擦力就大,油液就不易流动,显得比较"稠",反之油液就较"稀"。油液的黏度随着温度的变化而变化,油温升高,黏度变小,流动性就好。当压力不太高时,压力对黏度影响不大,一般不予考虑。

2. 液压传动的工作原理

液压传动的工作原理,可以用一个液压千斤顶的工作原理来说明。

图 3-6 所示的是液压千斤顶的工作原理图。大油缸 9 和大活塞 8 组成举升液压缸。杠杆手柄 1、小油缸 2、小活塞 3、单向阀 4 和 7 组成手动液压泵。如提起手柄使小活塞向上移动,小活塞下端油腔容积增大,形成局部真空,这时单向阀 4 打开,通过吸油管 5 从油箱 12 中吸油;用力压下手柄,小活塞下移,小活塞下腔压力升高,单向阀 4 关闭,单向阀 7 打开,下腔的油液经管道 6 输入举升大油缸 9 的下腔,迫使大活塞 8 向上移动,顶起重物。再次提起手柄吸油时,单向阀 7 自动关闭,使油液不能倒流,从而保证了重物不会自行下落。不断地往复扳动手柄,就能不断地把油液压入举升缸下腔,使重物逐渐地升起。如果打开截止阀 11,举升缸下腔的油液通过管道 10、截止阀 11 流回油箱,重物就向下移动。这就是液压千斤顶的工作原理。

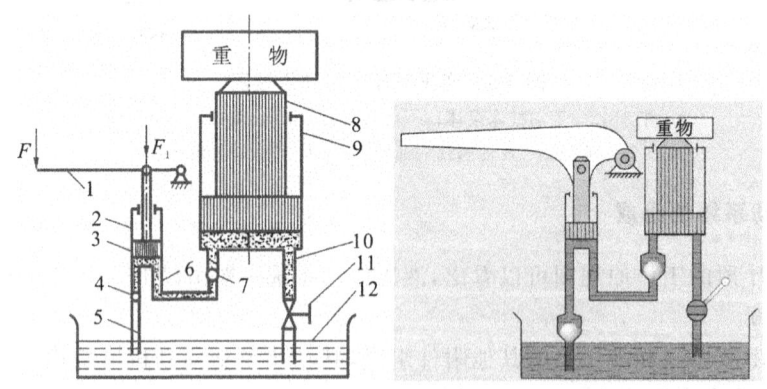

图 3-6 液压千斤顶工作原理图

1—杠杆手柄;2—小油缸;3—小活塞;4,7—单向阀;5—吸油管;
6,10—管道;8—大活塞;9—大油缸;11—截止阀;12—油箱

通过对上面液压千斤顶工作过程的分析,可以初步了解到液压传动的基本工作原理。液压传动是利用有压力的油液作为传递动力的工作介质。压下杠杆时,小油缸 2 输出压力油,是将机械能转换成油液的压力能;压力油经过管道 6 及单向阀 7,推动大活塞 8 举起重物,是将

油液的压力能又转换成机械能。大活塞 8 举升的速度取决于单位时间内流入大油缸 9 中油容积的多少。由此可见,液压传动是一个不同能量的转换过程。

3.液压传动系统的特点

1)液压传动的优点

(1)可以在大范围内实现无级调速,而且调速性能良好。

(2)传动装置工作平稳,反应速度快,冲击小,能快速启动、制动和频繁换向。

(3)在相同输出功率的情况下质量轻,体积小,结构紧凑。

(4)易于实现自动化,特别是电、液联合应用时,易于实现复杂的自动工作循环。

(5)液压传动工作安全性好,易于实现过载保护,同时因采用油液为工作介质,相对运动表面能自行润滑,故使用寿命较长。

(6)液压元件已标准化、系列化和通用化,便于设计、制造、维修和推广使用。

2)液压传动的缺点

(1)由于泄漏及流体的可压缩性,无法保证严格的传动比。

(2)当油温或载荷变化时,往往不易保持运动速度的稳定。

(3)液压元件制造精度要求高,使用维护比较严格。

(4)系统的故障原因有时不易查明。

4.液压传动的图形符号

图 3-7 所示的元件基本上都是用结构(或半结构)式的图形画出的示意图,称为结构原理图。它较直观,易为初学者接受,但图形复杂,因此目前广泛采用元件的图形符号来绘制液压系统图。图 3-6 所示的为液压千斤顶的工作原理简图,这种图简单明了,便于阅读。图 3-7 所示的为举升汽车的液压系统,就是用图形符号来绘制的汽车举升机构的液压系统图。

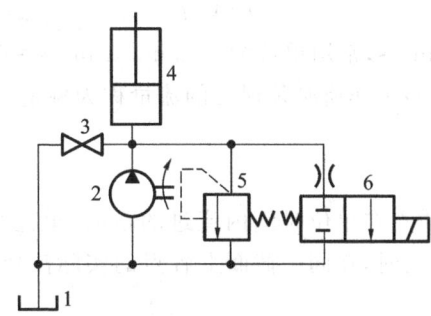

图 3-7 汽车举升机构液压系统图

1—油箱;2—液压泵;3—开关阀;4—液压缸;5—溢流阀;6—限位阀

5.液压传动的基本参数

1)压力

(1)液体静压力。

液体静压力是指液体处于静止状态时,单位面积上所承受的法向作用力。静压力也称为压强,即

$$p = F/A$$

压力的单位为 Pa，1 Pa=1 N/m², 1 MPa=10⁶ Pa。额定压力是指液压系统按试验标准能连续工作的最高压力。它是液压元件的基本参数之一。

(2)压力的传递。

在密闭的容器内施加于静止液体上的压力，将等值传递到液体内的各点，这就是静压传递的基本原理，即帕斯卡原理。它表明在一个较小的面积上作用较小的力，可以在较大的面积上得到较大的作用力。如图3-8所示，外界载荷为 G，由帕斯卡原理可知

$$p_1 = p_2$$

若在小活塞上施加一个力 F_1，则小液压缸中油液的压力为

$$p_1 = F_1/A_1$$

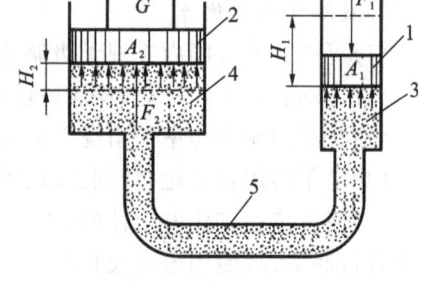

图 3-8 液压千斤顶工作原理图
1,2—活塞；3,4—油腔；5—油管

根据静压传递原理，这一压力 p_1 将等值传递到液体中的各点，也传递到大液压缸中。这时大活塞也受到一个压力 $p_2 = p_1$ 的作用而产生一个向上的作用力，即 $F_2 = p_2 A_2$。

将压力 $p_1 = F_1/A_1$ 的值代入，则得

$$F_2 = F_1 A_2 / A_1$$

由此可见，两活塞的面积之比 A_2/A_1 越大，大活塞升起重物的能力也越大。也就是说，在小活塞上施加不大的力，大活塞就可得到较大的作用力将重物 G 举起。这就是液压千斤顶能顶起重物的原因所在。

2)流量

(1)流量。

流量是指在单位时间内，流过其通流截面的液体体积，用 Q 表示，即

$$Q = V/t$$

流量的法定计量单位为 m³/s，常用单位为 L/min。1 m³/s = 6×10⁴ L/min。

按试验标准规定，连续运转工作所必须保证的流量称为额定流量，它是液压元件基本参数之一。

(2)平均流速。

流速是指流动液体内的质点在单位时间内流过的距离，单位为 m/s。由于实际液体都具有黏性，所以液体在管道中流动时，在同一截面上各点的实际流速不相等。在一般场合下，都以平均流速进行计算，即

$$v = Q/A$$

(3)活塞(液压缸)运动速度与流量关系。

活塞(液压缸)运动速度等于液压缸内油液的平均速度，即

$$v = Q/A$$

(4)液体流动连续性原理。

理想液体在无分支管道内做稳定流动时，单位时间内通过管道中每一横截面的液体流量是相等的，这就是液体流动连续性原理，如图3-9所示，即

$$Q_1 = Q_2$$
$$Q_1 = A_1 v_1, \quad Q_2 = A_2 v_2$$
$$A_1 v_1 = A_2 v_2$$

综上所述,液压传动是依靠密封容积的变化传递运动的,而密封容积的变化所引起流速的变化要符合等量原则;液压传动是依靠油液的压力来传递动力的,在密闭容器中压力是以等值传递的。

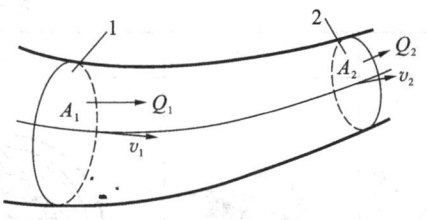

图 3-9　液体流动连续性原理

知识二　液压传动元件

1. 液压泵

1) 液压泵的功能

在图 3-10 所示的动力转向液压系统中,转向油泵即为液压泵,它是整个液压系统的动力元件,它的功用是将发动机(或电动机)输入的机械能转化为油液的液压能,是液压系统中的动力源,向液压系统供给液压油。

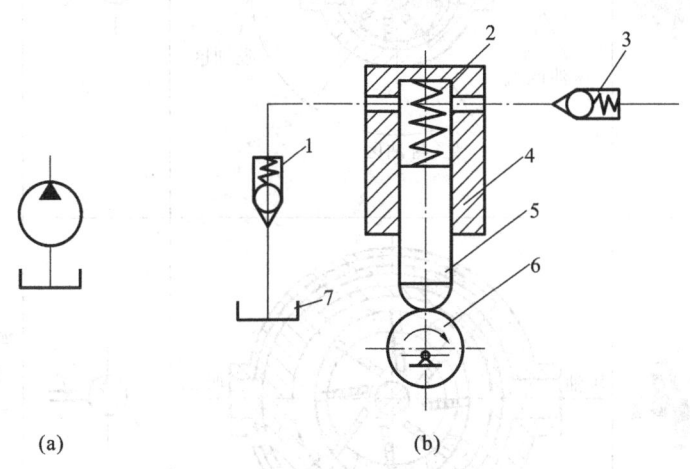

图 3-10　凸轮转子式液压泵

(a) 图形符号;(b) 结构图

1,3—单向阀;2—弹簧;4—缸体;5—柱塞;6—偏心轮;7—油箱

2) 液压泵的结构和图形符号

转向系统液压泵主要采用了凸轮转子式液压泵,它的结构和图形符号如图 3-10 所示。

3) 液压泵的类型

除了上面讲的凸轮转子式液压泵之外,汽车上常用的还有齿轮泵、叶片泵、柱塞泵等。齿轮泵分为外啮合齿轮泵和内啮合齿轮泵等两类;叶片泵分为定量式叶片泵和变量式叶片泵等两类;柱塞泵分为径向柱塞泵和轴向柱塞泵等两类。汽车上常用几种液压泵的特点和应用如表 3-1 所示。

表 3-1　常见液压泵的类型

种类		实物图	结构图	图形符号	特点及应用场合
齿轮泵	外啮合齿轮泵				结构简单紧凑、转速高、体积小、质量轻、自吸性能好。一般为低压，多用于汽车润滑系中的机油泵和液压转向的助力泵
叶片泵	单作用叶片泵				此泵为变量叶片泵，自吸能力好，对油液污染较敏感，转子承受的径向液压力是不平稳的，故轴承将承受较大的载荷，其寿命较短。不宜用于高压，宜用于液压转向机构中
叶片泵	双作用叶片泵				转子承受的径向液压力是平稳的，轴承所受的力较小，故寿命长，自吸能力好，对油液污染较敏感。适用于中、高压系统，如富康轿车的转向油泵
柱塞泵	轴向柱塞泵				其密封性能好，容积效率高，耐磨性好；结构紧凑，流量调节方便。在高压系统中得到广泛应用。但结构复杂和制造精度要求高，对油液污染敏感，广泛应用于汽车空调压缩机等

2.液压缸

1)液压缸的功能

液压缸是液压传动系统中的一种执行元件,它可以将液压能转变为执行元件的机械能输出。单杆活塞式液压缸可将机械旋转运动变为直线往复运动。

2)液压缸的结构和图形符号

汽车动力转向系统中使用的液压缸为单杆活塞式液压缸,它的结构和图形符号如图 3-11 所示。

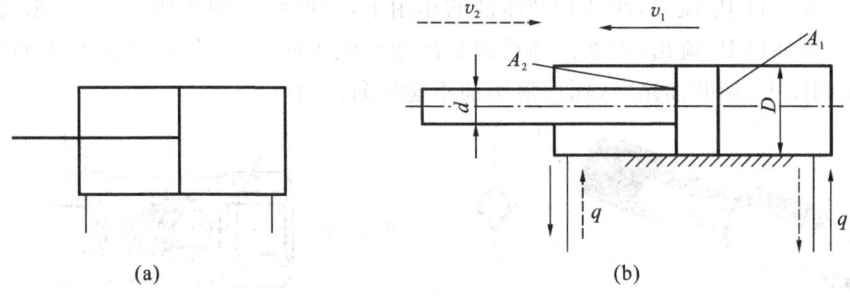

图 3-11 单杆活塞式液压缸
(a)图形符号;(b)结构原理图

单杆活塞式液压缸主要由缸体、活塞和活塞杆组成,由于活塞一端有杆,而另一端无杆,所以活塞两端的有效作用面积不等。当左、右两腔分别进入压力油时,即使压力油流量和压力相等,两种情况下活塞往复运动的速度和所受的推力将不相等。当无杆腔进油时,因活塞有效面积大,所以速度小,推力大;当有杆腔进油时,因活塞有效面积小,所以速度大,推力小。

3)其他类型的液压缸

除了上面介绍的活塞式液压缸外,还有柱塞式液压缸、伸缩式液压缸、齿条式摆动液压缸等,它们的结构和图形符号如表 3-2 所示。

表 3-2 液压缸的结构和图形符号

种类	实物图	结构图	图形符号
柱塞式液压缸			
伸缩式液压缸			
齿条式摆动液压缸			

3.方向控制阀

1)单向阀

(1)单向阀的功用。

普通单向阀的功用是只允许油液向一个方向流动,而不允许反向流动。

(2)结构原理和图形符号。

图 3-12 所示的为单向阀的典型结构,它由阀体、阀芯和弹簧等三部分组成。其工作原理是,液压油从进油口 P_1 流入,阀芯在液压油的作用下,克服弹簧的作用力,使阀芯离开阀座开启,液压油由出油口 P_2 流出;当液压油反向从出油口流入时,在液压油和弹簧力的作用下,使阀芯压紧在阀座上,切断油路,从而使液压油不能反向流动。

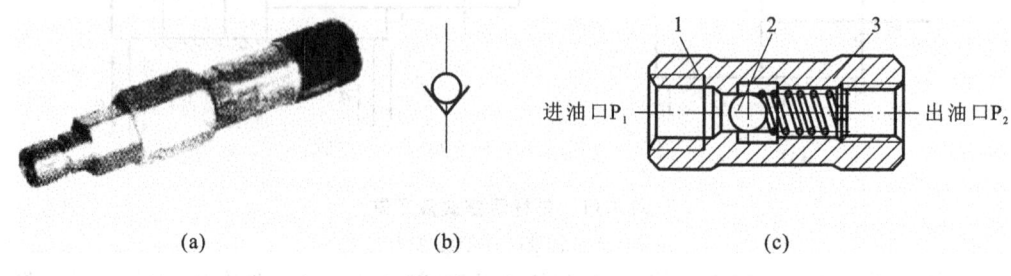

图 3-12　单向阀

(a)实物图;(b)图形符号;(c)结构原理图

1—阀体;2—阀芯;3—弹簧

2)换向阀

(1)换向阀的功用。

利用阀芯和阀体之间的相对运动变换油液流动的方向,或者接通和关闭油路,从而改变液压系统的工作状态。

(2)结构原理和图形符号。

汽车动力转向系统中使用的换向阀为三位五通换向阀,它的结构和图形符号如图 3-13 所示。

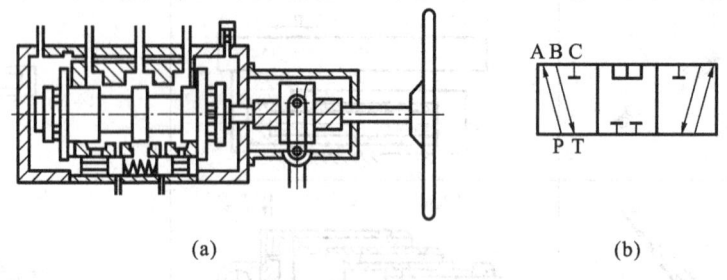

图 3-13　三位五通换向阀

(a)结构原理图;(b)图形符号

方向盘操纵控制滑阀的移动,当汽车直线行驶时,方向盘不动,滑阀处于中位,上边三个油口互相连通,下边两个油口封闭;当方向盘向左转时,滑阀向左移,三位五通换向阀处于左位,P 与 A 油口接通,B 与 T 油口接通,C 油口关闭;当方向盘向右转时,滑阀向右移,三位五通换向阀处于右位,P 与 B 油口接通,T 与 C 油口接通,A 油口关闭。常用的换向阀的图形符号如表 3-3 所示。

表 3-3　换向阀的图形符号

名　称	图形符号	名　称	图形符号
二位二通		三位四通	
二位三通		二位五通	
二位四通		三位五通	

4.流量控制阀

1)节流阀

(1)节流阀的功用。

节流阀用于控制液压系统中液体的流量,实现对液压系统的速度控制。

(2)结构原理和图形符号。

节流阀是流量阀的一种,流量阀是液压系统中的调速元件,其调速原理是,依靠改变阀口通流面积的大小或通流通道的长短来改变液阻,控制通过阀的流量,达到调节执行元件运动速度的目的,如图 3-14 所示。

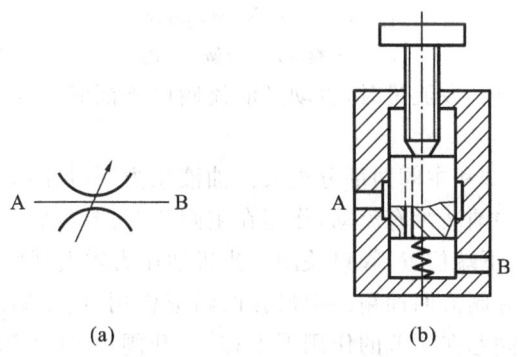

(a)　　　　　　　　(b)

图 3-14　节流阀

(a)图形符号;(b)结构原理图

5.压力控制阀

1)溢流阀

(1)溢流阀的功用。

溢流阀是通过阀口的溢流,使被控制系统或回路的压力维持恒定,实现稳压、调压或限压作用的元件。

(2)结构原理和图形符号。

如图 3-15(b)所示,阀芯在弹簧的作用下压在阀座上,阀体上开有进、出油口 P 和 T,油液压力从进油口 P 作用在阀芯上。当液压力小于弹簧力时,阀芯压在阀座上不动,阀口关闭;当液压力超过弹簧力时,阀芯离开阀座,阀口打开,油液便从出油口 T 流回油箱,从而保证进口压力基本恒定。调节弹簧的预压力,便可调整溢流压力。

直动型溢流阀结构简单,灵敏度高,但压力受溢流量的影响较大,不适于在高压、大流量下工作。因为当溢流量的变化引起阀口开度即弹簧压缩量发生变化时,弹簧力变化较大,溢流阀的进口压力也随之发生较大变化,故直动型溢流阀的调压稳定性差。

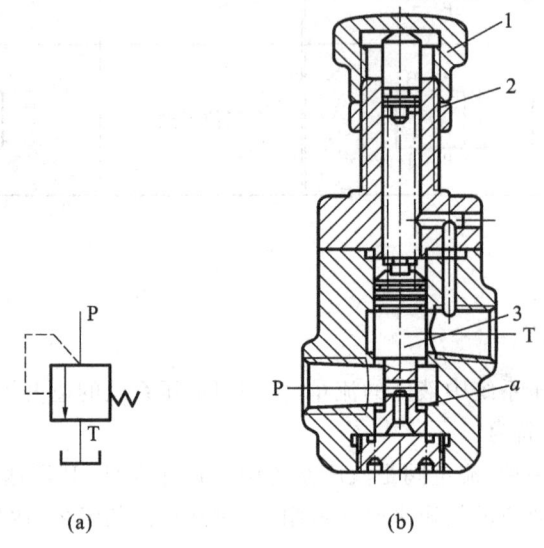

图 3-15 直动型溢流阀
(a)图形符号;(b)结构原理图
1—调节螺母;2—弹簧;3—阀芯

当液压系统中需要高压、大流量时,直动型溢流阀已不能满足使用要求,这时可采用先导型溢流阀,如图 3-16 所示。

先导型溢流阀由先导阀和主阀两部分组成。油液压力同时作用于主阀芯及先导阀芯上。当先导阀未打开时,阀腔中油液没有流动,作用在主阀芯上、下两个方向的油液压力平衡,主阀芯在弹簧的作用下处于最下端位置,阀口关闭。当进油压力增大到使先导阀打开时,油液流通过主阀芯上的阻尼孔、先导阀流回油箱。阻尼孔的阻尼作用,使主阀芯所受到的上、下两个方向的油液压力不相等,主阀芯在压差的作用下上移,打开阀口,实现溢流。调节先导阀的调压弹簧,便可调整溢流压力。阀体上有一个远程控制口,当远程控制口通过二位二通阀接油箱时,主阀芯在很小的液压力作用下便可移动,打开阀口,实现溢流,这称为卸荷。若远程控制口接另一个远程调压阀,便可对系统压力实现远程控制。先导型溢流阀的导阀部分结构尺寸较小,调压弹簧不必很强,因此压力调整比较轻便。但是先导型溢流阀要先导阀和主阀都动作后才能起控制作用,因此反应不如直动型溢流阀灵敏。

2)减压阀

(1)减压阀可以用来减压、稳压,将较高的进口油压降为较低而稳定的出口油压。

(2)图 3-17(a)所示的为直动型减压阀的工作原理,图 3-17(b)所示的为直动型或一般减

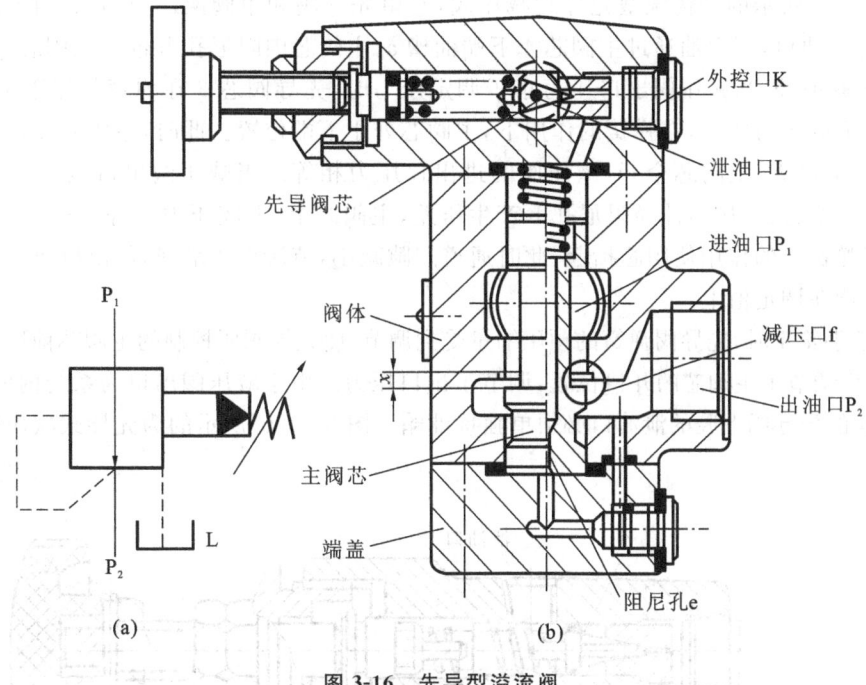

图 3-16 先导型溢流阀
(a) 图形符号；(b) 结构原理图

压阀的图形符号。当阀芯处在原始位置上时，它的阀口是打开的，阀的进、出口连通。这时阀的阀芯由出口处的压力控制：出口压力未达到调定压力时，阀口全开，阀芯不工作；当出口压力达到调定压力时，阀芯上移，阀口关小，整个阀处于工作状态。若忽略其他阻力，仅考虑阀芯上的油液压力和弹簧力相平衡的条件，则可以认为出口压力基本上维持在某一固定的调定值上。这时若出口压力减小，则阀芯下移，阀口开大，阀口处阻力减小，压降减小，使出口压力回升到调定值上。反之，若出口压力增大，则阀芯上移，阀口关小，阀口处阻力加大，压降增大，使出口压力下降到调定值上。

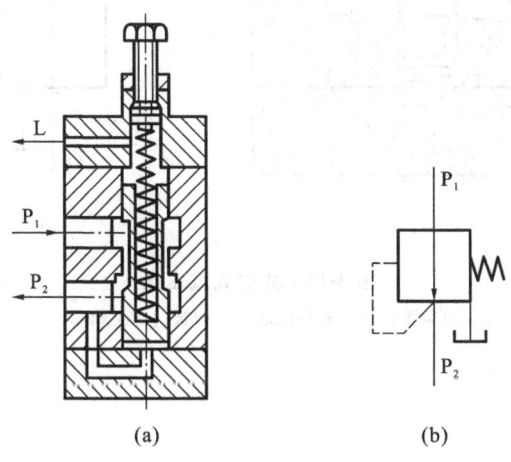

图 3-17 直动型减压阀

图 3-18(a)所示的为传统型先导式减压阀,它由先导阀和主阀两部分组成。图中 P_1 为进油口,P_2 为出油口,压力油通过主阀芯 4 下端油槽 a、主阀芯内阻尼孔 b 进入主阀芯 c 后,经孔 d 进入先导阀前腔,当减压阀出口压力小于调定压力时,先导阀芯 2 在弹簧作用下关闭,主阀芯 4 的上、下腔压力相等,在弹簧的作用下,主阀芯处于下端位置。此时,主阀芯 4 进出油之间的通道间隙 e 最大,主阀芯全开,减压阀的进出口压力相等。当减压阀出口压力达到调定值时,先导阀芯 2 打开,压力油经阻尼孔 b 产生压差,主阀芯上、下腔压力不等,下腔压力大于上腔压力,其弹簧 3 的作用使阀芯抬起,此时通道间隙减小,节流作用增强,使出口压力低于进口压力,并保持在调定值上。

当调节手轮 1 时,先导阀弹簧的预压缩量受到调节,使先导阀所控制的主阀芯前腔的压力发生变化,从而调节了主阀芯的开口位置,调节了出口压力。由于减压阀出口为系统内的支油路,所以减压阀的先导阀上腔的泄油口必须单独接油箱。图 3-18(b)所示的为先导式减压阀的图形符号。

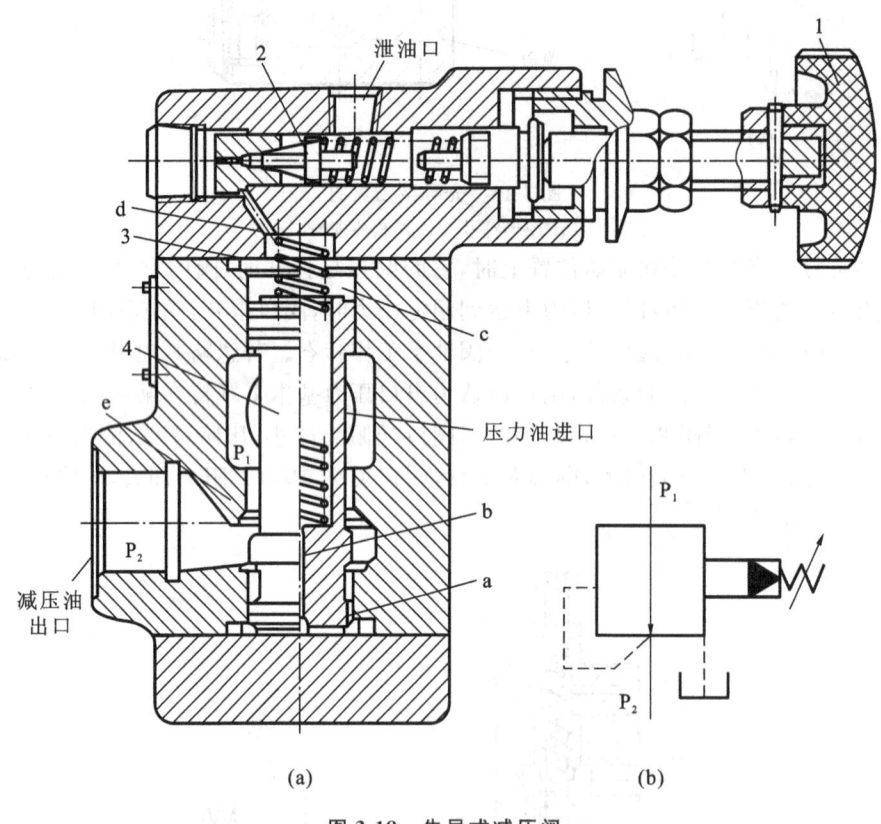

图 3-18 先导式减压阀
1—手轮;2—先导阀芯;3—弹簧;4—主阀芯

任务拓展

请结合图 3-19、图 3-20、图 3-21 所示元件,说出汽车减振器的减振原理。

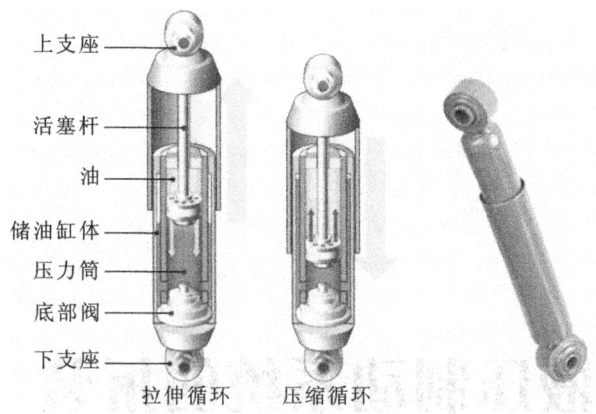

图 3-19

它的工作原理你知道吗

图 3-20

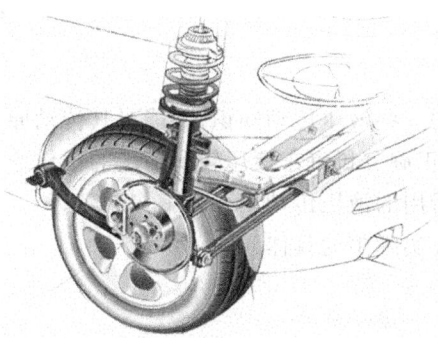

图 3-21

任务二

液压制动系统的拆装

 **任务描述**

汽车液压制动装置是通过液压传动实现汽车的强制减速或停车的装置,液压系统在制动过程中发挥着重要作用,通过对液压制动系统的拆装,进一步了解液压系统的组成与各部件的作用。那么,液压系统有哪些基本的回路?回路又是如何工作的?在汽车中又有哪些应用呢?

 **任务目标**

(1)掌握汽车中所涉及的一些液压传动知识,并能对其传动原理及回路进行分析。
(2)掌握液压基本回路,正确分析汽车液压转向系统的工作原理。
(3)能分析汽车机械中所用的液压传动系统的工作原理。
(4)能理论联系实际解决实际中的具体问题。

 **任务分析**

任何液压系统都是由一个或多个液压基本回路所组成的。所谓液压基本回路是指由一定的液压元件所构成的用来完成特定功能的液压回路。液压基本回路按功能可分为速度控制回路、压力控制回路、方向控制回路和其他液压回路等。熟悉和掌握这些回路的组成、工作原理和性能,是分析和设计液压系统的重要基础,也能更好地了解液压在汽车中的重要作用。

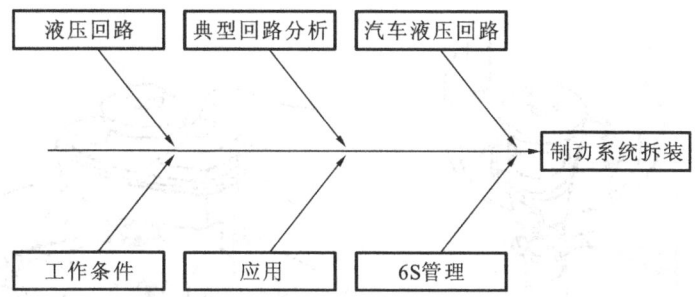

任务实施

实施一　任务准备

双柱举升器、液压制动汽车、制动液加注器、台虎钳、轮胎螺栓专用扳手、二用扳手、棉纱、平起子、轮毂轴承专用扳手、卡簧钳、油盘。

实施二　任务实施

(1) 学生分组，每小组 5～8 人。

(2) 小组进行任务分析。

(3) 将车辆停放在双柱举升器中间，双柱举升器托架放在车辆的起顶部位，按下双柱举升器按钮，车辆被缓缓升起，当车辆离开地面上升到稍高于正常工作位置的高度时，停止上升，并按住下降按钮，使双柱举升器托架进入锁止状态，如图 3-22 所示。

(4) 踩住制动踏板，拆卸轮胎螺栓，如图 3-23 所示，为拆卸车轮制动器做准备。

图 3-22　车辆被举升到正常工作位置

图 3-23　拆卸轮胎螺栓

(5) 打开发动机机舱盖，用制动液加注器将系统中的制动液抽出，用开口扳手拧松制动总泵出油管接头，如图 3-24 所示，再用棉纱将流出的残留制动液擦干净，拧松液压制动系统储液室固定螺栓，如图 3-25 所示。

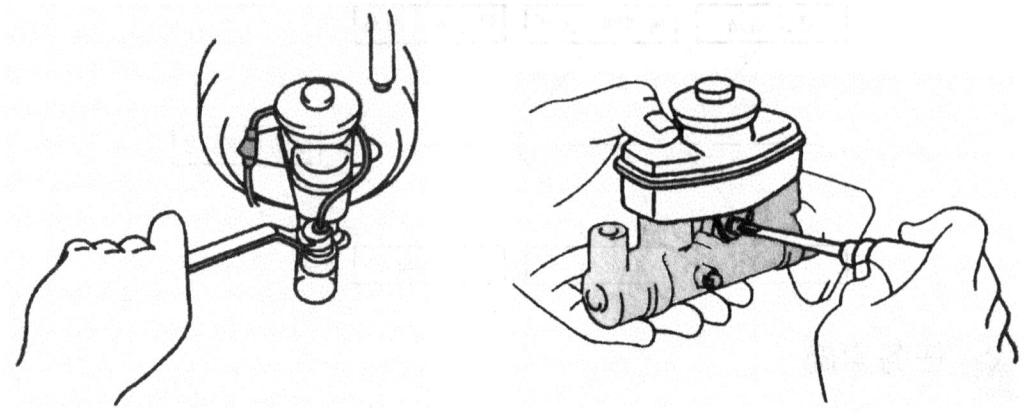

图 3-24 拧松制动总泵出油管接头　　图 3-25 拆下储液室

(6)用扳手拧下液压总泵固定螺母,如图 3-26 所示。

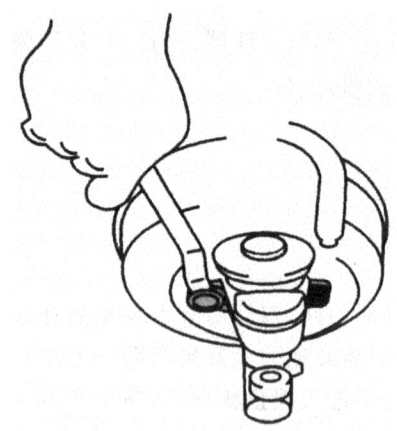

图 3-26 拆液压总泵固定螺母

(7)将制动总泵固定在台虎钳上,分解制动总泵。

(8)用卡簧钳拆下总泵内卡簧,如图 3-27 所示,取出活塞及密封圈、弹簧、油阀等,如图 3-28所示。

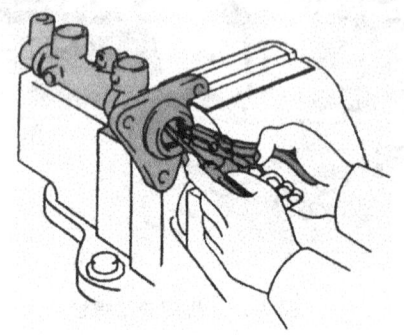
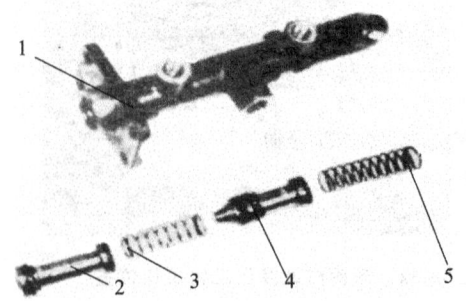

图 3-27 卡簧钳拆总泵内卡簧　　图 3-28 制动总泵分解图

1—泵体;2—后活塞;3—短弹簧;
4—前活塞;5—长弹簧

(9)拆下车轮制动器制动鼓,如图3-29所示,拧松制动轮泵进油管接头,如图3-30所示。

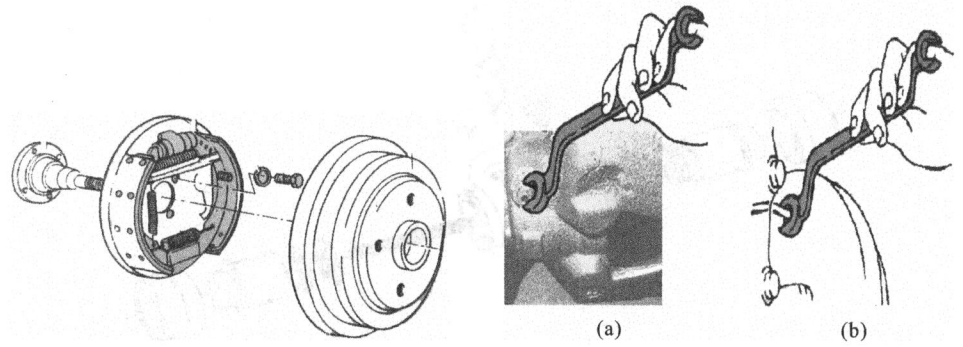

图 3-29 拆制动鼓

图 3-30 拆制动轮泵进油管接头
(a)盘式制动器制动轮泵进油管接头;
(b)鼓式制动器制动轮泵进油管接头

(10)拆下制动轮泵固定螺栓,取下制动轮泵,如图3-31、图3-32所示。

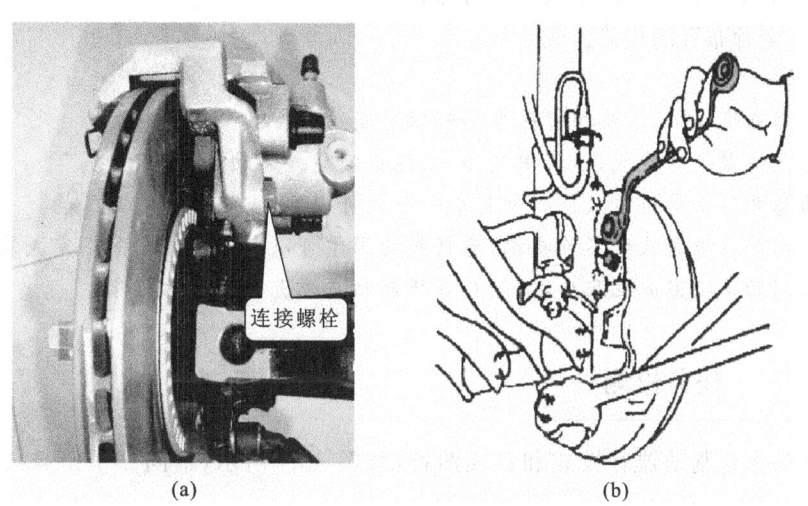

图 3-31 拆制动轮泵固定螺栓
(a)盘式制动轮泵;(b)鼓式制动轮泵

图 3-32 取下制动轮泵
(a)盘式制动轮泵;(b)鼓式制动轮泵

(11)取下轮泵防尘套,取出轮泵推杆、活塞、碗形密封圈、弹簧,如图3-33所示。

图3-33 鼓式制动轮泵分解图

(12)小组讨论,液压基本回路、典型液压回路分析、汽车中所运用到的液压回路。
(13)角色扮演,分小组进行讲解演示。
(14)拆卸完毕,清洁、归还工具和实习器材。
(15)完成老师布置的相关作业。

特别提示

(1)分解制动轮泵时,不要损坏防尘套和密封圈。
(2)制动系统零件的清洗,不能用汽油,只能用酒精或制动液进行清洗。
(3)制动总泵与制动轮泵只需拆卸其中一个就可以了,重点是了解其结构。
(4)液压制动系统的装配不作要求,感兴趣的同学可以在老师的指导下完成装配任务。
(5)液压制动系统完成装配后,必须对液压制动系统进行空气的排除。

实施三 任务检测

(1)常见的车轮制动器有鼓式和盘式两种,如图3-34所示,请问哪个是鼓式?哪个是盘式?

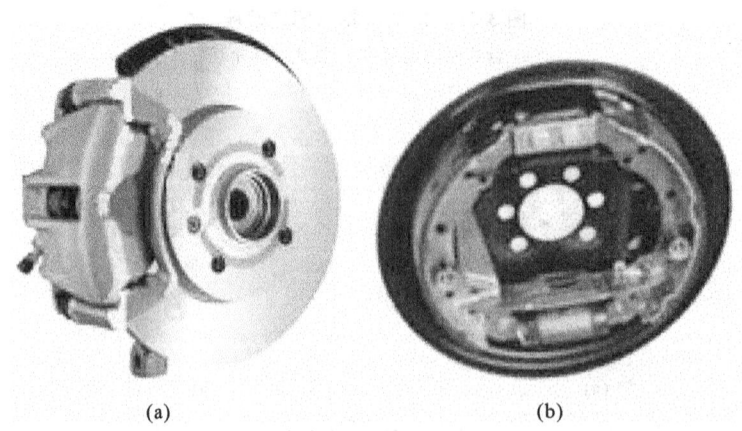

(a)　　　　　　　　　(b)

图3-34 车轮制动器种类

(2)简述鼓式液压制动系统工作过程。

任务评价

任务评价表

班级：　　　　　　　　组别：　　　　　　　　姓名：

项　目	评价内容 （请在对应条目的○内打"√"或"×"，不能确定的条目不填，可以在小组评价时让本组同学讨论并写出结论）		评价等级（学生自评）		
			A 全部为√	B 有一至三个×	C 有多于三个×
关键能力 自评	○按时到场 ○工装齐备 ○书、本、笔齐全 ○不追逐打闹 ○接受任务分配 ○不干扰他人工作	学习期间不使用手机、不玩游戏○ 未经老师批准不中途离场○ 无违规操作○ 无早退○ 先擦净手再填写工作页○			
	○工作服保持干净 ○私人物品妥善保管 ○工作地面无脏污 ○工作台始终整洁 ○无浪费现象 ○参与了实际操作	无安全事故发生○ 使用后保持工具整齐干净○ 能及时纠正他人危险作业○ 废弃物主动放入相应回收箱○ 未损坏工具、量具及设备○			
	○课前有主动预习 ○与本组同学关系融洽 ○积极参与小组讨论 ○接受组长任务分配 ○能独立查阅资料 ○工装穿戴符合要求	本小组工作任务能按时完成○ 主动回答老师提问○ 能独立规范操作○ 能主动帮助其他同学○ 不戴饰物，发型合规○			
专业能力 自评	○能按时完成工作任务 ○工量具选用准确 ○无不规范操作 ○完成学习任务不超时 ○学习资料携带齐备	能独立完成工作页○ 没有失手坠落物品○ 指出过他人的不规范操作○ 暂时无任务时不无所事事○ 工作质量合格无返工○			
小组评语及 建议	他（她）做到了： 他（她）的不足： 给他（她）的建议：		组长签名： 　　年　　月　　日		
教师评价及 建议			评价等级： 教师签名： 　　年　　月　　日		

相关知识

知识一　液压基本回路

液压系统是由液压基本回路组成的,液压基本回路是指由液压元件组成,用来完成特定功能的典型回路。常用基本回路按其功能分为三种,即方向控制回路、压力控制回路、速度控制回路。

下面分别介绍这几种液压基本回路。

1.方向控制回路

在液压系统中,执行元件的启动、停止或改变方向是利用控制进入执行元件的液流通、断及改变流向来实现的,实现这些控制的回路称为方向控制回路。在现代汽车及汽车维修机械中常用的方向控制回路有换向回路、锁紧回路、定位回路等。

1）换向回路

换向回路的功用是使执行元件改变运动方向。换向回路要求保证换向迅速、准确、平稳。

图 3-35 所示的是用二位四通换向阀组成的换向回路。当换向阀的电磁铁通电时,阀芯右移,换向阀左位接入系统,液压泵输出油液经换向阀 P、A 两油口进入液压缸左腔推动活塞右移,右腔油液经 B、T 油口回油箱;当电磁铁断电时右位接入系统,油液经 P、B 油口进入液压缸右腔,推动活塞左移,左腔油液经 A、T 油口回油箱。

这种换向回路利用换向阀的电磁铁通电或断电,来控制液压缸中活塞左右移动。

2）锁紧回路

锁紧回路的功用是切断执行元件的进出油路,使执行元件中的运动件停在规定的位置上并且防止其停止后窜动。对锁紧回路的要求是,可靠、迅速、平稳、持久。

（1）单向锁紧回路。

图 3-36 所示的是单向锁紧回路。用单向阀将液压缸单向锁紧,如图 3-36 所示的状态,活塞只能向右运动,向左运动由单向阀锁紧;换向阀换向后,活塞向左运动,向右则锁紧。

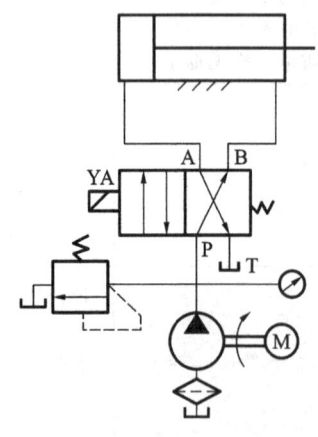

图 3-35　二位四通换向阀

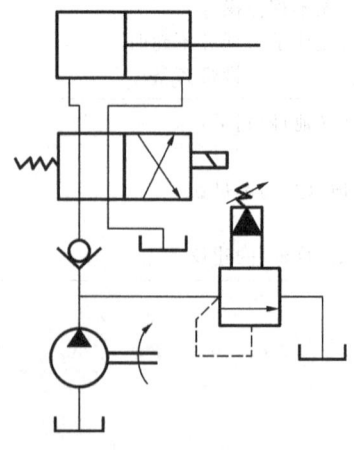

图 3-36　单向锁紧回路

(2)"O"型或"M"型换向阀的锁紧回路。

图 3-37 所示的是三位四通"O"型机能的换向阀换向回路。当 YA1、YA2 电磁铁都断电时,阀芯处于中间位置,液压缸的各工作油口被封闭。由于液压缸两腔都充满了油液,而油液又是不可压缩的,所以向左或向右的外力都不能使活塞移动,活塞双向锁紧。

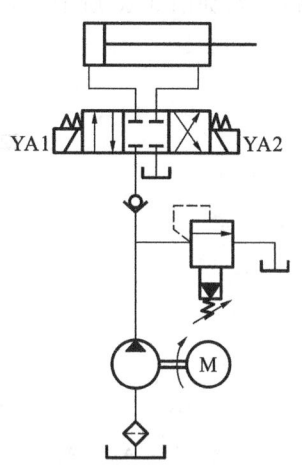

图 3-37 三位四通"O"型机能的锁紧回路

2.压力控制回路

1)调压回路(限压回路)

调压回路是指使控制系统的工作压力不超过某预先调好的数值,或者使工作机构运动过程的各个阶段中具有不同的压力(两级或多级调压)的控制回路。图 3-38(a)所示的是单级调压回路。液压泵输出的油液由溢流阀调定其最大供油压力,以适应系统的载荷并保护系统安全工作。图 3-38(b)所示的是多级调压回路。当系统需要多级压力控制时,将换向阀接入系统,此时系统的压力由远程调压阀 2 或 3 调定,使系统具有三种不同的压力调定值。

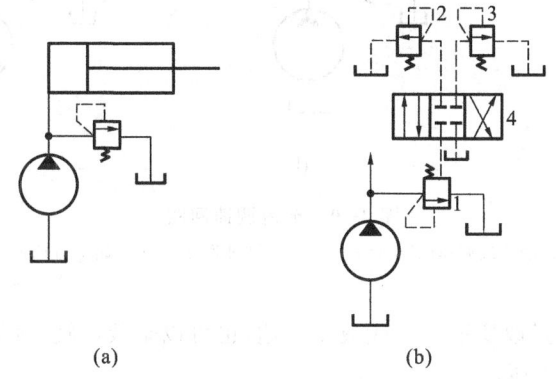

图 3-38 调压回路
(a)单级调压回路;(b)多级调压回路
1—溢流阀;2,3—调压阀;4—换向阀

2)卸荷回路

在液压系统中的执行元件停止运动后,液压泵输出的油液在低压下流回油箱,称为液压泵的卸荷。这样可以节省动力消耗,减少系统发热。能够使液压泵卸荷的回路,称为卸荷回路,如图 3-39 所示。

3.速度控制回路

速度控制回路是控制和调节液压执行元件运动速度的单元回路。按照调速方式,液压传动系统速度调节方法可分为节流调速和容积调速等两大类。

1)节流调速回路

根据节流阀在回路中装设的位置,节流调速回路分为进油节流、回油节流和旁路节流等三种类型,如图 3-40 所示。

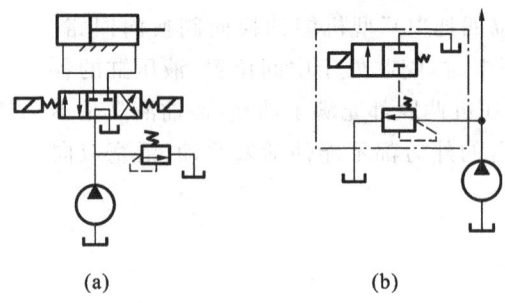

图 3-39 卸荷回路

(a) 用换向阀的卸荷回路;(b) 用溢流阀的卸荷回路

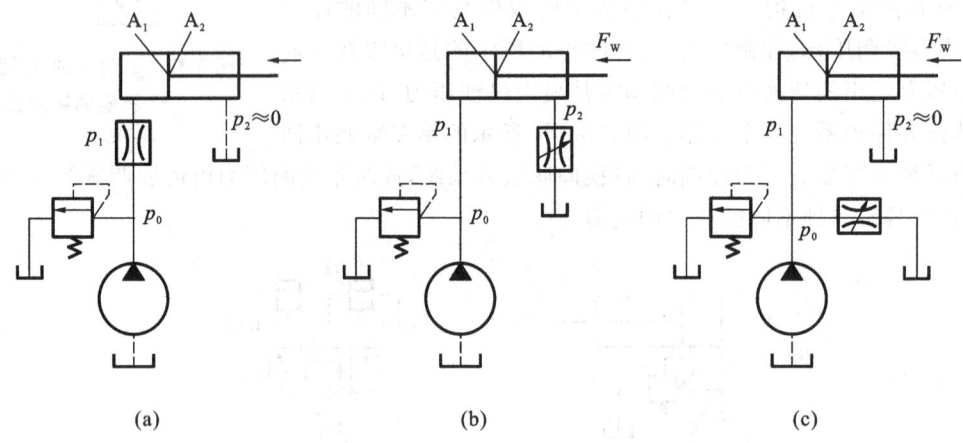

图 3-40 节流调速回路

(a) 进油节流调速回路;(b) 回油节流调速回路;(c) 旁路节流调速回路

2) 容积调速回路

容积调速回路是通过改变液压泵或液压马达(也可以是液压缸)排量的方法来调节执行元件速度的回路,如图 3-41 所示。

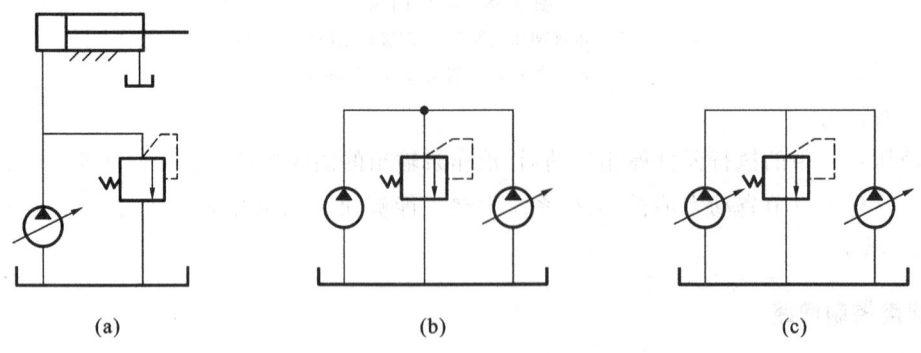

图 3-41 容积调速回路

(a) 变量泵调速回路;(b) 变量马达调速回路;(c) 变量泵-变量马达调速回路

4.其他回路

1)同步回路

同步回路是使多个执行元件(液压缸)的动作位置同步的回路。多个液压缸带动同一个工作机构时,它们的动作应一致。但是由于载荷、摩擦、泄漏、制造精度和结构变形等因素会影响执行机构运动的一致。同步回路的作用就是尽管存在着上述差异而仍能使各缸的运动速度和最终达到的位置相同。

(1)串联同步回路。

图 3-42 所示的是串联缸式同步回路。由于一个缸流出的油液进入另一个缸,而串联的液压缸相连通,两腔的有效活塞面积相等,从而保证两液压缸同步。把尺寸相同的双活塞杆液压缸串联连接,可实现多缸同步。液压缸达到终点时应补油或放油,以消除同步积累误差。该回路的特点是,结构简单,能适应较大的偏载,同步精度中等,效率较高,液压泵的供油压力较高。此外,两缸的有效作用面积必须相等,适用于载荷较小的场合。

(2)同步缸式同步回路。

图 3-43 所示的是同步缸式同步回路。两个同步缸的尺寸相同,共用一个活塞杆。油泵输出的油分别进入两同步缸的左腔,同步缸右腔排出的油再分别进入两个工作缸,其油液流量相同,从而保证两工作缸的同步。同步缸活塞上装有双作用机动单向阀时,可以在行程终点清除两缸同步时产生的积累误差。在三位四通换向阀换向后,工作缸反向仍可同步。

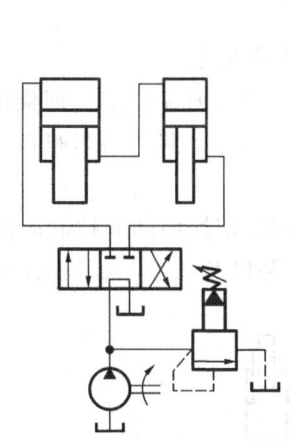

图 3-42 串联缸式同步回路

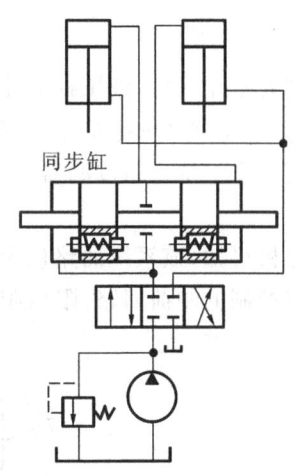

图 3-43 同步缸式同步回路

该回路能适应较大的偏载,同步精度较高,效率高,但专用的同步缸体积大,制造成本高。两液压缸有效工作面积必须相等,其同步精度为 $0.5 \sim 1$ mm。在现代汽车中,液压制动装置多采用同步回路,如单回路液压传动装置、双回路液压传动装置等。工作时制动主缸的油液经油管流至各制动轮缸,在油压力作用下制动轮缸活塞外移,推动两制动蹄张开产生制动,此时 4 个轮缸的制动是同步的。

知识二　典型液压回路分析

QD351型自卸车的液压系统原理图如图3-44所示,该系统的动力装置为齿轮液压泵1,由四位四通手动换向阀6来控制油路的变化,使液压缸7完成空位、举升、中停、下降四个动作,系统压力由限压阀5调定。QD351型自卸车的液压系统工作过程如下。

1. 空位

当手动换向阀6处于最右位时,换向阀中位机能为H型,这样液压泵1、液压缸7处于卸载状态,车厢处于未举升的状态(一般为运输水平状态)。

2. 举升

此时换向阀处于最左位置,伸缩式液压缸下腔进油,车厢处于举升状态。进油路为:过滤器2→液压泵1→换向阀6最左位→液压缸7下腔。

回油路为:液压缸7上腔→换向阀6最左位→过滤器3→油箱。

3. 中停

此时滑阀处于左二位,换向阀中位机能为M型,液压泵处于卸荷状态;A、B均被截止。液压缸两腔油液被封住,液压缸被锁紧在任意位置。

4. 下降

此时滑阀处于左三位,液压缸下腔回油,车厢处于下降状态。

进油路为:过滤器2→液压泵1→换向阀6左三位→液压缸7上腔。回油路为:液压缸7下腔→换向阀6左三位→粗过滤器2→油箱。此时,液压缸7下降。当车厢降至原位时,滑阀移至最右位。

由以上分析可知,该系统油路包含以下几个基本回路,即换向阀6控制的换向回路、滑阀右位和左二位控制的卸荷回路、限压阀5控制的限压回路以及两液压缸组成的同步工作回路的制动回路。

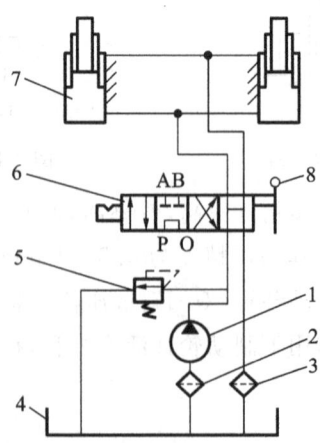

图3-44　QD351型自卸车的液压系统

任务拓展

请回答图 3-45 所示汽车起重机液压系统是如何工作的？找出液压回路，并说出其回路工作过程。

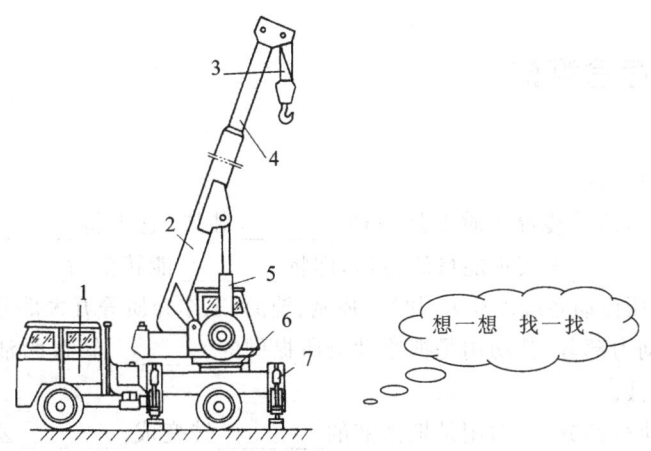

图 3-45　汽车起重机

图 3-46 所示的是汽车 ABS 液压系统，请指出图中各部件的名称，找出液压回路，并说出其回路工作过程。

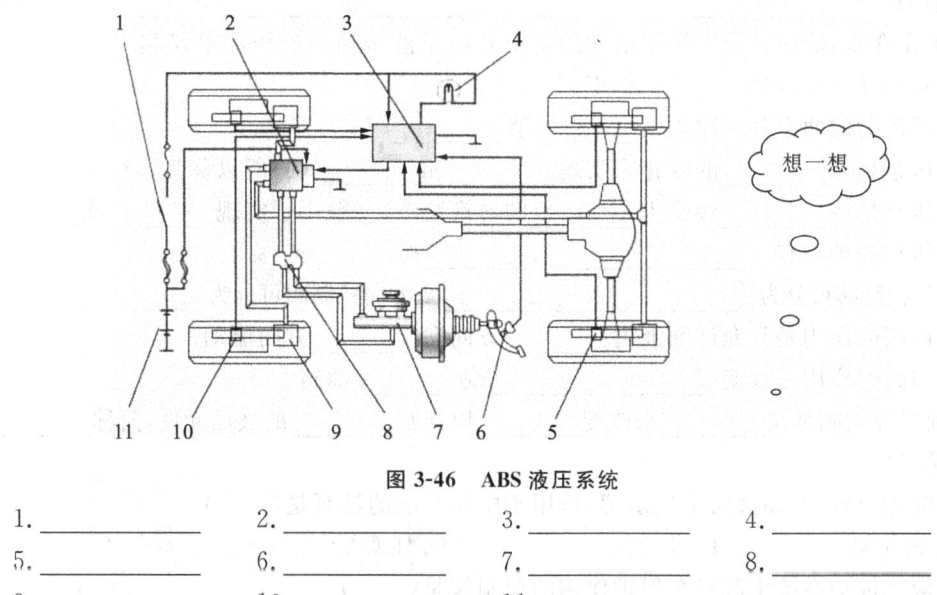

图 3-46　ABS 液压系统

1.＿＿＿＿＿＿　　2.＿＿＿＿＿＿　　3.＿＿＿＿＿＿　　4.＿＿＿＿＿＿
5.＿＿＿＿＿＿　　6.＿＿＿＿＿＿　　7.＿＿＿＿＿＿　　8.＿＿＿＿＿＿
9.＿＿＿＿＿＿　　10.＿＿＿＿＿＿　　11.＿＿＿＿＿＿

项目小结

同学们,通过这个项目的学习,我们知道了液压元件的组成及应用,以及典型的液压回路及其在汽车领域中的应用。液压传动是汽车中的重要组成部分,望同学们课后能进行巩固。

综合测试

一、填空题

1. 液压传动装置实质上是一种_____装置,它先将_____转换为_____,并依靠_____来实现能量的传递,即将_____能转换为_____能。
2. 液压传动系统由动力、执行、控制、辅助、工作介质等五大部分组成,其各部分的作用如下。
   (1)动力部分:其功用是把原动机所提供的_____转换为油液的_____能,输出高压油液。
   (2)执行部分:其功用是把油液的_____转变成_____去驱动载荷做功,实现往复直线运动、连续转动或摆动。
   (3)控制部分:其功用是控制从液压泵到执行部分的油液的_____、_____和_____,从而控制执行部分的_____、_____和_____。
   (4)辅助部分:其功用是_____、_____、_____和_____,并有_____作用。
   (5)工作介质:液压系统中用量最大的工作介质是液压油。液压油不仅起_____作用,还对元件及装置起_____作用。
3. 液压传动的两个基本原理是_____和_____。
4. 液压泵是靠_____的变化来实现_____和_____的,所以称为容积泵。
5. 液压缸是将_____转变为_____的转换装置,一般用于实现_____或_____。
6. 液压缸的种类有_____、_____、_____等。
7. 液压控制阀可分为_____、_____、_____;方向控制阀可分为_____、_____。
8. 单向阀的作用是只允许油液由_____方向向_____方向流动。
9. 换向阀的作用是改变_____、_____或_____油路。
10. 流量控制阀是靠_____来改变_____以控制_____的液压元件,简称_____。

二、选择题

1. 自吸能力好,对油液污染较敏感,适用于中压系统的油泵是( )。
   A. 齿轮泵　　　　B. 叶片泵　　　　C. 柱塞泵
2. 在液压传动系统中起安全保护作用的控制阀是( )。
   A. 减压阀　　　　B. 溢流阀　　　　C. 单向阀
3. 在液压传动系统中,常用的流量控制阀是( )。
   A. 节流阀　　　　B. 溢流阀　　　　C. 单向阀
4. 在液压传动系统中,用来变换油液流动方向,或者接通和关闭油路的控制阀是( )。

A. 单向阀　　　　　B. 溢流阀　　　　　C. 换向阀

三、判断题

1. 油液流经无分支管道时,横截面积越大,通过的流量就越大。（　）
2. 液压传动系统在工作时,必须依靠油液内部的压力来传递运动。（　）
3. 液体在管道中流动时,管道截面积越大,其流速就越小,压力也越小。（　）
4. 液压系统中压力大小是由载荷决定的。（　）
5. 容积泵输油量的大小取决于密封容积的大小。（　）
6. 液压泵的额定流量应稍高于系统所需的最大流量。（　）
7. 液压缸是液压传动系统的动力元件。（　）
8. 溢流阀的进口压力即为系统压力。（　）
9. 通常减压阀的出口压力近于恒定。（　）
10. 调速阀是最基本的流量阀。（　）
11. 液压缸工作前需先排气。（　）
12. 先导式溢流阀只适用于低压系统。（　）

四、解答题

1. 液压传动有哪些优缺点?
2. 溢流阀有何作用?

项目四

汽车拆装常用工量具

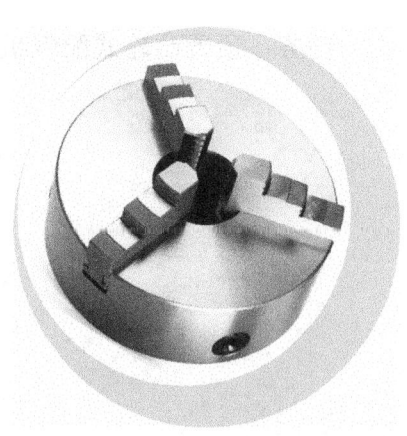

 **项目情景**

  一天,小周骑车去张公堤公园散步。远远看到一辆东风悦达起亚 K5 停在路边,而且还开启了危险警报灯。小周骑车过去一看,原来是车胎爆了。车主正在打救援电话,小周热心地跟车主说,要不我来帮你换胎吧(见图 4-0)。不一会,小周就把车胎换好了。车主要答谢小周,小周微笑着骑车走了。小周很高兴,因为终于有机会把学校学到的知识用到生活中了。

图 4-0　换胎

  同学们,小周是如何帮助车主的?运用到了哪些汽车拆装知识?我们学习了下面的内容,就知道答案了。
  本项目的主要内容是:常用的汽车拆装工具、常用的汽车拆装量具、简单零部件的拆装及其工作安全。这可为以后学习汽车的拆装打下坚实的基础。

工作任务

  任务　顶置凸轮式配气机构气门传动组的拆卸

顶置凸轮式配气机构气门传动组的拆卸

 **任务描述**

配气机构是汽车发动机的又一个重要机构,配气机构的工作正常与否,直接影响发动机的工作状况。通过对顶置凸轮式配气机构的拆装和观察发动机进、排气门的打开和关闭过程,了解凸轮机构的相关知识,熟悉汽车维修常用工量具、专用工具及工装设备的名称和规格。本次任务学习的主要内容就是汽车拆装的基本知识。它包括常用的汽车拆装工具、常用的汽车拆装量具、工作安全。

 **任务目标**

(1)观察顶置凸轮式配气机构工作过程演示,了解盘形凸轮机构的运动规律。
(2)能知道汽车维修作业中的安全操作规程及注意事项。
(3)掌握汽车维修过程中工量具的正确选用及使用方法。
(4)掌握汽车维修中工量具的维护和保养方法。

 **任务分析**

我国汽车处在高速发展时代,汽车维修行业将会得到飞速的发展,而合理地选择拆装工具和量具就显得尤为重要。本任务需要实操来巩固。

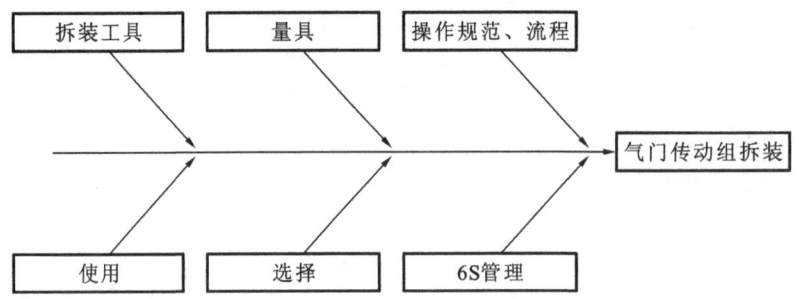

 ## 任务实施

实 施 一　　任务准备

发动机拆装翻转架、拆装用桑塔纳发动机、套筒组合扳手、T型扳手、梅花扳手、磁性表架、百分表、扭力扳手、张紧轮专用扳手。

实 施 二　　任务实施

(1)学生分组,每小组5~8人。
(2)小组进行任务分析。
(3)用T型扳手均匀地拧松气门室盖固定螺栓,如图4-1所示。
(4)取下气门室盖、气门室盖密封垫等,如图4-2所示。

图4-1　拆卸气门室盖

图4-2　取下气门室盖
1—气缸盖罩;2—密封垫

(5)用梅花扳手拧松正时齿形带张紧轮固定螺母,如图4-3所示。

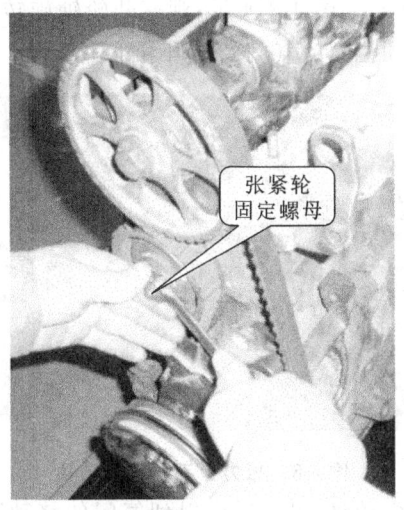

图 4-3　拧松正时齿形带张紧轮固定螺母

(6)取下正时齿形带,分别如图 4-4、图 4-5 所示。

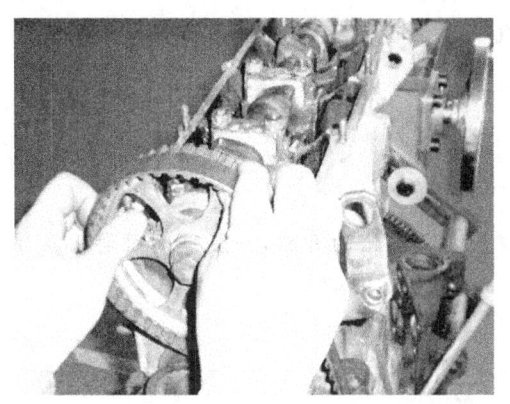

图 4-4　取下正时齿形带

图 4-5　取下正时齿形带后的凸轮轴

(7)将百分表用磁性表架固定好,百分表量头抵在凸轮轴的凸轮轮廓表面,使百分表有一定量的压缩量,转动百分表表盘,校正百分表大指针对正"零"位,分别如图 4-6、图 4-7 所示。

图 4-6　百分表量头抵住凸轮轮廓表面

图 4-7　百分表大指针对正"零"位

(8)用扭力扳手旋转凸轮轴,如图 4-8 所示;观察凸轮轴旋转一周的过程中,百分表指针的摆动情况,分别表示凸轮在不同位置时气门的上升和下降情况。

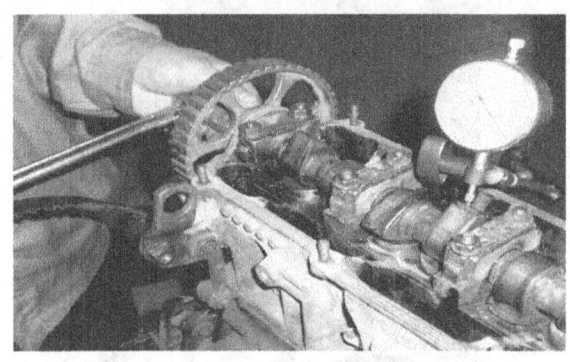

图 4-8　扭力扳手旋转凸轮轴

(9)测量凸轮轮廓曲线的变动量,可以近似得到气门的移动距离,即凸轮机构从动件的移动距离。旋转凸轮轴,读取不同位置时百分表的读数,它可反映凸轮转角与凸轮机构从动杆件移动量的关系。

(10)小组讨论常用的汽车拆装工具、常用的汽车拆装量具、工作安全。

(11)角色扮演,分小组进行讲解演示。

(12)拆卸完毕,清洁、归还工具和实习器材。

(13)完成老师布置的相关作业。

特别提示

用百分表测量凸轮的升程,选择的百分表量程应大于凸轮的升程,一般应选用量程在 0~20 mm 的百分表。

实施三　任务检测

(1)简述百分表、游标卡尺、千分尺的区别。

(2)简述百分表的使用规程。

任务评价

任务评价表

班级：　　　　　　　组别：　　　　　　　姓名：

项　目	评价内容 （请在对应条目的○内打"√"或"×",不能确定的条目不填,可以在小组评价时让本组同学讨论并写出结论）		评价等级（学生自评）		
			A全部为√	B有一至三个×	C有多于三个×
关键能力自评	○按时到场 ○工装齐备 ○书、本、笔齐全 ○不追逐打闹 ○接受任务分配 ○不干扰他人工作	学习期间不使用手机、不玩游戏○ 未经老师批准不中途离场○ 无违规操作○ 无早退○ 先擦净手再填写工作页○			
	○工作服保持干净 ○私人物品妥善保管 ○工作地面无脏污 ○工作台始终整洁 ○无浪费现象 ○参与了实际操作	无安全事故发生○ 使用后保持工具整齐干净○ 能及时纠正他人危险作业○ 废弃物主动放入相应回收箱○ 未损坏工具、量具及设备○			
	○课前有主动预习 ○与本组同学关系融洽 ○积极参与小组讨论 ○接受组长任务分配 ○能独立查阅资料 ○工装穿戴符合要求	本小组工作任务能按时完成○ 主动回答老师提问○ 能独立规范操作○ 能主动帮助其他同学○ 不戴饰物,发型合规○			
专业能力自评	○能按时完成工作任务 ○工量具选用准确 ○无不规范操作 ○完成学习任务不超时 ○学习资料携带齐备	能独立完成工作页○ 没有失手坠落物品○ 指出过他人的不规范操作○ 暂时无任务时不无所事事○ 工作质量合格无返工○			
小组评语及建议	他（她）做到了： 他（她）的不足： 给他（她）的建议：		组长签名： 　　年　　月　　日		
教师评价及建议			评价等级： 教师签名： 　　年　　月　　日		

 ## 相关知识

知识一　常用的汽车拆装工具

汽车修理中需要使用各种工具,这些工具只有使用得当才能保证工作安全和准确。这就要求学生不仅要了解工具的功能和用法,还要正确选择适合的工具。此外还要注意培养良好的工作习惯。

1. 手动工具的认识及使用

1) 手动工具的类型

（1）扳手类。

扳手是一种用于拧紧或旋松螺栓、螺母等螺纹紧固件的装卸用手工工具。

① 开口扳手。

开口扳手最常见的一种扳手,又称呆扳手,一端或两端制有固定尺寸的开口,如图4-9所示,用于拧转一定尺寸的螺母或螺栓。开口扳手的开口大小一般是根据标准螺母的尺寸而定的,其规格是以两端开口的宽度 $S(mm)$ 来表示的,通常用45、50钢锻造,并经热处理。

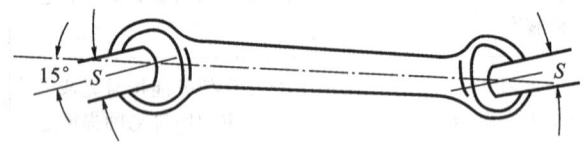

图4-9　开口扳手

② 梅花扳手。

梅花扳手两端具有带六角孔或十二角孔的工作端,如图4-10所示,适用于工作空间狭小,不能使用普通扳手的场合。与开口扳手相比,梅花扳手强度高,使用时不易滑脱,但套上、取下不方便。其规格以闭口尺寸 $S(mm)$ 来表示,通常用45钢或40Cr钢锻造,并经热处理。

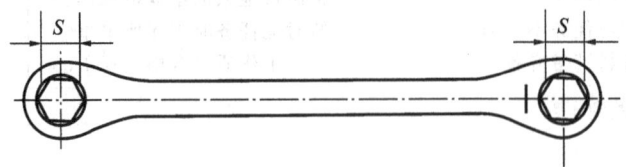

图4-10　梅花扳手

③ 套筒扳手。

套筒扳手由多个带六角孔或十二角孔的套筒并配有手柄、接杆等多种附件组成,如图4-11所示,特别适用于拧转位置十分狭小或凹陷很深处的螺栓或螺母。套筒扳手的套筒头是一个凹六角形的圆筒;扳手通常由碳素结构钢或合金结构钢制成,扳手头部具有规定的硬度,中间及手柄部分则具有弹性。

④ 活动扳手。

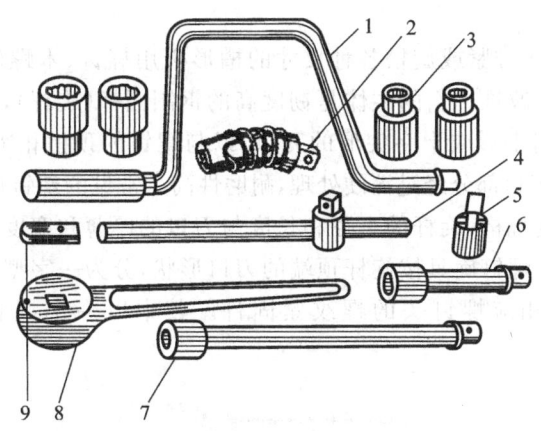

图 4-11 套筒扳手

1—快速摇柄；2—万向接头；3—套筒头；4—滑头手柄；5—旋具接头；
6—短接杆；7—长接杆；8—棘轮手柄；9—直接杆

活动扳手的开口宽度可在一定尺寸范围内进行调节（见图 4-12），能拧转不同规格的螺栓或螺母。其规格是以长度×最大开口宽度(mm)来表示的,通常是由碳素钢或铬钢制成的。

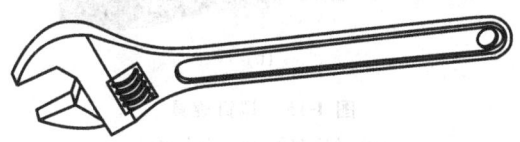

图 4-12 活动扳手

⑤扭力扳手。

扭力扳手在拧转螺栓或螺母时,能显示出所施加的扭矩；或者当施加的扭矩到达规定值后,会发出光或声响信号,如图 4-13 所示。扭力扳手适用于对扭矩大小有明确规定的装配工作。

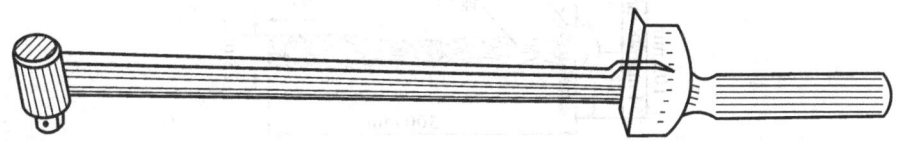

图 4-13 扭力扳手

⑥内六角扳手。

内六角扳手是成 L 形的六角棒状扳手,专用于拧转内六角螺钉,如图 4-14 所示。规格以六角形对边尺寸表示,有 13 种 3～27 mm 尺寸的,汽车维修作业中会用到成套的内六角扳手拆装 M4～M30 的内六角螺栓。

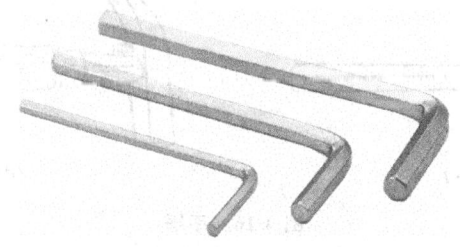

图 4-14 内六角扳手

(2)螺钉旋具。

螺钉旋具是一种用于拧紧或旋松各种尺寸的槽形机用螺钉、木螺丝以及自攻螺钉的手工工具,又称螺丝刀、起子、改锥。它的主体是韧度高的钢制圆杆(旋杆),其一端装配有便于握持的手柄,另一端镦锻成扁平形或十字尖形的刀口,以与螺钉的顶槽相啮合,施加扭力于手柄便可使螺钉转动。旋杆的刀口部分经过淬硬处理,耐磨性高。常见的螺钉旋具有 75 mm、100 mm、150 mm、300 mm 等长度规格,旋杆的直径和长度与刀口的厚薄和宽度成正比。手柄的材料为直纹木料、塑料或金属。螺钉旋具按旋杆顶端的刀口形状,分为一字型、十字型、六角型和花型等数种,分别旋拧带有相应螺钉头的螺纹紧固件。其中以一字型和十字型最为常用,如图 4-15 所示。

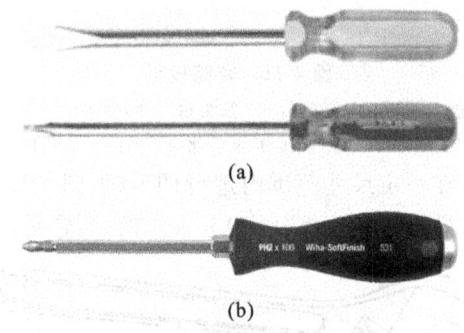

图 4-15 螺钉旋具

(a) 一字起子;(b) 十字起子

(3)手锤、手钳类。

手锤是用于敲击或锤打物体的手工工具。锤由锤头和握持手柄两部分组成。锤的使用极为普遍,形式、规格很多。常见的有圆头锤、羊角锤、斩口锤和什锦锤等,如图 4-16 所示。

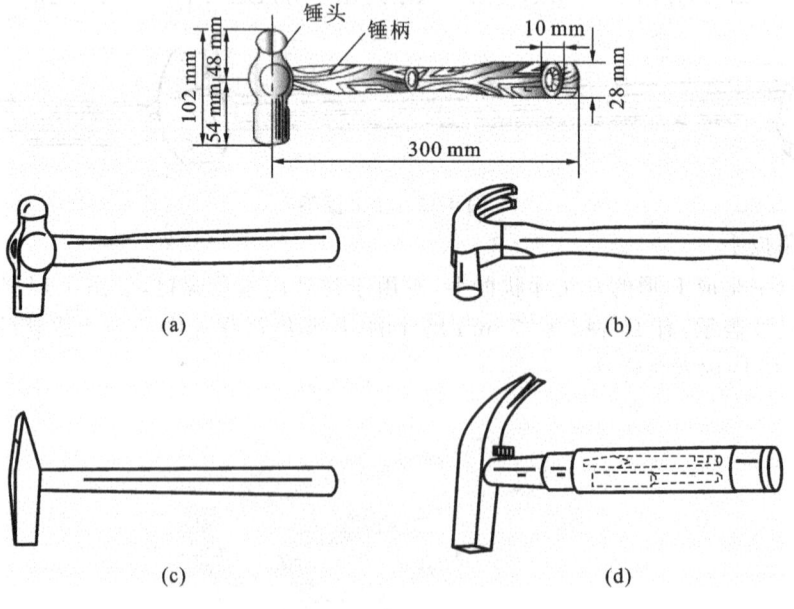

图 4-16 手锤

(a) 圆头锤;(b) 羊角锤;(c) 斩口锤;(d) 什锦锤

手钳是一种用于夹持、固定加工工件或者扭转、弯曲、剪断金属丝线的手工工具。钳的外形呈V形,通常包括手柄、钳腮和钳嘴等三个部分,如图4-17所示。

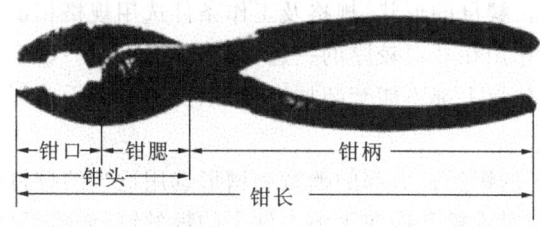

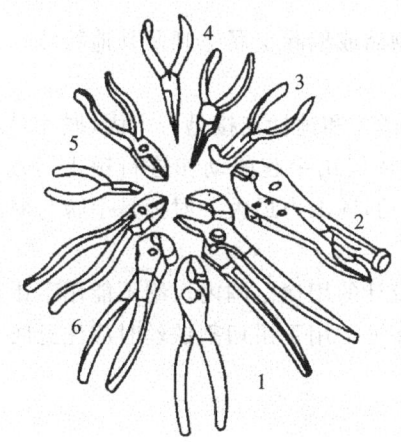

图 4-17　常用钳子类型
1—鲤鱼钳;2—夹紧钳;3—钩钳;4—尖嘴钳;5—组合钢丝钳;6—剪钳

(4)其他工具。

其他工具包括锉刀、刮刀、冲头、风动工具等。

2)手动工具的正确选用

(1)根据工作类型选择工具。

扳手选择的优先顺序为:

①套筒扳手;

②梅花扳手;

③开口扳手;

④活动扳手。

(2)根据工作场所选择工具。

套筒扳手可以根据所装的手柄以各种方式工作。套筒扳手有如下手柄:

①棘轮手柄(狭窄空间中用,但扭距小);

②滑动手柄(速度最快);

③旋转手柄(能迅速工作,但是很难用于狭窄空间)。

(3)根据旋转扭矩的大小选用工具。

①手柄越长,用较小的力就能得到较大扭矩。

②若用超长手柄,则有扭矩过大的危险,螺栓可能会被折断。

3)注意事项

(1)扳手类工具。

①使用时应根据螺钉、螺母的形状、规格及工作条件选用规格相适应的扳手。

②操作时,应使拉力作用在开口较厚的一边,以防开口出现"八"字形,损坏螺母和扳手。

③除套筒扳手外,其他扳手都不能套装加力杆,以防损坏扳手或螺纹连接件。

(2)螺钉旋具。

①应根据旋紧或松开的螺丝钉头部的槽宽和槽形选用适当的螺钉旋具。

②不要用螺钉旋具旋紧或松开握在手中工件上的螺丝钉,应将工件夹固在夹具内,以防伤人。

③不可用螺钉旋具撬任何物品或剔除金属毛刺及其他物体。

(3)手锤和手钳。

①使用手锤时,应仔细检查锤头和锤柄连接是否牢固,握锤时应握住锤柄后端。挥锤的方法有腕挥、肘挥和臂挥三种。腕挥仅用手腕的动作进行锤击运动,锤击力小,但准、快、省力。臂挥是用手腕、肘和全臂一起挥动,锤击力最大。肘挥是手腕与肘部一起挥动,作锤击运动,锤击力介于腕挥和臂挥之间。

②手钳的使用应限制在其设计的用途范围内。绝不能用手钳松紧螺母。手钳的尺寸和位置摆放正确是夹紧工件的基本保证。用手钳切割铁丝时应注意防止过载。

2.千斤顶

千斤顶是一种用刚性顶举件作为工作装置,通过顶部托座或底部托爪在行程内顶升重物的轻小起重设备。它有机械式和液压式等两种,如图4-18所示。液压式千斤顶结构紧凑,工作平稳,有自锁作用,故使用广泛。其缺点是,起重高度有限,起升速度慢。

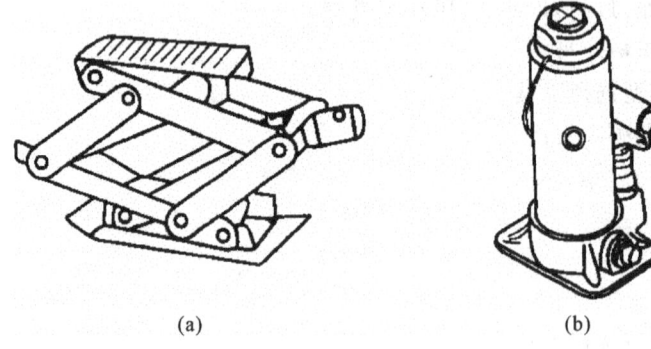

图4-18 千斤顶
(a)机械式;(b)液压式

1)使用方法

下面以液压式千斤顶为例介绍其使用方法。

(1)顶起汽车前,应把千斤顶顶面擦拭干净,拧紧液压开关,把千斤顶放置在被顶部位的下部,并使千斤顶与被顶部位相互垂直,以防千斤顶滑出而造成事故。

(2)旋转顶面螺杆,改变千斤顶顶面与被顶部位的原始距离,使顶起高度符合汽车需要的顶置高度。

(3)用三角形垫木将汽车着地车轮前后塞住,防止汽车在顶起过程中发生滑溜事故。

(4)用手上下压动千斤顶手柄,被顶汽车逐渐升到一定高度,在车架下放入搁车凳,禁止用砖头等易碎物支垫汽车。落车时,应先检查车下是否有障碍物,并确保操作人员的安全。

(5)徐徐拧松液压开关,使汽车缓慢、平稳地下降,架稳在搁车凳上。

2)注意事项

(1)汽车在顶起或下降过程中,禁止在汽车下面进行作业。

(2)应徐徐拧松液压开关,使汽车缓慢下降,汽车下降速度不能过快,否则易发生事故。

(3)在松软路面上使用千斤顶顶起汽车时,应在千斤顶底座下加垫一块有较大面积且能承受压力的材料(如木板等),防止千斤顶由于汽车重压而下沉。千斤顶与汽车接触位置应正确、牢固。

(4)千斤顶把汽车顶起后,若在液压开关拧紧状态下,发生自动下降现象,则应立即查找原因,及时排除故障后方可继续使用。

(5)如发现千斤顶缺油,应及时补充规定油液,不能用其他油液或水代替。

(6)千斤顶不能用火烘热,以防皮碗、皮圈损坏。

(7)千斤顶必须垂直放置,以免因油液渗漏而失效。

3.汽车举升机

1)举升机类型

汽车举升机是用于汽车维修过程中举升汽车的设备,汽车开到举升机工位后,人工操作举升机可使汽车举升一定的高度,便于汽车维修。举升机按照功能和形状,一般可分为两柱、四柱、剪式(见图4-19)等三大类。

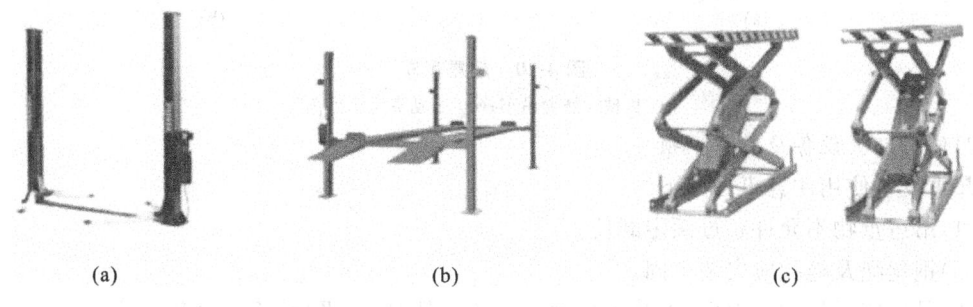

图4-19 汽车举升机
(a)两柱;(b)四柱;(c)剪式

2)使用注意事项

(1)车辆的总质量不能大于举升机的起升能力。

(2)根据车型和停车位置的不同,汽车的重心应尽量与举升机的重心相接近;严防偏重,为了打开车门,汽车与立柱间应留有一定的距离。

(3)转动、伸缩、调整举升臂至汽车底盘指定位置并接触牢靠。

(4)汽车举升前,操作人员应检查汽车周围是否有障碍物及人员,防止发生意外事故。

(5)汽车举升时,要在汽车离开地面较低位置进行反复升降,无异常现象时方可举升至所需高度。

(6)汽车举升后,应落槽于棘牙之上并立即进行锁紧。

4. 起重吊车

1) 起重吊车的类型

常用的吊车有门式、悬臂式、单轨式和梁式等四种类型。在汽车拆装实训中使用最多的是悬臂式吊车,它分为机械式和液压式等两大类,如图 4-20 所示。

(1) 机械式悬臂吊车。

它通过手柄转动绞盘和棘轮,收缩或放长铁链使重物上升或下降,可作短距离移动。

(2) 液压式悬臂吊车。

起吊时,油泵工作,使压力油进入工作油缸内,推动顶杆外移,使重物起吊。打开放油阀,工作缸内的油流回油箱,压力降低,使重物下降。

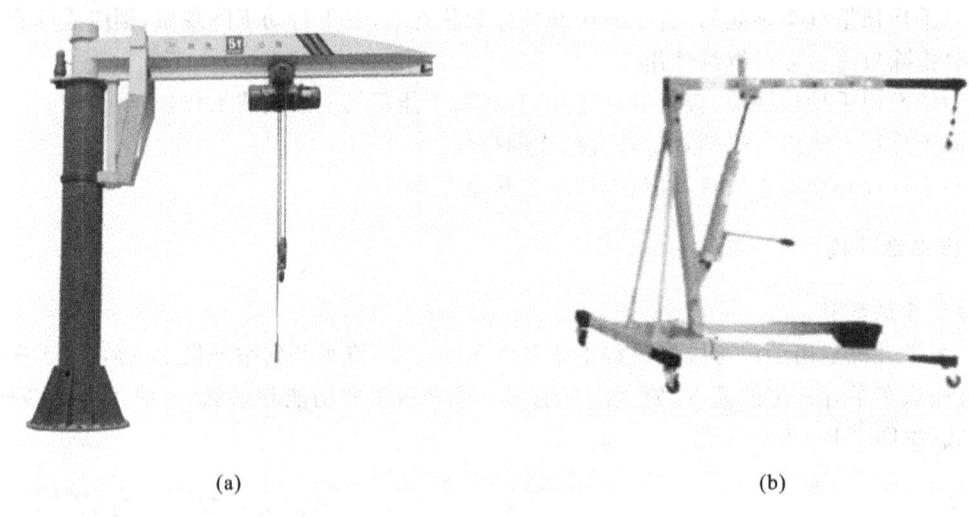

图 4-20 起重吊车

(a) 机械式悬臂吊车;(b) 手动液压式吊车

2) 使用起重设备应注意事项

起重设备使用注意事项如下。

(1) 吊运重物不允许超过额定载荷。

(2) 钢丝绳及绳扣应安装牢固。

(3) 吊件应尽量靠近地面,以减小晃动。下放吊件时,要平稳,不可过急。

(4) 严禁用吊车拖拉非起吊范围内的吊件。

5. 专用工具

1) 活塞环拆装钳

活塞环拆装钳是一种专门用于拆装活塞环的工具(见图 4-21),要避免活塞环受力不均匀而拆断。

活塞环拆装钳使用注意事项如下。

(1) 使用活塞环拆装钳时,应将活塞环拆装钳上的环卡卡住活塞环开口,轻握手柄稍稍均匀地用力,并且手把要慢慢收缩,环卡将活塞环慢慢张开,使活塞环能从活塞环槽中取出或装入。

（2）使用活塞环拆装钳拆装活塞环时，用力必须均匀，避免用力过猛而导致活塞环折断，同时也能避免发生伤手事故。

2）气门弹簧拆装架

气门弹簧拆装架是一种专门用于拆装顶置气门弹簧的工具，如图4-22所示。使用时，将拆装架托架抵住气门，压环对正气门弹簧座，然后压下手柄，使得气门弹簧被压缩。这时可取下气门弹簧锁销或锁片，慢慢地松抬手柄，即可取出气门弹簧座、气门弹簧和气门等。

3）拉器

拉器是用于拆卸过盈配合安装在轴上的齿轮或轴承等零件的专用工具。常用拉器为手动式，在杆式弓形叉上装有压力螺杆和拉爪。使用时，在轴端与压力螺杆之间垫一垫板，用拉器的拉爪拉住齿轮或轴承，然后拧紧压力螺杆，即可从轴上拉下齿轮等过盈配合安装零件，如图4-23所示。

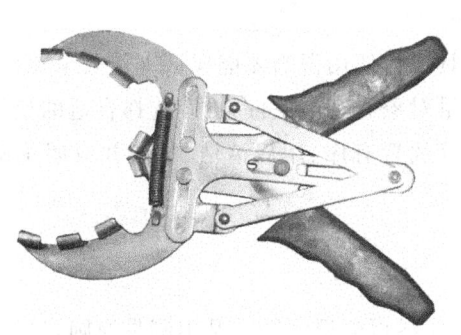
图4-21 活塞环拆装钳

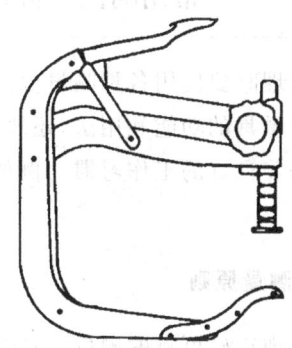
图4-22 气门弹簧拆装架

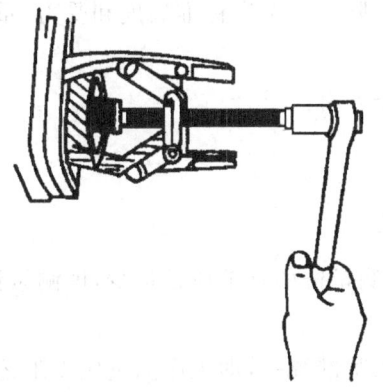
图4-23 拉器

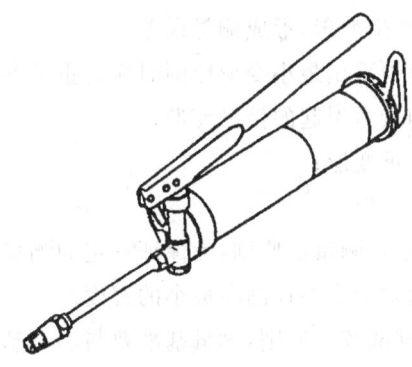
图4-24 滑脂枪

4）滑脂枪

滑脂枪又称为黄油枪，如图4-24所示，是一种专门用来加注润滑脂（黄油）的工具。其使用方法如下。

（1）填装黄油。

①拉出拉杆使柱塞后移，拧下滑脂枪缸筒前盖。

②把干净黄油分成团状，徐徐装入缸筒内，且使黄油团之间尽量相互贴紧，排出缸筒内的

空气。

③装回前盖,推回拉杆,柱塞在弹簧作用下前移,使黄油处于压缩状态。

(2)注油方法。

①把滑脂枪接头对正被润滑的黄油嘴(滑脂嘴),直进直出,不能偏斜,以免影响黄油加注,减少黄油的浪费。

②注油时,若注不进油,则应立即停止,并查明堵塞的原因,排除后再进行注油。

(3)加注润滑脂时,不进油的主要原因。

①滑脂枪缸筒内无黄油或压力缸筒内的黄油间有空气。

②滑脂枪压油阀堵塞或注油接头堵塞。

③滑脂枪弹簧疲劳过软造成弹力不足或弹簧折断而失效。

知识二 常用的汽车拆装量具

汽车修理时要使用各种测量仪器,这些量具只有使用得当才能保证工作安全和测量准确。不仅要了解量具的功能和用法,还要能根据测量对象和其他条件,正确选择合适的量具。此外还要注意培养良好的工作习惯。例如,保持量具放置有序、用后清洁、涂油并放回正确的位置等。

1.基本测量原则

为了实现正确可靠的测量,在实际测量中,应尽可能遵守以下基本测量原则。

(1)阿贝原则:被测尺寸线应与标准尺寸线相重合或在其延长线上,否则将会带来较大的测量误差。

(2)最小变形原则:测量器具与被测零件都会因实际温度偏离标准温度和受力(重力和测量力)而产生变形,形成测量误差。

测量中采用最小变形原则时应着重考察以下几个方面:

①测量力引起的接触变形;

②自重变形;

③热变形。

(3)最短测量链原则:为保证一定的测量准确度,测量链的环节应该最少,即测量链最短,要将总的测量误差控制在最小的程度。

(4)基准统一原则:测量基准要与加工基准和使用基准统一,即工序测量应以工艺基准作为测量基准,终结测量应以设计基准作为测量基准。

2.测量器具的主要技术性能指标

(1)量具的标称值:标注在量具上用于标明其特性或指导其使用的量值,如标在量块上的尺寸、标在刻线尺上的数字等。

(2)量程:测量仪表或仪器所能测试的各种参数的范围。量程大的仪器使用起来比较方便,但仪器的线性误差则会随之变大,使仪器的准确度下降。

(3)灵敏度：测量器具对被测量值变化的反应能力称为灵敏度。

(4)测量力：测量时，大部分计量器具的测量头都需要加一定的压力来和被测量面(或线、点)相接触才能进行测量，这个压力就称为测量力。测量力及其变动会影响测量结果的精度。因此，绝大多数采用接触测量法的测量器具，都具有测量力稳定机构。

(5)示值误差：计量器具指示出来的测量值与被测量值的实际数值之差，称为示值误差。例如，用百分尺测量轴的直径的读数值为 41.675 mm，而其真值为 41.678 mm，则百分尺的示值误差为 41.675－41.678＝－0.003 mm。

(6)回程误差：测量器具对同一个尺寸进行正向和反向测量时，由于结构上的原因，其指示值不可能完全相同，这种误差称为回程误差。该项误差是由测量器具中测量系统的间隙、变形和摩擦等原因引起的。

3.常用量具

1)钢直尺

钢直尺是一种最简单的长度量具，它的长度有 150 mm、300 mm、500 mm 和 1000 mm 等四种规格，外形如图 4-25 所示。一般分度值为 1 mm，标度单位为 cm，读数时可以准确读到 mm 位，mm 位以下的数值是估计值。合格的钢直尺必须符合表 4-1 所示的规格。

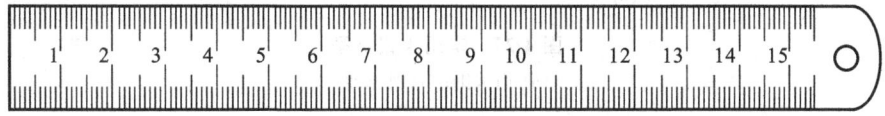

图 4-25　150 mm 钢直尺

表 4-1　钢直尺规格

钢直尺规格/mm	150	300	500	1000
允许误差/mm	±0.1		±0.15	±0.2

钢直尺可用于测量零件的长度、螺距、宽度、内外孔直径、深度以及零件加工制造的画线等。如果用钢直尺直接去测量零件的直径尺寸(轴径或孔径)，则测量精度较低。其原因是，除了钢直尺本身的读数误差比较大以外，钢直尺无法正好放在零件直径的正确位置。所以零件直径尺寸的测量，最好利用钢直尺和内外卡钳配合起来进行。

钢直尺使用注意事项如下。

(1)尽量使待测物贴近钢尺的刻度线，读数时视线要垂直钢尺(见图 4-26)。

(2)一般不要用钢尺的端点作为测量的起点，因为端边易受磨损而给测量带来误差。

(3)钢尺的刻度可能不够均匀，在测量时要选取不同起点进行多次测量，然后取平均值。

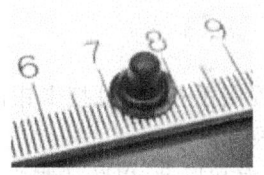 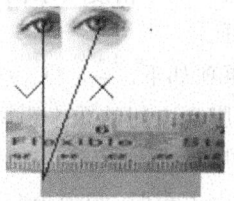

图 4-26　正确的钢直尺读数方法

2)卡钳

卡钳是间接读数量具,按用途不同,卡钳分为内卡钳和外卡钳等两类;按结构不同,卡钳又分为紧轴式卡钳和弹簧式卡钳。图4-27所示的是常见的两种内、外卡钳。内卡钳用来测量内径和凹槽,外卡钳用来测量外径和平行面。它们本身都不能直接读出测量结果,而要把测量得到的长度尺寸(直径也属于长度尺寸),在钢直尺上进行读数(见图4-28),或在钢直尺上先取下所需尺寸,再去检验零件的直径是否符合。

测量时操作卡钳的方法对测量结果影响很大。正确的操作方法是,用内卡钳时,拇指和食指要轻轻捏住卡钳的销轴两侧,将卡钳送入孔或槽内;用外卡钳时,右手的中指挑起卡钳,用拇指和食指撑住卡钳的销轴两边,使卡钳在自身的重量下两量爪滑过被测表面。卡钳与被测表面的接触情况,凭手的感觉,手有轻微感觉即可,不宜过松,也不要用力使劲卡被测表面。

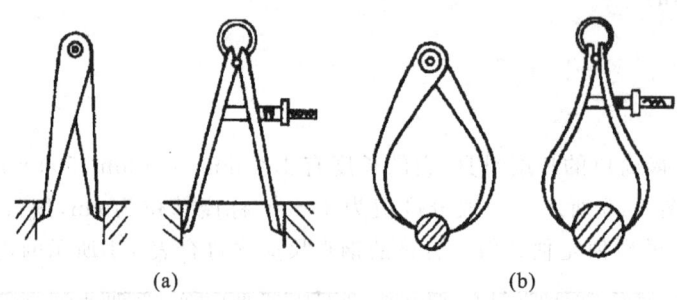

图 4-27 常用卡钳类型

(a) 内卡钳;(b) 外卡钳

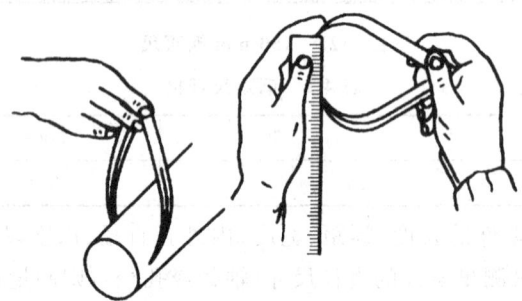

图 4-28 卡钳的使用

使用大卡钳时,要用两只手操作,右手握住卡钳的销轴,左手扶住一只量爪进行测量。测量轴类零件的外径时,卡钳的两只量爪应垂直于轴心线,即在被测件的径向平面内测量。测量孔径时,一只量爪应与孔壁的一边接触,另一量爪在径向平面内左右摆动找最大值。

校好尺寸后,卡钳应轻拿轻放,防止尺寸变化。把量得的卡钳放在钢直尺、游标卡尺或千分尺上量取尺寸数值。测量精度要求高的用千分尺取值,一般用游标卡尺取值,测量毛坯之类的用钢直尺取值即可。

卡钳使用注意事项如下。

(1)改变卡钳两脚尖之间的微小距离时,不要直接用手拉动,可把卡钳的某一脚在较硬的物体上轻轻敲动即可(增大间距,敲内侧;减小间距,敲外侧)。

(2)从圆筒上取下卡钳时,必须小心操作,不能用力和振动,以防两脚尖之间的距离发生改变而增大测量误差。

3)塞尺

塞尺又称为厚薄规,在汽车行业中主要用来量测活塞与气缸间隙、活塞环槽与活塞环间隙、气门间隙及齿轮啮合间隙等。塞尺是由许多层厚薄不一的薄钢片组成的(见图4-29),每把塞尺中的每片具有两个平行的测量平面,且都有厚度标记,以供组合使用。

测量时,根据结合面间隙的大小,用一片或数片重叠在一起塞进间隙内。例如,用 0.04 mm 的一片能插入间隙,而 0.05 mm 的一片不能插入间隙,这说明间隙在 0.04~0.05 mm 之间,所以塞尺也是一种界限量规。

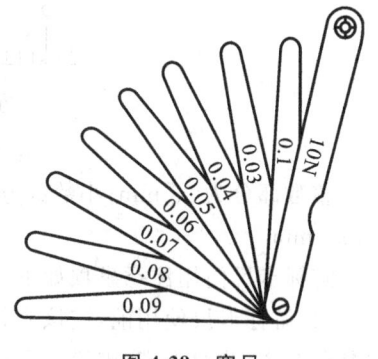

图 4-29 塞尺

塞尺使用注意事项如下。

(1)根据结合面的间隙情况选用塞尺片数,但片数越少越好。

(2)测量时不能用力太大,以免塞尺弯曲和折断。

(3)不能测量温度较高的工件。

4)游标卡尺

游标卡尺可以测量内外径尺寸、深度、孔距、环的壁厚和沟槽,其精度分 0.10 mm、0.05 mm、0.02 mm 等三种,测量范围有 0~125 mm、0~150 mm、0~200 mm、0~300 mm 等。游标卡尺的结构如图4-30所示。

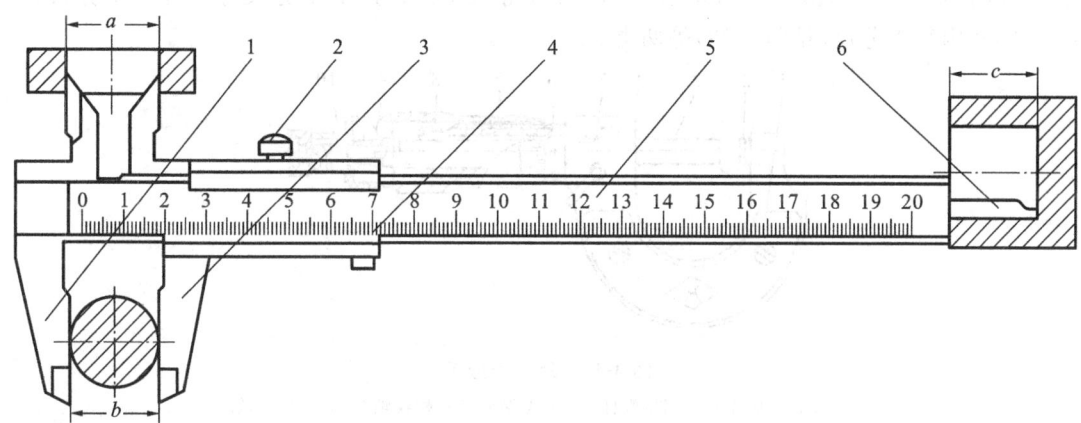

图 4-30 游标卡尺

a—测量内表面尺寸;b—测量外表面尺寸;c—测量深度尺寸

1—尺框;2—固定螺钉;3—内外量爪;4—游标;5—尺身;6—深度尺

游标卡尺读数方法如下。

(1)先读整数——看游标零线的左边,主尺上与游标零线最近的一条刻线的数值,即被测尺寸的整数部分。

(2)再读小数——看游标零线的右边,游标第 n 条刻线与主尺刻线对齐,则被测尺寸的小数部分为 $n \times i$(简单判断游标卡尺分度值方法:先确定游标上的格数 n(可直接读出),分度值等于游标格数的倒数,即 $i=1/n$)。

(3)得出被测尺寸——整数部分+小数部分。

例如,读出图4-31所示游标卡尺的读数。

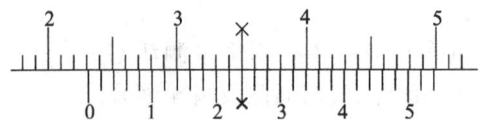

图 4-31 游标卡尺(0.02mm)的读数

整数部分为 23 mm；小数部分为 12×0.02 mm＝0.24 mm；被测尺寸为(23＋0.24) mm＝23.24 mm。

游标卡尺使用注意事项如下。

(1)游标卡尺使用前,应该先将游标卡尺的卡口合拢,检查游标尺的零线和主刻度尺的零线是否对齐,若对不齐,则说明卡口有零误差,应调零。

(2)推动游标刻度尺时,不要用力过猛,卡住被测物体时松紧应适当,更不能卡住物体后再移动物体,以防卡口受损。

(3)用完后两卡口要留有间隙,绝不可将副尺固定螺丝锁定,然后将游标卡尺放入包装盒内,不能随便放在桌上,更不能放在潮湿的地方。

5)千分尺

千分尺(螺旋测量器)是一种比游标卡尺更精密的量具,测量精度为 0.01 mm。千分尺的测量螺杆的移动量为 25 mm,所以千分尺的测量范围一般为 25 mm。为了使千分尺能测量更大的长度,以满足工业生产的需要,千分尺的尺架做成各种尺寸,形成不同测量范围的千分尺。测量范围有 0～25 mm、25～50 mm、50～75 mm 等规格。常用的千分尺分为外径千分尺(见图 4-32)和内径千分尺(见图 4-33)等两类。

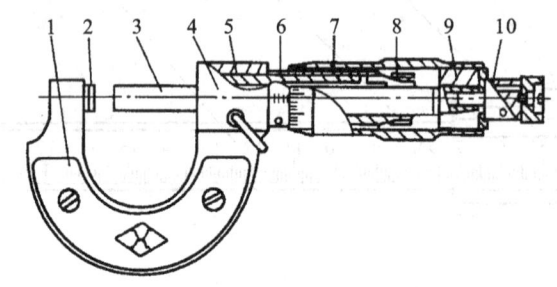

图 4-32 外径千分尺

1—尺架；2—砧座；3—测量螺杆；4—锁紧装置；5—螺纹轴套；6—固定套管；
7—微分筒；8—螺母；9—接头；10—测力装置

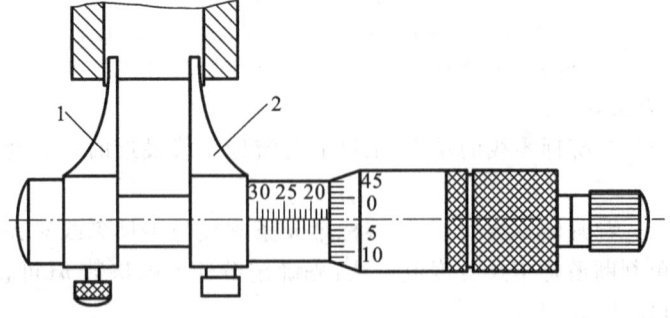

图 4-33 内径千分尺

1—尺框；2—量尺

千分尺主要由尺架、测量装置、测力装置和锁紧装置等组成。一般千分尺均附有调零的专用小扳手,测量下限不为零的千分尺还附有用于调整零位的标准棒。

外径千分尺的读数方法如图 4-34 所示。外径千分尺固定套管上有两组刻线,两组刻线之间的横线为基线,基线以下为毫米刻线,基线以上为半毫米刻线;活动套管上沿圆周方向有 50 条刻线,每一条刻线表示 0.01 mm。

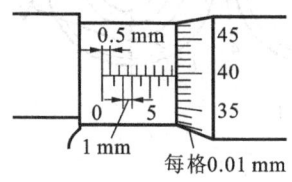
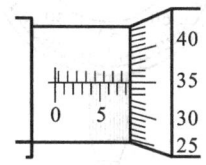

固定套管读数:7.5 mm　　　　　　固定套管读数:8.0 mm
微分筒读数:39×0.01=0.39 mm　　微分筒读数:35×0.01=0.35 mm
被测尺寸:7.5+0.39=7.89 mm　　　被测尺寸:8.0+0.35=8.35 mm

图 4-34　外径千分尺的读数方法

测量时,读数方法分如下三步。

(1)先读出固定套管上露出刻线的整毫米数和半毫米数(0.5 mm)(注意看清露出的是上方刻线还是下方刻线,以免相差 0.5 mm)。

(2)看准微分筒上哪一格与固定套管纵向刻线对准,将刻线的序号乘以 0.01 mm,即为小数部分的数值。

(3)上述两部分读数相加,即为被测工件的尺寸。

千分尺使用注意事项如下。

(1)校对零点,将砧座与测量螺杆接触,看圆周刻度零线是否与纵向中线对齐,且微分筒左侧棱边是否与尺身的零线重合,如有误差应调整。

(2)合理操作,手握尺架,先转动微分筒,当测量螺杆快要接触工件时,必须使用端部棘轮,严禁再拧微分筒,当棘轮发出嗒嗒声时应停止转动。

(3)防止回程误差,由于螺丝和螺母不可能完全密合,螺旋转动方向改变时它的接触状态也改变,两次读数将不同,由此产生的误差称为回程误差。为防止此误差,测量时应向同一方向转动,使十字线和目标对准,若移动十字线超过了目标,就要多退回一些,重新再向同一方向转动。

6)百分表

百分表常用来测量机器零件的各种几何形状偏差和表面相互位置偏差,也可测量工件的长度尺寸。百分表具有外廓尺寸小、重量轻和使用方便等特点。其工作原理是,将测量杆的直线位移,经过齿条和齿轮传动转变为指针的角位移,百分表的刻度盘圆周刻成 100 等份,其分度值为 0.01 mm,大指针转动 1 周,则测杆的位移为 1 mm。表盘和表圈是一体的,可任意转动,以便指针对零位,小指针用于指示大指针的回转圈数。常见百分表的测量范围为 0~3 mm、0~5 mm 和 0~10 mm 等。图 4-35 所示的是百分表的基本结构。

在使用时,百分表一般要固定在表架上,如图 4-36 所示。用百分表进行测量时,必须首先调整表架,使测杆与零件表面保持垂直接触且有适当的预缩量,并转动表盘使指针对正表盘上的"0"刻度线,然后按一定方向缓慢移动或转动工件,测杆则会随零件表面的移动自动伸缩。测杆伸长时,表针顺时针转动,读数为正值;测杆缩短时,表针逆时针转动,读数为负值。

百分表使用注意事项如下。

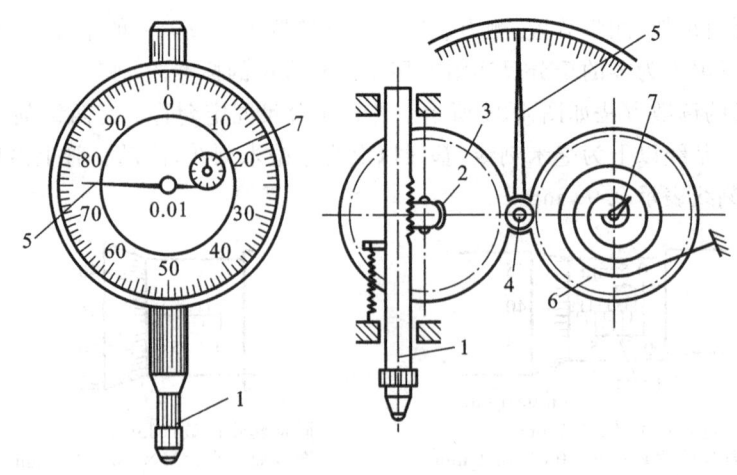

图 4-35 百分表的结构

1—测量杆；2、4—小齿轮；3、6—大齿轮；5—大指针；7—小指针

(1) 使用前，应检查测量杆活动的灵活性。

(2) 要严格防止水、油和灰尘渗入表内，测量杆上也不要加油，免得黏有灰尘的油污进入表内，影响表的灵活性。

(3) 不使用时，测量杆应处于自由状态，以免表内的弹簧失效，如百分表上的百分表头，不使用时，应拆下来保存。

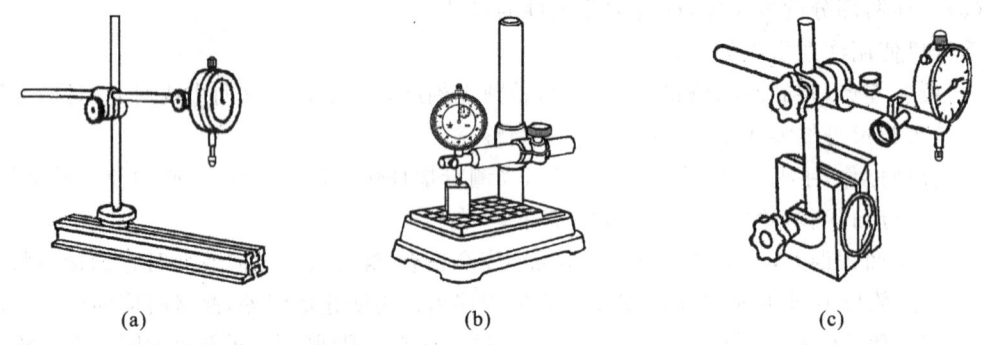

图 4-36 安装在专用夹持架上的百分表

(a) 普通表座；(b) 万能表座；(c) 磁力表座

7) 内径百分表

内径百分表（又称为量缸表）是由杠杆式测量架和百分表组合而成的，它是用比较法来测量孔径及其几何形状偏差的。内径百分表主要用来测量气缸的尺寸精度和形状精度，也可以用来测量轴孔。

内径百分表测量架的内部结构如图 4-37 所示。在三通管 3 的一端装着活动测量头 1，另一端装着可换测量头 2，垂直管口一端，通过连杆 4 装有百分表 5。活动测量头 1 的移动，使杠杆 7 回转，通过活动杆 6 推动百分表的测量杆，使百分表指针产生回转。由于杠杆 7 的两侧触点是等距离的，当活动测量头移动 1 mm 时，活动杆也移动 1 mm，推动百分表指针回转一圈，所以活动测量头的移动量可以在百分表上读出来。两触点量具在测量内径时，不容易找正孔的直径方向，定心护桥 8 和弹簧 9 就起到帮助找正直径位置的作用，使内径百分表的两个测量头正好在内孔直径的两端。活动测量头的测量压力由活动杆6上的弹簧控制,保证测量压力一致。为测量不同缸径,常备有不同的接杆及加长接杆。内径百分表的规格是按测量直径的范围来划分的,如18～35 mm、35～50 mm、50～160 mm等,汽车维修作业中常用50～160 mm这种规格的。

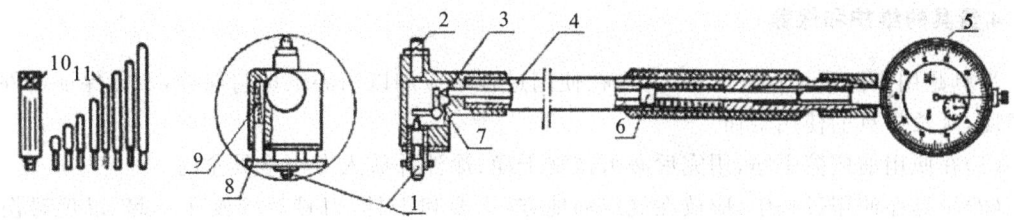

图 4-37　内径百分表

1—活动测量头;2—可换测量头;3—三通管;4—连杆;5—百分表;6—活动杆;
7—杠杆;8—定心护桥;9—弹簧;10—加长接杆;11—接杆

测量时首先根据气缸(或轴承孔)直径选择长度尺寸合适的接杆,并将接杆固定在内径百分表下端的接杆座上;然后校正内径百分表,将外径千分尺调到被测气缸(或轴承孔)的标准尺寸,再将内径百分表校正到外径千分尺的尺寸,并使伸缩杆有2 mm左右的压缩行程,旋转表盘使指针对准零位后即可进行测量(见图4-38)。

注意:测量过程中,必须前后摆动内径百分表以确定读数最小时的直径位置,同时还应在一定角度内转动内径百分表以确定读数最大时的直径位置。

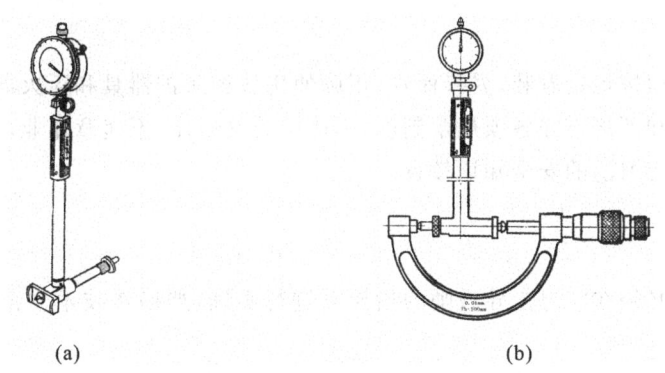

图 4-38　内径百分表的使用

(a) 内径百分表;(b) 用外径千分尺调整尺寸

8) 弹簧秤

弹簧秤(又称为弹簧测力计)是利用弹簧的形变与外力成正比的关系制成的测量作用力大小的装置。

弹簧秤分为压力弹簧秤和拉力弹簧秤等两种类型,压力弹簧秤的托盘承受的压力等于物体的重力,秤盘指针旋转的角度指示所受压力的数值。拉力弹簧秤的下端和一个钩子连在一起(这个钩子是与弹簧下端连在一起的),弹簧的上端固定在壳顶的环上。将被测物挂在钩上,弹簧即伸长,而固定在弹簧上的指针随之下降。由于在弹性限度内,弹簧的伸长与所受的外力成正比,因此作用力的大小或物体重力可从弹簧秤的指针指示的外壳上的标度数值直接读出。

弹簧秤使用注意事项如下。

(1)在使用时应注意所测的重力或力不要超过弹簧秤的量度范围。
(2)检查在弹簧秤未挂物体时指针是否指在零刻度,若不在零刻度,则需进行修正。
(3)未挂物体前,最好轻轻地来回拉动挂钩几次,防止弹簧指针卡在外壳上。
(4)勿使弹簧和指针与外壳摩擦,以免误差过大。

4.量具的维护和保养

量具是用来测量工件尺寸的工具,在使用过程中应加以精心维护与保养,才能保证零件测量精度,延长量具的使用寿命。
(1)在使用前应擦干净,用完后必须拭洗干净、涂油并放入专用量具盒内。
(2)量具在使用过程中,应放在规定的地方,不要和工具、刀具等堆放在一起,以免碰伤量具。
(3)量具是测量工具,绝对不能作为其他工具的代用品。
(4)不能用精密量具去测量毛坯尺寸、运动着的工件或温度过高的工件,测量时用力要适当。
(5)量具如有问题,不能私自拆卸修理,应由实习指导教师处理。精密量具必须定期送计量部门鉴定。

知识三 工作安全

1.个人安全

(1)工作时必须按规定着装,妥善保管、正确使用各种防护器具和灭火器材。
(2)认真学习和严格遵守各项规章制度,不违反劳动纪律,不违章作业。
(3)认真接受实习前的安全知识教育。

2.操作安全

(1)实习学员必须在实习指导教师的指导下进行实训,严格按技术规范、操作工艺要求进行操作。
(2)工作前应检查所使用的工具是否完整无损,施工中工具必须摆放整齐,不得随地乱放。工作完毕应清点检查并擦干净工具,按要求把工具放入工具车或工具箱内。
(3)拆装零部件时,必须正确选用及使用工具或专用工具,零件拆卸完毕应按一定顺序整齐摆放,不得随地堆放。
(4)修理作业时,应注意保护汽车漆面光泽、装饰、座位以及地毯,并保持修理车辆的整洁。
(5)用千斤顶进行底盘作业时,必须选择平坦、坚实场地并用角木将前后轮塞稳,然后用安全凳按车型规定的支撑点,将车辆支撑稳固。严禁单纯用千斤顶顶起车辆并在车底作业。
(6)修配过程中应认真检查原件或更换件是否符合技术要求,并严格按修理技术规范精心进行作业和检查调试。
(7)修竣的发动机启动前,应先检查各部件装配是否正确,是否按规定加足润滑油、冷却水,置变速器于空挡,轻点启动电动机试运转。严禁在车底有人时发动车辆。

(8)发动机过热时,不得打开水箱盖,谨防沸水烫伤。

(9)地面指挥车辆行驶、移位时,不得站在车辆正前方与后方,并注意周围障碍物。

(10)废油应倒入指定的废油收集桶,不得随地倒流或倒入排水沟内,以防废油污染。

3.场地安全

(1)各种消防器材、工具应按照消防规范和设备安全要求,不准随便动用,安放地点周围不得堆放其他物品。

(2)易燃、易爆、腐蚀等物品必须分类妥善存放,严格管理,并具备相应的安全保护措施和设施。

(3)按要求安装、配置"三废"处理、通风、吸尘、净化、消声等设施。

(4)作业结束后,要及时清除场地油污、杂物,并将设备、机具整齐安放在指定位置,以保持维修场地整洁,道路畅通。

(5)实训结束后,关好门窗、水、电等,检查安全隐患,杜绝各类意外事故发生。

任务拓展

同学们,请说出拆装前轮需要哪些工具。

项目小结

本项目主要讲述汽车中常用的拆装工量具,学习本项目内容需要注意工量具的适用范围、操作规范、企业 6S 管理。望同学们细心学习,同时多多动手操作。

综合测试

1. 常用扳手有哪几种?在使用上有何区别?其规格各应如何表示?
2. 常用的钳子有哪几种?各有何用途?
3. 液压千斤顶如何使用?
4. 车用举升机的类型有哪些?应如何使用?
5. 专用拆装工具有哪些?有何用途?
6. 游标卡尺的功用是什么?应如何使用?
7. 外径千分尺有何用途?应如何使用?
8. 百分表有何用途?应如何使用?
9. 内径百分表有何用途?应如何使用?

附录

汽车常见故障的解决办法

1. 排气管冒黑烟。

故障判定：真故障。

原因分析：表明混合气过浓，燃烧不完全。

主要原因是汽车发动机超载荷，气缸压力不足，发动机温度过低，化油器调整不当，空气滤芯堵塞，个别气缸不工作及点火过迟等。排除时，应及时检查阻风门是否完全打开，必要时进行检修；熄火后从化油器口看主喷管，若有油注出或滴油，则表明浮子室油面过高，应调整到规定范围，拧紧或更换主量孔；空气过滤器堵塞，应清洗、疏通或更换。

2. 车辆的排气管排出蓝色的烟雾。

故障判定：真故障。

原因分析：是大量机油进入气缸，而又不能完全燃烧所致。拆下火花塞，即可发现严重的积炭现象。需检查机油尺油面是否过高；气缸与活塞间隙是否过大；活塞环是否装反；进气门导管是否磨损或密封圈是否损坏；气缸垫是否烧蚀等，必要时应予以修复。

3. 车辆排气管冒白烟，冷车时严重，热车后就不冒白烟了。

故障判定：假故障。

原因分析：这是因为汽油中含有水分，而发动机过冷，此时进入气缸的燃油未完全燃烧导致雾点或水蒸气产生而形成白烟。冬季或雨季当汽车初次发动时，常常可以看到排白烟。这不要紧，一旦发动机温度升高，白烟就会消失。此状况不必检修。

4. 发动机噪声大，车辆原地踩加速踏板时，有"隆隆"异响，发动机舱内有振动感。

故障判定：使用类故障。

原因分析：举升车辆，可看到发动机的底护板有磕碰痕迹。如果路面有障碍物而强行通过，发动机底护板就要被磕碰。底护板变形后与发动机油底壳距离变近，如果距离太近，则加速时油底壳与底护板相撞就会发出异响并使车身振动。所以,行车中一定要仔细观察路面,不要造成拖底现象发生。

处理方法:拆下底护板,压平校正即可。

5. 车辆的转向盘总是不正,一会向左,一会向右,飘忽不定。
故障判定:真故障。
原因分析:这是固定在转向机凹槽中的橡胶限位块已完全损坏所导致。
处理方法:将新限位块装复后,故障完全消失。

6. 每次开启空调时,其出风口有非常难闻的气味,天气潮湿时更加严重。
故障判定:维护类故障。
原因分析:空调的制冷原理是,制冷剂迅速蒸发吸热,使流经的空气温度迅速下降。由于蒸发器的温度低,而空气温度高,空气中的水分子颗粒会在蒸发器上凝结成水珠,而空气中的灰尘或衣服、座椅上的小绒毛等物质,容易附着在冷凝器的表面,从而导致发霉,细菌会大量繁殖。这样的空气被人体长期吸入会影响驾驶员及乘车人的身体健康,所以空调系统要定期更换空调滤芯,清洁空气道。

7. 下小雨时风窗玻璃刮不干净。
故障判定:维护类故障。
原因分析:雨下得很大时使用刮水器感觉不错,可是当下小雨启动刮水器时,就会发现刮水器会在玻璃面上留下擦拭不均的痕迹;有的时候会卡在玻璃上造成视线不良。这种情况表明刮水器片已硬化。刮水器是借电动机的转动能量,靠连接棒一来一往的运动,将此作用力传达至刮水器臂的。刮水器的橡胶部分硬化时,刮水器便无法与玻璃面紧密贴合,或者刮水器片有了伤痕便会造成擦拭上的不均匀,形成残留污垢。刮水器或刮水器胶片的更换很简单,但在更换时应注意,车型及年份不同,刮水器的安装方法及长度也不同。有的刮水器只需要更换橡胶片,而有的刮水器需整体更换。

8. 车辆有噪声。
故障判定:假故障。
原因分析:无论是高档车、低档车、进口车、国产车、新车、旧车都存在不同程度的噪声问题。车内噪声主要来自发动机噪声、风噪声、车身共振、悬架噪声及轮胎噪声等五个方面。车辆行驶中,发动机高速运转,其噪声通过驾驶室的前底板部位传入驾驶舱。汽车在颠簸路面行驶产生的车身共振,或高速行驶时开启的车窗产生共振都会成为噪声。由于车内空间狭窄,噪声不能有效地被吸收,互相撞击有时还会在车内产生共鸣现象。行驶中,汽车的悬架系统产生的噪声以及轮胎产生的噪声都会通过底盘传入车内。悬架方式不同、轮胎的品牌不同、轮胎花纹不同、轮胎胎压不同产生的噪声也有所区别;车身外形不同及行驶速度不同,其产生的风噪声大小也不同。在一般情况下,行驶速度越高,风噪声越大。

9. 运行中发动机温度突然过高。

故障判定：真故障。

原因分析：如果汽车在运行过程中，冷却液温度表指示很快到达 100 ℃ 的位置，或在冷车发动时，发动机冷却液温度迅速升高至沸腾，在补足冷却液后转为正常，但发动机功率明显下降，说明发动机机械系统出现故障。导致这类故障的原因大多是，冷却系严重漏水；隔绝水套与气缸的气缸垫被冲坏；节温器主阀门脱落；风扇传动带松脱或断裂；水泵轴与叶轮松脱；风扇离合器工作不良。

10. 汽车加速时机油压力指示灯会点亮。

故障判定：真、假故障并存。

原因分析：机油灯点亮有实和虚两种情况。所谓实，就是机油压力确实低，低到指示灯发出警告的程度，说明润滑系统确有故障，必须予以排除。所谓虚，是指机油润滑系统没有故障，而是机油压力指示灯系统发生了故障，错误地点亮了指示灯。这种故障虽不会影响发动机的正常工作，但也应及时找到根源，排除为妙。通常情况下实症的可能性较大，应作为判断故障的主要思路。

11. 车辆在高速行驶时出现全车抖动现象。

故障判定：真故障。

原因分析：车辆在正常行驶至 96 km/h 左右时，出现全车抖动现象，降低车速，现象即消失，若再加速至 90 km/h 左右时抖动又出现，说明汽车底盘存在故障。其故障原因有：轮胎动平衡失准；前后悬架、转向、传动等机构松动；前轮定位、轴距失准；半轴间隙过大。首先，轮胎平衡失准会使车轮边滚动边跳动行驶，这是造成全车抖动的主要原因。其次，悬架机构、转向机构、传动机构松旷、松动，造成前束值、车轴距失准。钢板弹簧过软，导致车辆在行驶中产生共振，诱发全车抖动。再次，半轴间隙过大，使后桥在行驶中作不规则运动，磨损加剧，造成旋转质量不平衡，引起全车抖动。以上故障若不及时排除，将导致恶性循环，并引发其他故障。

12. 汽车转弯时，转向盘明明转的大转弯却变成小转弯，转向盘明明转的是小转弯却又变成大转弯。

故障判定：真故障。

原因分析：转向时发生的这两种现象前者称为不足转向，后者称为过度转向，说明转向系统出现问题。驾驶者在汽车转向一面绕行一面加速时的感觉是，具有不足转向性能的汽车将向外侧面行进，具有过度转向性能的汽车将向内侧行进。当行驶半径变大时，称为不足转向。当行驶半径变小时，称为过度转向。还有一种转向现象，最初是不足转向，在中途又变成过度转向，急剧向内侧转向。这是最危险的逆转向现象，易发生事故。这种情况只在个别的后置发动机的汽车上才发生。

13. 发动机冷车启动困难，启动后发动机振动，然后趋于平稳，中低速时发动机开始抖动，高速时有所改善。

故障判定：真故障。

原因分析：可能是火花塞故障或点火时刻过早。如果不是火花塞的故障，即可判断是点火时刻过早。如果点火时刻过早,在电火花闪过的瞬间,活塞离上止点远,气缸内混合气的压力和温度都不高,致使火焰形成缓慢,而火焰形成后传播速度也较低,在这个过程中,燃烧室内离火花塞较远的一部分混合气还等不到火花塞处传来引火,就由于已燃混合气的温度辐射及膨胀而自动燃烧起来,造成爆燃,爆燃致使发动机在中低速时抖动严重。出现上述故障时,应及时到修理厂进行修理。

14. 发动机运转不平稳,常伴有"突突"声,加速时发动机动力不足,不时发出"彭彭"的放炮声,排气管冒黑烟。

故障判定:真故障。

原因分析:有可能是化油器和白金故障或点火时刻过晚。如果点火时刻过晚,发动机活塞距上止点很近时,火花塞才开始点火,混合气燃烧滞后,燃烧不完全,当活塞下行后甚至到排气门打开时混合气仍在燃烧,燃烧室容积的扩大和气体的滞后膨胀,导致气缸压力不高,发动机动力下降。部分燃烧膨胀的混合气还可能通过进气门返回化油器,产生回火现象,发出剧烈的"彭彭"声,燃烧不完全的混合气由排气管冒出黑烟。出现上述故障时,应及时到修理厂进行修理。

15. 在冬季低温时,汽车停放时间一长,发动机启动较为困难。

故障判定:假故障。

原因分析:因气温低,燃油的气化率下降,混合气变稀而不易燃烧造成启动困难。同时因气温低,机油黏度变大,发动机运转阻力增加而造成启动困难。另外,蓄电池电解液的化学反应慢,造成启动时输出的电量不足,启动机功率不足和点火电压不足,使发动机难以启动。所以汽车在寒冷的季节启动之前应先对发动机进行预热。可向散热器和水套中灌注热水或蒸气,利用水套中的温度传导至气缸壁,使启动时进入气缸中的燃油易于气化,并可提高可燃混合气的温度,以便利于燃烧。还可根据需要对蓄电池进行预热以增强蓄电池的电量,提高启动电流和点火电压。

16. 汽车在空车与重载行驶时转向盘均摆动,且在平坦路面上行驶摆动较严重。

故障判定:真故障。

原因分析:一般是由于前轮前束不符合技术标准。转向机内部配合间隙磨损过大或转向机固定螺栓松动,转向节销与衬套磨损过大所致。上述原因造成的松旷所形成的合成力矩,会推动转向盘左右摆动。

17. 汽车在行驶时一遇到故障即引起转向盘摆动,且重载时摆动更严重。

故障判定:真故障。

原因分析:一般情况下是前轮轮胎磨损不均,使用新补的轮胎或备胎磨损不均及钢圈变形所致。因为车轮转速较快时,驱动转向盘旋转的力矩主要来自于轮胎或钢圈的偏摆度。当轮胎或钢圈的摆差超过 3 mm 时,偏摆力矩就能驱动转向盘左右摆动。应去修理厂检查,视情况更换轮胎或钢圈。

18. 在良好的路面上高速行驶,重、空载时转向盘均摆动,重载时摆动严重,且车速越快,摆动越严重。

故障判定:真故障。

原因分析:一般是制动鼓与轮毂连接螺栓松动,轮毂轴承孔松旷以及制动鼓镗削偏离中心使制动鼓厚度不一,产生不平衡量所致。因为在高速行驶的情况下,车轮转速很快,驱动转向盘摆动的力矩主要来自于制动鼓与轮毂的旋转均匀度及其平衡量,在不平衡量的作用下,惯性与前倾角均产生驱动转向盘摆动的力矩。

19. 在松合离合器时有些抖动。

故障判定:真故障。

原因分析:说明离合器拨叉、分离轴承、压盘及摩擦片严重磨损,分动器无油,后传动轴前伸缩套及其轴承严重磨花、磨黑,分动器后盖油封已烧烂。造成上述情况的原因只能有两个,一个是变速器轴间定位有问题,造成轴不平行;另一个就是其轴间间隙过大。

20. 拧开散热器盖发现总有一些油渍漂浮在水面上,而且换机油时机油中有水分。

故障判定:真故障。

原因分析:发动机有两大循环系统,一个是冷却液循环系统,另一个是润滑油循环系统,两大系统互不贯通。如果水中有油或油中有水,说明两个循环系统中的某个隔离地方出现了问题。"油进了水"与"水进了油"是两种不同性质的故障。发动机一旦运转,机油压力总是高于冷却水压力,因此机油很容易从缸体裂纹中进入冷却水中,相反,冷却水不太容易进入机油中,所以机油进入水中是属于内漏现象;缸体机油通道的某一位置发生裂纹,机油通过裂纹间隙被"挤"进了冷却水通道里,由于油比水轻,拧开散热器盖就可以发现浮油。而机油含水属于另一性质的问题,它是由于缸套破裂或其他外界原因,使冷却水进入油底壳混入机油中。因此,"油进了水"是发动机机体本身出了毛病,而"水进了油"则多是发动机配件引起的,其故障性质不一样。

参 考 文 献

[1] 单小君.金属材料与热处理[M].4版.北京:中国劳动社会保障出版社,2001.
[2] 许德珠.机械工程材料[M].2版.北京:高等教育出版社,2003.
[3] 万军海.机械基础[M].北京:人民交通出版社,2005.
[4] 谭洪海.汽车机械基础[M].北京:中国劳动社会保障出版社,2007.
[5] 倪书波.汽车构造与拆装实训教程[M].天津:天津大学出版社,2010.
[6] 金国栋,唐新蓬.汽车概论[M].北京:机械工业出版社,1997.
[7] 蔡兴旺.汽车概论[M].北京:机械工业出版社,2008.
[8] 曲金玉,任国军.汽车文化[M].北京:机械工业出版社,2006.
[9] 苏伟.汽车概论[M].北京:高等教育出版社,2007.